# Inhalt

| | | |
|---|---|---|
| | Basiskonzepte . . . . . . . . . . . . . . . . . . . . . . . | 8 |
| | Übersicht über Bindungen und zwischenmolekulare Kräfte . | 10 |
| | Donator-Akzeptor-Reaktionen . . . . . . . . . . . . . . . | 11 |
| | Stoffklassen organischer Verbindungen . . . . . . . . . . | 12 |

**Grundwissen**

| | | |
|---|---|---|
| 1.1 | Benzol, ein besonderer Kohlenwasserstoff . . . . . . . . . | 14 |
| 1.2 | Bindungsverhältnisse: Mesomerie . . . . . . . . . . . . . | 16 |
| M 1 | Aufstellen von Grenzstrukturformeln . . . . . . . . . . . . | 18 |
| 1.3 | Die Vielfalt aromatischer Verbindungen . . . . . . . . . . | 19 |
| 1.4 | Die Halogenierung von Benzol . . . . . . . . . . . . . . . | 20 |
| M 2 | Der Mechanismus der elektrophilen Substitution . . . . . . | 21 |
| 1.5 | Phenol, ein aromatischer Alkohol . . . . . . . . . . . . . | 22 |
| 1.6 | Anilin, ein aromatisches Amin . . . . . . . . . . . . . . . | 24 |
| | *Auf einen Blick* . . . . . . . . . . . . . . . . . . . . . | 26 |
| | *Knobelecke* . . . . . . . . . . . . . . . . . . . . . . . | 28 |
| | *Fit fürs Seminar* . . . . . . . . . . . . . . . . . . . . | 30 |

**1**
**Aromatische Kohlenwasserstoffe**

| | | |
|---|---|---|
| 2.1 | Das Phänomen der Farbigkeit . . . . . . . . . . . . . . . | 32 |
| 2.2 | Molekülbau und Farbigkeit . . . . . . . . . . . . . . . . | 34 |
| 2.3 | Die Azofarbstoffe . . . . . . . . . . . . . . . . . . . . . | 36 |
| 2.4 | Synthese von Azofarbstoffen . . . . . . . . . . . . . . . | 38 |
| M 3 | Mechanismus der Synthese von Azofarbstoffen . . . . . . | 39 |
| 2.5 | Säure-Base-Indikatoren . . . . . . . . . . . . . . . . . . | 40 |
| M 4 | Das Absorptionsverhalten verschiedener Farbstoffmoleküle | 41 |
| 2.6 | Chlorophyll – der wichtigste Naturfarbstoff . . . . . . . . | 42 |
| 2.7 | Die Jeans wird blau: Färben mit Indigo . . . . . . . . . . | 44 |
| | *Auf einen Blick* . . . . . . . . . . . . . . . . . . . . . | 46 |
| | *Knobelecke* . . . . . . . . . . . . . . . . . . . . . . . | 48 |
| | *Fit fürs Seminar* . . . . . . . . . . . . . . . . . . . . | 50 |

**2**
**Farbstoffe**

| | | |
|---|---|---|
| 3.1 | Was sind Kunststoffe? . . . . . . . . . . . . . . . . . . | 52 |
| 3.2 | Radikalische Polymerisation . . . . . . . . . . . . . . . . | 54 |
| 3.3 | Polykondensation . . . . . . . . . . . . . . . . . . . . . | 56 |
| 3.4 | Polyaddition . . . . . . . . . . . . . . . . . . . . . . . . | 58 |
| M 5 | Vom Polymer zum Monomer . . . . . . . . . . . . . . . . | 59 |
| 3.5 | Struktur und Eigenschaften der Kunststoffe . . . . . . . . | 60 |
| 3.6 | Moderne Werkstoffe . . . . . . . . . . . . . . . . . . . . | 63 |
| 3.7 | Was geschieht mit dem Kunststoffabfall? . . . . . . . . . | 64 |
| | *Auf einen Blick* . . . . . . . . . . . . . . . . . . . . . | 66 |
| | *Knobelecke* . . . . . . . . . . . . . . . . . . . . . . . | 68 |
| | *Fit fürs Seminar* . . . . . . . . . . . . . . . . . . . . | 70 |

**3**
**Kunststoffe**

# 4 Inhalt

## 4
## Fette und Tenside

| | | |
|---|---|---:|
| 4.1 | Struktur der Fette | 72 |
| 4.2 | Physikalische Eigenschaften der Fette | 74 |
| 4.3 | Fette als Nahrungsmittel | 76 |
| 4.4 | Fette als nachwachsende Rohstoffe und Energieträger | 79 |
| 4.5 | Aus Fett entsteht Seife: Die Verseifung | 81 |
| M 6 | Mechanismen der Hydrolyse | 83 |
| 4.6 | Waschwirkung von Tensiden | 84 |
| 4.7 | Seifen und synthetische Tenside | 86 |
| | *Auf einen Blick* | 88 |
| | *Knobelecke* | 90 |
| | *Fit fürs Seminar* | 92 |

## 5
## Kohlenhydrate und Stereoisomerie

| | | |
|---|---|---:|
| 5.1 | Optische Aktivität | 94 |
| 5.2 | Molekülchiralität | 96 |
| M 7 | Die Fischer-Projektion | 97 |
| 5.3 | Stereoisomerie | 98 |
| 5.4 | Die Glucose | 99 |
| M 8 | Von der Fischer- zur Haworth-Projektion | 101 |
| 5.5 | Mutarotation der Glucose | 102 |
| M 9 | Die Mutarotation: Mechanismus der Gleichgewichtseinstellung | 103 |
| 5.6 | Die Fructose | 104 |
| 5.7 | Vom Monosaccharid zum Disaccharid | 106 |
| 5.8 | Wichtige Disaccharide | 108 |
| 5.9 | Ein Polysaccharid: Stärke | 110 |
| 5.10 | Ein Polysaccharid: Cellulose | 112 |
| | *Auf einen Blick* | 114 |
| | *Knobelecke* | 116 |
| | *Fit fürs Seminar* | 118 |

## 6
## Aminosäuren und Proteine

| | | |
|---|---|---:|
| 6.1 | Aminosäuren – Bausteine der Proteine | 120 |
| 6.2 | Struktur und Eigenschaften der Aminosäuren | 122 |
| 6.3 | Elektrophorese | 124 |
| 6.4 | Verknüpfung von Aminosäuren | 126 |
| 6.5 | Nachweisreaktionen | 127 |
| 6.6 | Die Strukturebenen der Proteine | 128 |
| 6.7 | Biologische Bedeutung der Proteine | 131 |
| | *Auf einen Blick* | 134 |
| | *Knobelecke* | 136 |
| | *Fit fürs Seminar* | 138 |

| | | |
|---|---|---|
| 7.1 | Reaktionsgeschwindigkeit | 140 |
| M 10 | Ermittlung der Reaktionsgeschwindigkeit | 143 |
| 7.2 | Die Vorgänge auf Teilchenebene | 144 |
| 7.3 | Einfluss des Zerteilungsgrades | 146 |
| 7.4 | Einfluss der Konzentration | 147 |
| 7.5 | Einfluss der Temperatur | 148 |
| 7.6 | Aktivierungsenergie und Katalyse | 150 |
| 7.7 | Enzyme | 152 |
| 7.8 | Wirkungsweise der Enzyme | 154 |
| 7.9 | Enzymaktivität | 156 |
| 7.10 | Hemmstoffe | 158 |
| | *Auf einen Blick* | 160 |
| | *Knobelecke* | 162 |
| | *Fit fürs Seminar* | 164 |

## 7 Reaktionsgeschwindigkeit und Enzymkatalyse

Wichtige Regeln für das Experimentieren . . . . . . . . . . . 165
Versuche zu Kapitel 1: Aromatische Kohlenwasserstoffe . . . 166
Versuche zu Kapitel 2: Farbstoffe . . . . . . . . . . . . . . . 167
Versuche zu Kapitel 3: Kunststoffe . . . . . . . . . . . . . . 169
Versuche zu Kapitel 4: Fette und Tenside . . . . . . . . . . . 171
Versuche zu Kapitel 5: Kohlenhydrate und Stereoisomerie . . 174
Versuche zu Kapitel 6: Aminosäuren und Proteine . . . . . . 176
Versuche zu Kapitel 7: Reaktionsgeschwindigkeit
                   und Enzymkatalyse . . . . . . . . . . 178
Entsorgung von Chemikalien in der Schule . . . . . . . . . . 181
Gefahrensymbole und Gefahrenbezeichnungen . . . . . . . 182
Entsorungsratschläge (E-Sätze) . . . . . . . . . . . . . . . . 182
Gefahrenhinweise (R-Sätze) . . . . . . . . . . . . . . . . . . 183
Sicherheitsratschläge (S-Sätze) . . . . . . . . . . . . . . . . 184
Tabellen . . . . . . . . . . . . . . . . . . . . . . . . . . . . 186
Stichwortverzeichnis . . . . . . . . . . . . . . . . . . . . . 187
Periodensystem der Elemente . . . . . . . . . . . . . . . . 191

# Liebe Schülerin, lieber Schüler,

willkommen in der Chemie der gymnasialen Oberstufe.

In den letzten Jahren haben Sie bereits zahlreiche Kenntnisse der anorganischen und organischen Chemie erworben. In diesem Schuljahr werden Sie sich vertieft mit bestimmten Stoffklassen der organischen Chemie befassen.

Aufbauenden auf der Chemie der gesättigten und ungesättigten Kohlenwasserstoffe lernen Sie Vertreter der Stoffklasse der aromatischen Kohlenwasserstoffe kennen. Aromatische Verbindungen zeigen ein besonderes chemisches Verhalten, das sich aus ihrer Struktur ergibt.

Außerdem lernen Sie die wichtigen Stoffklassen der Farbstoffe und der Kunststoffe kennen: Ausgehend von ihrem Aufbau können Sie auf ihre Eigenschaften schließen und so die Funktionsweise von Stoffen, die Ihnen aus Alltag und Technik bekannt sind, verstehen.

Sie erweitern Ihre Grundkenntnisse über die Chemie der Biomoleküle, organische Verbindungen, die am Aufbau von Lebewesen beteiligt sind. Dabei erfahren Sie zahlreiche Details zu den drei für die Ernährung wichtigen Nährstoffklassen, wobei Sie ständig von den fünf Basiskonzepten begleitet werden.

Nicht zuletzt werden Sie erkennen, dass der Stoffwechsel in Lebewesen nur dadurch gewährleistet ist, weil bestimmte Stoffe in den Organismen, die Enzyme, in der Lage sind, den Stoffumsatz zu beschleunigen.

Rund um die oben angesprochenen Themen werden Ihnen viele weitere interessante Einzelheiten angeboten – Sie finden beispielsweise Antworten auf folgende Fragen:

- Was haben der Aromastoff Vanillin und die Droge Ecstacy gemeinsam?
- Warum heizt sich ein schwarzes Auto schneller auf als ein weißes?
- Wie wird die Jeans blau?
- Warum schmilzt eine Kunststofffolie, der Kunststoff von Wandsteckdosen dagegen nicht?
- Auf welchen Sohlen machte Neil Armstrong seine ersten Schritte auf dem Mond?
- Was unterscheidet „gute" (Omega-3-) von „bösen" (Trans-)Fettsäuren?
- Warum kann man in ein Dieselfahrzeug nicht einfach Biodiesel tanken?
- Gibt es tatsächlich Seifen ohne „Seife"?
- Was dreht sich im Joghurt, der „rechtsdrehende" Milchsäure enthält?
- Was haben Hühnereiweiß und der harte Oberarmmuskel eines Bodybuilders gemeinsam?
- Warum wird Milch im Sommer schneller schlecht als im Winter?

Wir wünschen Ihnen viel Spaß mit diesem Chemiebuch!

*Autoren und Verlag*

# Hinweise zum Aufbau

### Einstiegsseiten

Jedes Kapitel besitzt den gleichen Aufbau. Es beginnt immer mit einem interessanten Foto und einer kurzen Einleitung, die auf das Thema vorbereitet. Das Foto wird im Lauf des Kapitels noch einmal aufgegriffen und erklärt.

### Unterkapitel

Innerhalb eines Unterkapitels (meist eine Doppelseite) findet sich der gesamte Lernstoff zu einem Thema. Wichtige Begriffe sind kursiv hervorgehoben. Merksätze in blauer Farbe sollen es leichter machen, das Gelernte zu behalten. Pfeile ($\rightarrow$) verweisen auf zugehörige Kapitel oder Seiten.
Mit Sternchen ★ sind Themen gekennzeichnet, die über den Lehrplan hinausgehen und das chemische Grundwissen erweitern.

### Kapitelaufgaben

Zu jedem Unterkapitel gibt es Aufgaben, die den Inhalt des Unterkapitels aufgreifen und zur kurzen Überprüfung dienen.

### Methoden

Hier sind zentrale Methoden und Arbeitsweisen aus dem Fach Chemie aufgeführt: Es werden allgemeine Prinzipien erläutert, Reaktionsmechanismen Schritt für Schritt erklärt, Grundfertigkeiten – auch über den Chemieunterricht hinaus – vermittelt und praktische Hilfestellungen zum chemischen Fachwissen gegeben. Diese Methoden sind wichtige Eckpfeiler des chemischen Grundwissens.

### Auf einen Blick

Auf diesen Seiten sind alle wichtigen Inhalte des gesamten Kapitels übersichtlich und zusammenhängend angeordnet. Die Übersicht dient der Sicherung des Grundwissens und soll das Lernen erleichtern.

### Knobelecke

Hier kann das Wissen zum gesamten vorangegangenen Kapitel überprüft und vertieft werden. Die Aufgaben sind in zwei Schwierigkeitsstufen eingeteilt; schwierige Aufgaben haben eine rote Nummerierung.

### Fit fürs Seminar

Hier werden grundlegende Arbeitstechniken – sowohl „chemischer" als auch allgemeiner Natur – erläutert. Sie sind ein wichtiges Hilfsmittel zum selbstständigen Arbeiten, z. B. im W-Seminar.

### Experimente

Im Experimentalteil werden Versuche zu jedem Kapitel beschrieben, die begleitend zum Unterricht durchgeführt werden können, um die theoretischen Inhalte verständlicher zu machen.
Lehrerversuche sind mit einer roten Nummer gekennzeichnet, Schülerversuche mit einer braunen.

### Anhang

Im Anhang lassen sich zahlreiche Information nachschlagen, z. B. zur Entsorgung von Chemikalien in der Schule, zu Gefährlichkeit von Chemikalien oder wichtige Größen mit ihren Einheiten.

### Stichwortverzeichnis

Es erleichtert Ihnen die Suche nach bestimmten Themen oder Begriffen.

# Basiskonzepte der Chemie

Fünf Grundprinzipien chemischen Denkens durchdringen alle Bereiche des Faches Chemie. Diese fünf Basiskonzepte helfen dabei, neben den bekannten chemischen Sachverhalten auch die neuen Phänomene und Fachinhalte der 11. Klasse zu verstehen, da auch sie auf diesen Basiskonzepten aufbauen. Das Beispiel der aus der 10. Klasse bekannten Veresterung von Carbonsäuren mit Alkoholen zeigt die Anwendung aller Basiskonzepte.

## Stoff-Teilchen-Konzept

**Die Phänomene der Stoffebene können auf der Ebene der Teilchen gedeutet werden.**

| Stoffebene | Teilchenebene |
|---|---|
| Mischt man Essigsäure und Ethanol und erwärmt vorsichtig, so kann man den Geruch von Essigsäureethylester wahrnehmen. Es bilden sich zwei Phasen: Neben Essigsäureethylester sind auch noch Wasser, Essigsäure und Ethanol vorhanden. | Ethanolmoleküle können über ihre Hydroxygruppe mit der Carboxygruppe der Essigsäuremoleküle reagieren. Dabei wird ein Wassermolekül abgespalten. |

$$CH_3 - \overset{\displaystyle \overline{O}|}{\underset{\displaystyle OH}{C}} \quad + \quad CH_3 - CH_2 - OH$$

Essigsäure        Ethanol

## Struktur-Eigenschafts-Konzept

**Die Struktur eines Stoffes, d. h. die Art, Anordnung und Wechselwirkung der Teilchen, aus denen er besteht, bestimmt seine physikalischen und chemischen Eigenschaften.**

| Struktur | | Eigenschaft |
|---|---|---|
| $CH_3 - \overset{\overline{O}|}{\underset{OH}{\overset{\delta+}{C}}}$ | Das Kohlenstoffatom ist in der Carboxygruppe mit zwei stark elektronegativen Sauerstoffatomen verbunden. | Das Kohlenstoffatom ist positiv polarisiert und kann von Nukleophilen angegriffen werden. |
| $CH_3 - CH_2 - \overset{\delta-}{O}H$ | Das Sauerstoffatom ist in der Hydroxygruppe mit einem nur schwach elektronegativen Wasserstoffatom verbunden. | Das Sauerstoffatom ist negativ polarisiert und kann daher als Nukleophil wirken. |
| $CH_3 - \overset{\overline{O}|}{\underset{|\underline{O} - C_2H_5}{C}}$ | In der Estergruppe sind keine Hydroxygruppen vorhanden. | Ester sind daher nur mäßig wasserlöslich. |

Grundwissen **9**

## Gleichgewichtskonzept

Chemische Reaktionen sind umkehrbar. Laufen Hin- und Rückreaktion gleichzeitig ab, so kann sich ein chemisches Gleichgewicht einstellen.

Hinreaktion →

Esterkondensation:
Essigsäure und Ethanol reagieren zu Essigsäureethylester und Wasser

Esterhydrolyse:
Essigsäureethylester und Wasser reagieren zu Essigsäure und Ethanol

← Rückreaktion

Esterkondensation ⇌ Esterhydrolyse

$CH_3 - C$ ... $+ \; H_2O$

Essigsäureethylester          Wasser

## Energiekonzept

Alle chemischen Reaktionen sind mit einem Energieumsatz verbunden, d. h. es wird entweder Energie frei oder Energie benötigt.

| exotherme Esterkondensation | endotherme Esterhydrolyse |
|---|---|
| Damit die Esterkondensation abläuft, ist eine Zufuhr von Aktivierungsenergie nötig. Insgesamt ist die Reaktion leicht exotherm, d. h. es wird Energie frei. | Die Esterhydrolyse ist endotherm und benötigt genauso viel Energie wie bei der Hinreaktion frei wird. |

## Donator-Akzeptor-Konzept

Bei vielen chemischen Reaktionen gibt ein Reaktionspartner (Donator) ein Teilchen ab, das der andere Reaktionspartner (Akzeptor) aufnimmt.
Bei den Säure-Base-Reaktionen sind dies z. B. Protonen, bei Redoxreaktionen Elektronen.

| Donator | Akzeptor |
|---|---|
| Das Essigsäuremolekül ist Protonendonator und reagiert zum Acetation. | Das Wassermolekül ist Protonenakzeptor und reagiert zum Oxoniumion. |
| $CH_3 - C$ (OH) $\rightarrow$ $CH_3 - C$ ($O^-$) $+ \; H^+$ | $H - \overline{O}I + H^+ \rightarrow H - \overset{\oplus}{O}$ |

# Übersicht über Bindungen und zwischenmolekulare Kräfte

## Bindungsarten

Tabelle 1 gibt eine Übersicht über die drei verschiedenen Bindungsarten.

| Bindungsart | Elektronenpaarbindung (Atom-, kovalente Bindung) | Ionenbindung | Metallbindung |
|---|---|---|---|
| Bindungspartner | Nichtmetall und Nichtmetall | Metall und Nichtmetall | Metall und Metall |
| Bindung | Atome „teilen" sich ein Elektronenpaar ⇨ bindendes Elektronenpaar hält Atome zusammen | Metallatom gibt Elektron(en) ab und bildet Kation, Nichtmetallatom nimmt Elektron(en) auf und bildet Anion ⇨ unterschiedlich geladene Ionen ziehen sich an | alle Metallatome geben Elektronen ab ⇨ frei bewegliche (delokalisierte) Elektronen befinden sich als Elektronengas zwischen den Atomrümpfen |
| Anordnung der Bausteine | Moleküle | Ionengitter | Metallgitter |
| Beispiel | $H_2$ | NaCl | Fe |

**Tab. 1** Die drei verschiedenen Bindungsarten

## Zwischenmolekulare Kräfte

Zwischenmolekulare Kräfte sind Anziehungskräfte, die Moleküle untereinander ausüben.
Zwischen Molekülen mit *unpolaren Atombindungen* sind diese Anziehungskräfte immer kleiner als zwischen Molekülen mit *polaren Atombindungen*.

Polare Moleküle können je nach Struktur *Dipol-Dipol-Wechselwirkungen* und *Wasserstoffbrücken* ausbilden. Tabelle 2 gibt eine Übersicht über alle zwischenmolekularen Kräfte.

| Art der Wechselwirkung | Van-der-Waals-Kräfte | Dipol-Dipol-Wechselwirkungen | Wasserstoffbrücken |
|---|---|---|---|
| Teilchen | zwischen unpolaren und polaren Molekülen | zwischen Molekülen mit permanentem Dipol | zwischen Molekülen mit polarisierten Wasserstoffatomen und freien Elektronenpaaren |
| Anziehungskräfte | zwischen ständig wechselnden momentanen und induzierten Dipolen | zwischen positiven und negativen Partialladungen | zwischen positiv polarisiertem Wasserstoffatom und negativ polarisiertem Atom mit freiem Elektronenpaar |
| Stärke (kJ/mol) | 0,5–5 | 2–10 | 10–20 |
| Beispiel | $H_2$ | $SO_2$ | $H_2O$ |

**Tab. 2** Zwischenmolekulare Kräfte

# Donator-Akzeptor-Reaktionen

Vielen chemischen Reaktionen liegt das Donator-Akzeptor-Konzept zugrunde: Ein Reaktionspartner (Donator) gibt ein Teilchen ab, da der andere Reaktionspartner (Akzeptor) aufnimmt (s. S. 8).

Die beiden wichtigsten Reaktionen dieses Typs sind die *Säure-Base-Reaktion* und die *Redoxreaktion*. Bei den Säure-Base-Reaktionen findet ein Übergang von Protonen statt, bei Redoxreaktionen werden Elektronen übertragen.

|  | Donator | Akzeptor | Übergang von | Beispielreaktion |
|---|---|---|---|---|
| Säure-Base-Reaktion | Säuremolekül = Protonendonator z. B. HCl | Basenmolekül = Protonenakzeptor z. B. $NH_3$ | Protonen $H^+$ | $HCl + NH_3 \rightarrow Cl^- + NH_4^+$ |
| Redoxreaktion | Reduktionsmittel = Elektronendonator z. B. Zn | Oxidationsmittel = Elektronenakzeptor z. B. $Cu^{2+}$ | Elektronen $e^-$ | $Zn + Cu^{2+} \rightarrow Zn^{2+} + Cu$ |

## Säure-Base-Reaktionen

Besonders wichtig sind die Säure-Base-Reaktionen mit Wasser als Reaktionspartner:
Das Wassermolekül ist Protonenakzeptor und reagiert zum Oxoniumion.

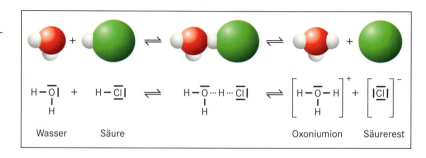

Das Wassermolekül ist Protonendonator und reagiert zum Hydroxidion.

## Redoxreaktionen

Sie laufen häufig in saurem oder basischem Milieu ab. Zum Aufstellen der Redoxgleichung muss man erst die Teilgleichungen entwickeln.

| So wird's gemacht | Beispiel: Reaktion von $Fe^{2+}$-Ionen mit saurer Permanganatlösung |
|---|---|
| **Reduktionsteilgleichung** 1. Edukt und Produkt mit Oxidationszahlen notieren 2. Elektronenumsatz notieren 3. Ladungsausgleich (hier mit $H_3O^+$, da saure Lösung) 4. Stoffausgleich (mit Wasser) | $\overset{+VII}{MnO_4^-} \rightarrow \overset{+II}{Mn^{2+}}$ $MnO_4^- + 5\,e^- \rightarrow Mn^{2+}$ $MnO_4^- + 5\,e^- + 8\,H_3O^+ \rightarrow Mn^{2+}$ $MnO_4^- + 5\,e^- + 8\,H_3O^+ \rightarrow Mn^{2+} + 12\,H_2O$ |
| **Oxidationsteilgleichung** 1. Edukt und Produkt mit Oxidationszahlen notieren 2. Elektronenumsatz notieren | $\overset{+II}{Fe^{2+}} \rightarrow \overset{+III}{Fe^{3+}}$ $Fe^{2+} \rightarrow Fe^{3+} + e^- \quad |\cdot 5$ |
| **Redoxgleichung** Ausgleich der Elektronenzahl | $MnO_4^- + 5\,Fe^{2+} + 8\,H_3O^+ \rightarrow Mn^{2+} + 5\,Fe^{3+} + 12\,H_2O$ |

## Stoffklassen organischer Verbindungen

| Stoffklasse | charakteristische Gruppe | Beispiel | typische Reaktionen |
|---|---|---|---|
| **Kohlenwasserstoffe** | | | |
| Alkane | CC-Einfachbindung $-\overset{\mid}{\underset{\mid}{C}}-\overset{\mid}{\underset{\mid}{C}}-$ | Ethan $H-\overset{H}{\underset{H}{C}}-\overset{H}{\underset{H}{C}}-H$ | Halogenierung: radikalische Substitution |
| Alkene | CC-Doppelbindung $\text{C}=\text{C}$ | Ethen $\overset{H}{\underset{H}{}}C=C\overset{H}{\underset{H}{}}$ | Halogenierung: elektrophile Addition |
| Alkine | CC-Dreifachbindung $-C\equiv C-$ | Ethin $H-C\equiv C-H$ | |
| **Alkohole** | | | |
| | Hydroxygruppe $-OH$ | Ethanol $H-\overset{H}{\underset{H}{C}}-\overset{H}{\underset{H}{C}}-OH$ | – Oxidation zu Carbonylverbindungen<br>– Veresterung mit Carbonsäuren |
| **Carbonylverbindungen** | Carbonylgruppe | | |
| Aldehyde | Aldehydgruppe $-C\overset{\overline{\underline{O}}\vert}{\underset{H}{}}$ | Ethanal (Acetaldehyd) $H-\overset{H}{\underset{H}{C}}-C\overset{\overline{\underline{O}}\vert}{\underset{H}{}}$ | Oxidation zu Carbonsäuren, z. B. Fehling-Probe |
| Ketone | Ketogruppe $-\overset{\overset{\prime O}{\parallel}}{C}-$ | Propanon (Aceton) $H-\overset{H}{\underset{H}{C}}-\overset{\prime O \parallel}{C}-\overset{H}{\underset{H}{C}}-H$ | |
| **Carbonsäuren** | | | |
| | Carboxygruppe $-C\overset{\overline{\underline{O}}\vert}{\underset{OH}{}}$ | Ethansäure (Essigsäure) $H-\overset{H}{\underset{H}{C}}-C\overset{\overline{\underline{O}}\vert}{\underset{OH}{}}$ | – Reaktion als Säure: Bildung von Carboxylationen $R-COO^-$<br>– Veresterung mit Alkoholen |
| **Carbonsäureester** | | | |
| | Esterbindung $-C\overset{\overline{\underline{O}}\vert}{\underset{\vert\underline{O}-}{}}$ | Ethansäureethylester (Essigsäureethylester) $H-\overset{H}{\underset{H}{C}}-C\overset{\overline{\underline{O}}\vert}{\underset{\vert\underline{O}-\overset{H}{\underset{H}{C}}-\overset{H}{\underset{H}{C}}-H}{}}$ | Gleichgewicht zwischen Esterkondensation und Esterhydrolyse |

# 1 Aromatische Kohlenwasserstoffe

*Benzol* ist die Stammverbindung der *aromatischen Kohlenwasserstoffe*. Viele Abkömmlinge des Benzols zeichnen sich durch ein intensives Aroma aus und kommen auch in biologisch wirksamen Substanzen vor.
Aromatische Kohlenwasserstoffe zeigen ein anderes Reaktionsverhalten als alle anderen Kohlenwasserstoffe, denn sie haben *besondere Bindungsverhältnisse*.

# 14 Aromatische Kohlenwasserstoffe

## 1.1 Benzol, ein besonderer Kohlenwasserstoff

**1** Gaslaternen dienten bereits Anfang des 19. Jahrhunderts der Straßenbeleuchtung.

**Entdeckung.** Zu Beginn des 19. Jahrhunderts wurden zunächst in London und später auch in vielen anderen europäischen Städten zur nächtlichen Straßenbeleuchtung Gaslaternen in Betrieb genommen (Abb. 1). Bei der Untersuchung der Rückstände in den dafür benötigten Flaschen mit Leuchtgas entdeckte der englische Wissenschaftler Michael Faraday (1791–1867) im Jahr 1825 eine farblose, aromatisch riechende Flüssigkeit. Bei der Erforschung dieser neuen Substanz zeigte sich, dass darin 12 Gewichtsteile Kohlenstoff auf ein Gewichtsteil Wasserstoff kommen. Da die Atommassen von Kohlenstoff 12 u und von Wasserstoff 1 u betragen, müssen im Benzolmolekül also gleich viele Kohlenstoff- und Wasserstoffatome vorliegen. Mit der für die Verbindung ermittelten molaren Masse von 78 g/mol erhielt man die *Summenformel $C_6H_6$*. 1834 prägte der deutsche Chemiker Justus von Liebig (1803–1873) für diese neue Substanz den Namen *Benzol,* abgleitet von einer arabischen Bezeichnung für Weihrauch. Trotz der irreführenden Endung „-ol" hat sich dieser Name bis heute durchgesetzt.

Benzol gewann immer mehr an Bedeutung, nachdem 1856 auf Benzolbasis der erste synthetische Farbstoff (→ S. 36) hergestellt worden war. Die Art der Verknüpfung der Kohlenstoff- und Wasserstoffatome im Benzolmolekül war bis dahin noch nicht bekannt.

**2** August Kekulé (1829–1896) vermutete als erster die Ringstruktur des Benzolmoleküls.

**Struktur.** Aufgrund der geringen Zahl an Wasserstoffatomen im Molekül muss Benzol eine ungesättigte Verbindung sein. Dies kommt in seinem mittlerweile eingeführten systematischen Namen „Benzen" zum Ausdruck. Eine erste Annäherung an die richtige Struktur des Benzolmoleküls veröffentlichte erst 40 Jahre nach der Entdeckung der Verbindung der damals 36-jährige deutsche Chemiker August Kekulé (Abb. 2). Er postulierte eine *sechsgliedrige ringförmige Struktur,* in der die sechs Kohlenstoffatome abwechselnd über Doppel- und Einfachbindungen verknüpft sind, also das Cyclohexa-1,3,5-trienmolekül (Abb. 3, links). Die ringförmige Struktur konnte mittlerweile durch rastertunnelmikroskopische Aufnahmen bestätigt werden (Abb. 3, rechts).

Die Benzolmoleküle haben die Summenformel $C_6H_6$ und eine sechsgliedrige ringförmige Struktur.

### Info
Die Rastertunnelmikroskopie beruht auf der Messung eines Stromflusses zwischen dem Messkopf des Rastertunnelmikroskops und der Substanz. Auf diese Weise können Moleküloberflächen abgetastet und abgebildet werden.

### Aufgaben
1. Formulieren Sie drei weitere Strukturformeln zur Summenformel $C_6H_6$.
2. Informieren Sie sich darüber, wie Kekulé nach eigenen Angaben die Idee zu seiner Strukturformel erhielt.

**3** Struktur des Benzolmoleküls: Kekulés Vorschlag (links); die rastertunnelmikroskopische Aufnahme (rechts) bestätigt die ringförmige Struktur.

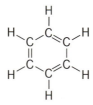

Cyclohexa-1,3,5-trien

## Aromatische Kohlenwasserstoffe 15

**4** Benzol ist eine leicht entzündliche und giftige Flüssigkeit.

**5** Benzol brennt mit rußender Flamme.

**6** Hinweis auf Benzol in Benzin

**Eigenschaften von Benzol.** Benzol ist eine farblose, klare, leicht flüchtige und leicht brennbare *Flüssigkeit* (Abb. 4, 5), die ähnlich stark lichtbrechend ist wie Fensterglas. Ein in Benzol eingetauchter Glasstab erscheint daher nahezu unsichtbar. Benzol ist in Wasser nur sehr gering löslich, in unpolaren organischen Lösungsmitteln löst es sich jedoch gut bis unbegrenzt. Es hat eine geringere Dichte als Wasser (Tab. 1) und schwimmt daher auf wässrigen Lösungen.

**Umwelt- und Gesundheitsaspekte.** Benzol ist *giftig* und *krebserregend*. Benzoldämpfe können beim Einatmen zu Schwindel, Erbrechen und Bewusstlosigkeit führen. Die Flüssigkeit kann durch die Haut aufgenommen werden und verursacht auch auf diesem Wege schwere Vergiftungen. Die Wirkung beruht auf der leichten Löslichkeit von Benzol in den unpolaren Körperfetten. Dort kann es gespeichert und in einen hochreaktiven erbgutschädigenden Stoff umgewandelt werden. So werden vor allem Nervensystem, Knochenmark und Leber geschädigt.
Benzol entsteht bei vielen unvollständigen Verbrennungsvorgängen und ist daher Bestandteil der Abgase von Kraftfahrzeugen. Dies führt zu einer durchschnittlichen Belastung von etwa 2 µg Benzol pro Kubikmeter Luft. Auch im Zigarettenrauch ist es enthalten (100–1 000 µg pro Zigarette!).

**Verwendung.** Benzol wird heute vor allem aus Erdöl gewonnen. Es ist ein wichtiger *Grundstoff der chemischen Industrie* und dient als Ausgangsstoff zur Herstellung von Farbstoffen, wie Säure-Base-Indikatoren (→ S. 40), Kunststoffen, wie Styropor oder PET (→ S. 56), sowie modernen Waschmitteln (→ S. 86).
Als Lösungsmittel wird Benzol wegen seiner Giftigkeit mittlerweile kaum noch verwendet; es wurde durch weniger gefährliche Stoffe, z. B. Toluol (Methylbenzol), ersetzt. Ottokraftstoffen wird es allerdings zur Erhöhung der Klopffestigkeit noch immer in geringen Mengen zugesetzt (Abb. 6).

*Benzol ist eine aromatisch riechende Flüssigkeit, die auf Wasser schwimmt. Es ist giftig und krebserregend.*

| Schmelztemperatur | 5,5 °C |
|---|---|
| Siedetemperatur | 80,2 °C |
| Dichte bei 20 °C | 0,88 g/cm³ |

**Tab. 1** Wichtige physikalische Eigenschaften von Benzol

### Info
Bis vor einigen Jahrzehnten war man sich der Giftigkeit des Benzols nicht bewusst und ging recht sorglos mit dieser Substanz um. Aufgrund seiner Giftigkeit und krebserregenden Wirkung wird der Einsatz von Benzol heute immer stärker eingeschränkt. Für Schülerversuche ist Benzol daher nicht zugelassen.
Auch der „Ersatzstoff" Toluol steht inzwischen im Verdacht, nerven- bzw. fruchtschädigende Wirkung zu haben.

### Aufgaben
**3** Erstellen Sie eine Liste mit allen sicherheitsrelevanten Daten zu Benzol, wie Gefahrenhinweise (R-Sätze) und Sicherheitsratschläge (S-Sätze).
**4** Formulieren Sie die Reaktionsgleichung der vollständigen Verbrennung von Benzol.

# 16 Aromatische Kohlenwasserstoffe

## 1.2 Bindungsverhältnisse: Mesomerie

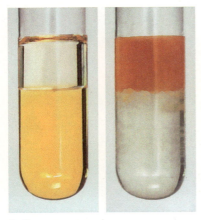

**1** Bromwasserprobe:
a) Benzol schwimmt auf Bromwasser, b) nach Schütteln löst sich Brom in Benzol, es findet jedoch keine Entfärbung statt.

### Info
Die Röntgenstrukturanalyse ist ein Untersuchungsverfahren zur Bestimmung der räumlichen Anordnung der Atome in Festkörpern mithilfe von Elektronenstrahlen.

| Art der Bindung | Bindungslängen in pm ($10^{-12}$ m) |
|---|---|
| typische CC-Einfachbindung | 154 pm |
| typische CC-Doppelbindung | 133 pm |
| CC-Bindung im Benzolmolekül | 139 pm |

**Tab. 1** Typische CC-Bindungslängen

**Benzol geht keine Additionen ein.** Die von Kekulé vorgeschlagene Strukturformel des Benzols kann sein Reaktionsverhalten nicht vollständig erklären: Versetzt man Benzol mit Bromwasser (Abb. 1), kommt es nicht wie bei ungesättigten Kohlenwasserstoffen zu einer Entfärbung durch Addition von Brom an die Doppelbindung. Daher können im Benzolmolekül, trotz des Eindrucks, den die Kekulé-Formel erweckt, keine Doppelbindungen wie bei den Alkenmolekülen vorliegen.

**Bindungsabstände im Benzolring.** Einen Hinweis auf die Bindungsverhältnisse im Benzolmolekül liefert die Messung der auftretenden Bindungsabstände durch Röntgenstrukturanalyse. Die gemessene Bindungslänge beträgt für alle sechs CC-Bindungen 139 pm und liegt damit zwischen den Werten von Einfach- und Doppelbindung (Tab. 1). Alle sechs CC-Bindungen sind somit völlig gleichwertig und ein Abwechseln von Doppel- und Einfachbindungen, wie sie die Kekulé-Formel erwarten lässt, existiert im Benzolmolekül nicht. Das Cyclohexa-1,3,5-trienmolekül gibt die Bindungsverhältnisse demnach nur unzureichend wieder.

**Ein delokalisiertes Elektronensystem.** Die sechs Elektronen der drei von Kekulé vorgeschlagenen Doppelbindungen im Benzolmolekül bilden keine lokalisierten Doppelbindungen; sie können sich vielmehr über den ganzen Sechsring gleichmäßig verteilen (Abb. 2). Keines dieser Elektronen ist somit fest an ein Kohlenstoffatom gebunden, weshalb man von einem *delokalisierten Elektronensystem* spricht. Dies ist ein wesentliches Kennzeichen aller *aromatischen Verbindungen*. In der Strukturformel wird der delokalisierte Zustand durch einen Kreis innerhalb des Sechsrings symbolisiert (Abb. 3). Nur wenn alle Atome des Benzolrings in einer Ebene liegen, lassen sich die Elektronen gleichmäßig über den gesamten Ring verteilen. Das Benzolmolekül ist somit planar gebaut.

Moleküle, die einen Benzolring mit delokalisiertem Elektronensystem enthalten, sind *aromatische Verbindungen,* kurz Aromaten.

**2** Sechs Elektronen im Benzolmolekül sind delokalisiert und können sich über den gesamten Sechsring verteilen.

**3** Verschiedene Strukturformeln für das Benzolmolekül: In verkürzten Strukturformeln werden die Kohlenstoffatome an den Ecken ebenso wie die Wasserstoffatome weggelassen.

# Aromatische Kohlenwasserstoffe

**Das Modell der Mesomerie.** Die delokalisierten Bindungsverhältnisse (Abb. 4) können durch die bekannten Valenzstrichformeln mit einem Strich für eine Einfachbindung und zwei Strichen für eine Doppelbindung nur schwer dargestellt werden. Angenähert kann der Bindungszustand im Benzolmolekül durch zwei Valenzstrichformeln wiedergegeben werden:

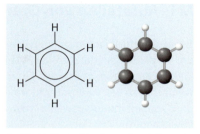

**4** Die Halbstrukturformel von Benzol (links) zeigt das delokalisierte Elektronensystem, das im Kugel-Stab-Modell (rechts) nicht dargestellt werden kann.

Dieses Modell der Beschreibung des Bindungszustandes wird als *Mesomerie* bezeichnet. Die Valenzstrichformeln heißen *Grenzstrukturformeln* und lassen sich durch „Umklappen" der delokalisierten Elektronenpaare ineinander umwandeln (→ M 1, S. 18). Der wahre Bindungszustand liegt zwischen diesen Grenzstrukturformeln, was durch den Doppelpfeil ↔ (*Mesomeriepfeil*) verdeutlicht wird.

### Info
Das Wort Mesomerie leitet sich aus dem Griechischen ab; griech. meros: Teil, meso: mittig, mittlerer.

Können die in einem Molekül vorliegenden Bindungsverhältnisse nicht durch eine einzige Valenzstrichformel dargestellt werden, sondern nur durch mehrere Grenzstrukturformeln, spricht man von *Mesomerie*.

**Mesomerieenergie.** Moleküle, in denen Mesomerie und damit ein delokalisiertes Elektronensystem vorliegt, sind im Vergleich zu Molekülen mit lokalisierten Elektronen stabiler. Je stabiler ein Molekül ist, desto geringer ist sein Energieinhalt und desto schwerer geht es chemische Reaktionen ein.
Ein Vergleich der Stabilität des Benzolmoleküls mit dem hypothetischen Cyclohexa-1,3,5-trienmolekül zeigt, dass das Benzolmolekül um einen Energiebetrag von 151 kJ/mol stabiler ist (Abb. 5). Man bezeichnet diesen Betrag als *Mesomerieenergie*.
Die Mesomerieenergie erklärt auch die geringe Neigung des Benzolmoleküls zu Additionsreaktionen. Das mesomeriestabilisierte delokalisierte Elektronensystem würde dabei zerstört werden:

**5** Die Mesomerieenergie von Benzol

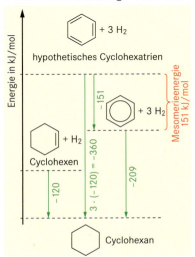

**Die Bestimmung der Mesomerieenergie.** Bei der Addition von Wasserstoff an eine CC-Doppelbindung (= Hydrierung) wird Energie frei. Diese beträgt für Cyclohexen −120 kJ/mol (Abb. 5). Ausgehend von diesem Wert würde sich für eine Totalhydrierung von Cyclohexa-1,3,5-trien der dreifache Wert, also −360 kJ/mol ergeben. Tatsächlich werden bei der vollständigen Hydrierung von Benzol jedoch nur −209 kJ/mol frei.

## 18 Methoden

## M1 Aufstellen von Grenzstrukturformeln

Grenzstrukturformeln sind ein wichtiges Hilfsmittel, um Verbindungen darzustellen, die ein delokalisiertes Elektronensystem enthalten. Ein solches liegt vor, wenn sich in der Valenzstrichformel Einfachbindung und Doppelbindung bzw. ein freies Elektronenpaar abwechseln.

Grenzstrukturformeln lassen sich daher nicht nur für Aromaten erstellen. Auch im bereits bekannten Carboxylation, dem Anion der Carbonsäuren, liegt Mesomerie vor.

| So wird's gemacht | Beispiel Carboxylation | Beispiel Benzolmolekül |
|---|---|---|
| 1 Eine Grenzstrukturformel nach den Regeln für Valenzstrichformeln erstellen. | 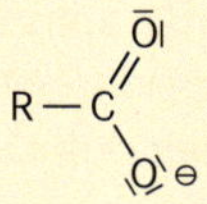 | 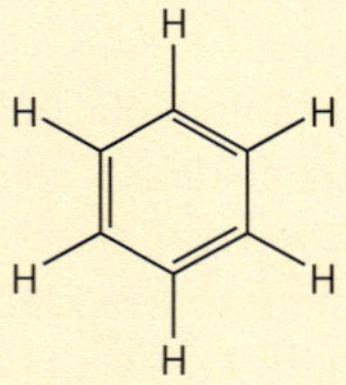 |
| 2 Um eine weitere Grenzstrukturformel zu erstellen, müssen Elektronenpaare verschoben („umgeklappt") werden. Dies geschieht nach folgenden Regeln:<br>– Es dürfen nur freie Elektronenpaare und Doppelbindungselektronenpaare umgeklappt werden.<br>– Das Verschieben der Elektronenpaare erfolgt immer in gleicher Richtung.<br>– Alle Grenzstrukturformeln müssen die gleiche Zahl an Elektronenpaaren aufweisen.<br>– Die Positionen aller Atome zueinander müssen unverändert bleiben.<br>– Die Regeln zur Erstellung von Valenzstrichformeln sind einzuhalten (Oktettregel, …). | 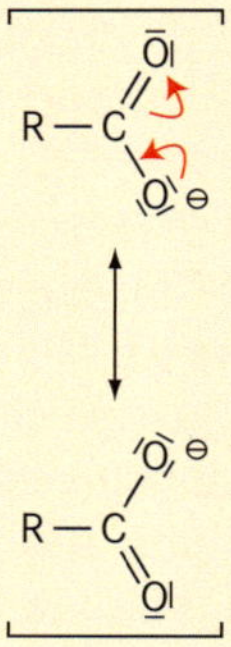 | 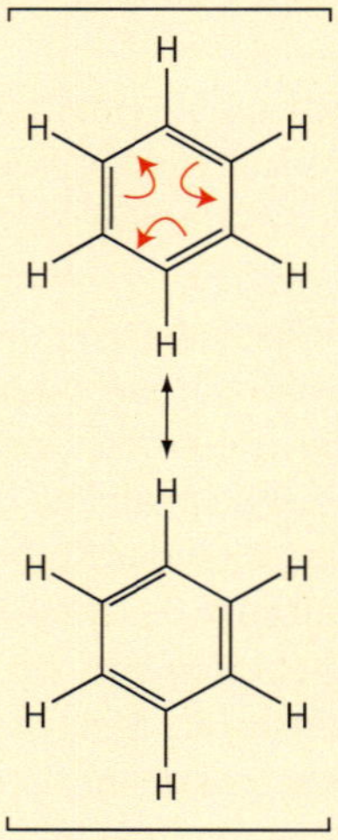 |

### Besonderheiten

– Je mehr Grenzstrukturformeln für ein Molekül existieren, desto größer ist die Delokalisierung der Elektronen und desto stärker ist die Mesomeriestabilisierung.

– In Grenzstrukturformeln können formale Ladungen auftreten, obwohl die so dargestellte Verbindung insgesamt keine Ladung trägt.
Ein bekanntes Beispiel ist das Salpetersäuremolekül:

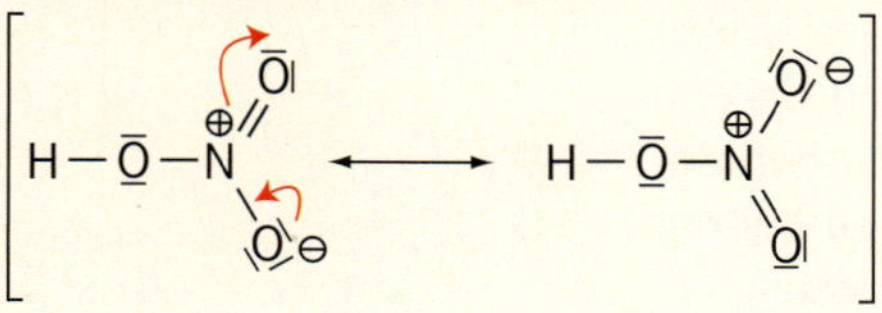

### Nichtäquivalente Grenzstrukturformeln

Die Grenzstrukturformeln müssen untereinander nicht alle gleichwertig (= äquivalent) sein. Es gibt auch nichtäquivalente Grenzstrukturformeln, die sich durch das Auftreten formaler Ladungen und geänderte Bindungsverhältnisse unterscheiden, z. B.:

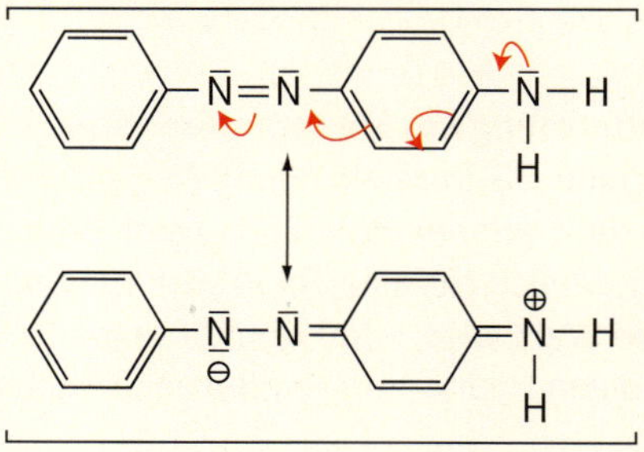

Aromatische Kohlenwasserstoffe  **19**

# ★ 1.3 Die Vielfalt aromatischer Verbindungen

Man kennt heute ca. 2 Millionen aromatische Verbindungen, d. h. etwa 30% aller organischen Verbindungen sind Aromaten. Durch die Vielzahl möglicher Seitenketten am gemeinsamen Strukturmerkmal Benzolring wird eine Vielfalt an Stoffen mit unterschiedlichsten Eigenschaften ermöglicht. An drei Beispielen soll dies verdeutlicht werden.

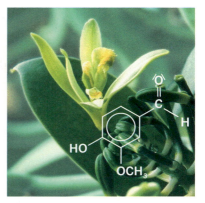

**1** Vanilleschoten enthalten 3–4 % Vanillin.

**Vanillin, ein Aromastoff.** 4-Hydroxy-3-methoxybenzaldehyd oder Vanillin ist die Hauptaromakomponente der Vanilleschote. Die Vanilleschote ist die Frucht einer in den Tropenwäldern Mittelamerikas beheimateten Orchidee (Abb. 1). Das Vanillin entsteht in einem Fermentationsprozess, dem die unreif geernteten Früchte unterworfen werden. Vanillin kann mittlerweile auch synthetisch gewonnen werden, z. B. aus Ligninabfällen der Papierherstellung. Man unterscheidet daher Vanillezucker, der den natürlichen Aromastoff in Form zerkleinerter Vanilleschoten enthält und Vanillinzucker mit dem synthetisch hergestellten Aromastoff.
Die leicht flüchtigen Vanillinmoleküle können Riechsinneszellen in der Nase stimulieren und erzeugen eine angenehme Geruchsempfindung.

**Trinitrotoluol (TNT), ein Sprengstoff.** 1-Methyl-2,4,6-trinitrobenzol, besser bekannt als Trinitrotoluol oder TNT, wurde 1863 erstmals synthetisiert. Seine Sprengkraft beruht auf an Stickstoffatome gebundene Sauerstoffatome im Molekül, welche bei Zündung die anderen Molekülkomponenten rasch oxidieren können: TNT zerfällt dabei zu den gasförmigen Stoffen Stickstoff, Kohlenstoffdioxid, Kohlenstoffmonooxid und Wasserdampf. Die enorme Volumenvergrößerung hierbei ist für die Sprengwirkung verantwortlich (Abb. 2). Durch die beim Zerfall frei werdende Energie erhitzen sich die Gase zudem und dehnen sich dadurch noch stärker aus.
TNT ist der bedeutendste Sprengstoff sowohl für militärische als auch zivile Zwecke. Seine Sprengwirkung wird als Vergleichswert für andere Explosivstoffe einschließlich Kernwaffen herangezogen.

**2** Aus einem Kilogramm TNT entstehen beim Sprengvorgang etwa 690 Liter gasförmige Stoffe, die Detonationsgeschwindigkeit liegt bei 6 900 m/s.

**Ecstasy, eine Droge.** Ecstasy ist ein Sammelbegriff für verschiedene Substanzen mit ähnlicher Wirkung. Wichtigster Vertreter ist MDMA oder Methylendioxymethamphetamin. Als Wirkstoff kommt das Hydrochlorid zum Einsatz, ein weißer, kristallartiger, wasserlöslicher, geruchloser und bitter schmeckender Stoff, der mit einem Trägermittel vermischt und in Tablettenform gepresst wird (Abb. 3).
MDMA ist eine psychoaktive Substanz und gehört zu den Suchtstoffen mit dem höchsten Missbrauchs- und Suchtpotenzial. Da es strukturell körpereigenen Stimulanzien ähnelt, wirkt es auf das Zentralnervensystem anregend: MDMA kann bei Nervenzellen, die an der Gefühlsverarbeitung beteiligt sind, eine länger andauernde Erregung bewirken; Emotionen werden dadurch intensiver wahrgenommen.
Neben dem hohen Suchtpotenzial können zahlreiche gefährliche Nebenwirkungen auftreten, wie Angstzustände, Kreislaufprobleme und die Verdrängung von Durst oder Ermüdungserscheinungen.

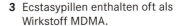

**3** Ecstasypillen enthalten oft als Wirkstoff MDMA.

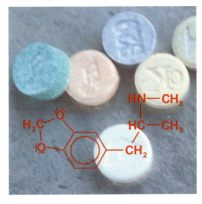

# 20 Aromatische Kohlenwasserstoffe

**1** Bei der Bromierung von Benzol entfärbt sich die Lösung und ein Gas wird frei, das feuchtes Universalindikatorpapier rot färbt.

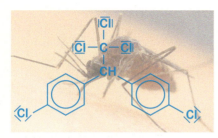

**2** Aus Chlorbenzol kann das Insektizid DDT (Dichlordiphenyltrichlorethan) hergestellt werden. Es brachte Erfolge bei der Bekämpfung der Malaria, die durch Anopheles-Mücken übertragen wird.

### Aufgabe

**1** Stellen Sie in einer Tabelle Edukte, Produkte, Reaktionsbedingungen und Art des angreifenden Teilchens der radikalischen Substitution der Alkane und der elektrophilen Substitution der Aromaten gegenüber.

## 1.4 Die Halogenierung von Benzol

**Bruttogleichung der Halogenierung.** Versetzt man Benzol bei Anwesenheit eines Katalysators mit Brom, so kommt es zu einer Entfärbung der Lösung. Zudem entsteht ein farbloses, stechend riechendes Gas, das ein feuchtes Universalindikatorpapier über dem Reaktionsgefäß rot färbt (Abb. 1). Wird ein Katalysator verwendet, reagiert also auch der Aromat Benzol mit dem Halogen Brom. Es findet jedoch keine Additionsreaktion, sondern eine Substitutionsreaktion statt. Dabei wird ein Wasserstoffatom des Benzolmoleküls durch ein Bromatom ersetzt (= substituiert). Bei dieser Halogenierung entsteht außerdem gasförmiges Wasserstoffbromid, das als Säure die Verfärbung des Indikatorpapiers bewirkt:

$$C_6H_6 + Br_2 \xrightarrow{Katalysator} C_6H_5Br + HBr$$

Neben Brom reagiert auch Chlor auf diese Weise mit Benzol. Die so gewonnenen Halogenbenzole werden vielseitig verwendet, z. B. zur Herstellung von Insektiziden (Abb. 2).

**Bedeutung des Katalysators.** Ohne Katalysator findet keine Reaktion statt. Geeignete Stoffe sind Aluminium- oder Eisenhalogenide, z. B. $AlCl_3$, $FeBr_3$. Diese polarisieren die Halogenmoleküle und verstärken damit ihren elektrophilen Charakter:

$$|\overline{\underline{Br}} - \overline{\underline{Br}}| + \overset{\delta+}{Fe}\overset{\delta-}{Br_3} \longrightarrow |\overset{\delta+}{\overline{\underline{Br}}} - \overset{\delta-}{\overline{\underline{Br}}}| \cdots \cdots \overset{\delta+}{Fe}\overset{\delta-}{Br_3}$$

Das so aktivierte Halogenmolekül ist elektrophil genug, um das delokalisierte Elektronensystem des Benzolmoleküls anzugreifen. Daher wird der Mechanismus dieser Reaktion als *elektrophile Substitution* bezeichnet.

Bei der elektrophilen Substitution am Aromaten wird ein Wasserstoffatom durch ein anderes Atom ersetzt. So kann bei der Halogenierung in Anwesenheit eines Katalysators ein Wasserstoffatom durch ein Chloratom (= Chlorierung) oder Bromatom (= Bromierung) substituiert werden.

# Methoden 21

## M 2  Der Mechanismus der elektrophilen Substitution

Um die Vorgänge bei der elektrophilen Substitution in einem Reaktionsmechanismus darzustellen, verwendet man eine Grenzstrukturformel des Benzol-moleküls, um so die Veränderungen der Bindungs-elektronen besser veranschaulichen zu können.

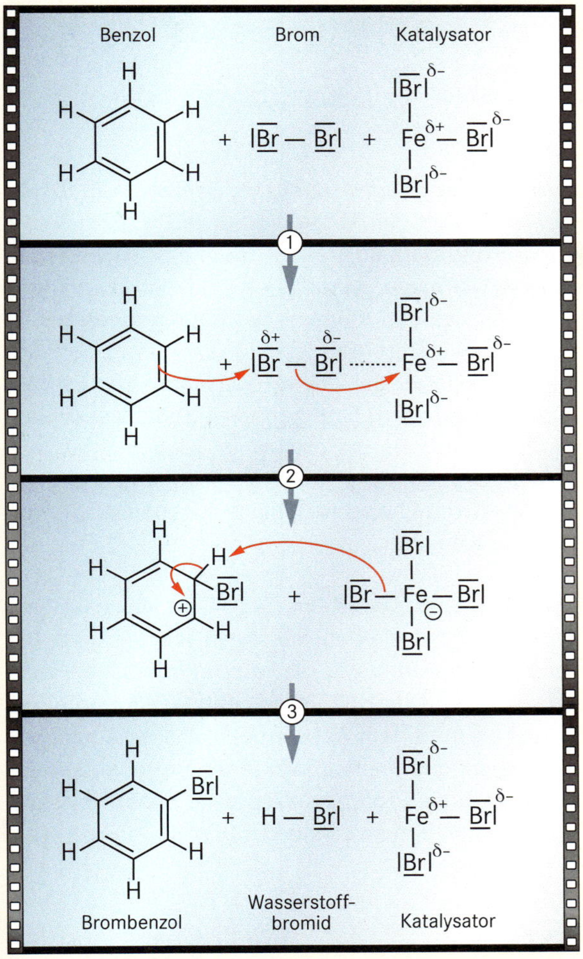

① *Polarisierung des Brommoleküls durch den Katalysator*

② *Heterolytische Spaltung des Brommoleküls und Bildung eines mesomeriestabilisierten Carbo-kations:*
   - Das Bromidion lagert sich an den Katalysator an.
   - Das Bromkation geht mit zwei der delokalisierten Elektronen des Benzolrings eine Bindung ein. Es bildet sich ein positiv geladenes, mesomeriestabilisiertes Carbokation mit einem verkleinerten delokalisierten Elektronensystem, in dem die positive Ladung delokalisiert ist:

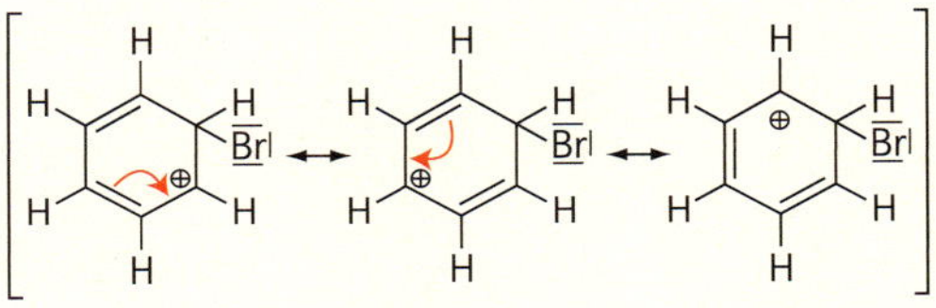

③ *Rearomatisierung und Rückbildung des Katalysators:*
   Durch die Abspaltung eines Protons entsteht wieder das vollständige delokalisierte Elektronensystem (= Rearomatisierung). Das Proton verbindet sich mit dem am Katalysator gebundenen Bromidion zum Wasserstoffbromidmolekül, wodurch der Katalysator wieder zurückgewonnen wird.

### Aufgaben

1 Formulieren Sie den beschrifteten Reaktions-mechanismus der Chlorierung von Benzol in Anwesenheit von $AlCl_3$.

2 Erklären Sie, weshalb Benzol keine Additions-reaktion, sondern eine Substitutionsreaktion eingeht.

### Info

Eine Halogenierung mit Fluor und Iod ist so nicht möglich. Fluor ist zu reaktiv und würde Bindungsbrüche im Molekül verursachen, Iod dagegen ist ein zu schwaches Elektrophil, d. h. es ist zu reaktionsträge.

## 22 Aromatische Kohlenwasserstoffe

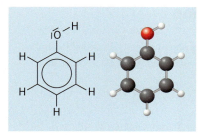

**1** Halbstrukturformel und Kugel-Stab-Modell von Hydroxybenzol (Phenol)

**Info**
Phen ist die alte Bezeichnung für Benzol von griech. phainein: leuchten (→ S. 14).

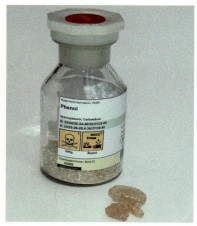

**2** Phenol bildet farblose Kristalle, die sich an der Luft nach einiger Zeit rötlich färben und einen durchdringenden Geruch haben.

**3** Universalindikatorpapier färbt sich in wässrigen Phenollösungen leicht rot.

## 1.5 Phenol, ein aromatischer Alkohol

**Struktur des Phenolmoleküls.** Wird ein Wasserstoffatom des Benzolmoleküls durch eine Hydroxygruppe ersetzt, erhält man das Hydroxybenzolmolekül $C_6H_5OH$ (Abb. 1). Der gebräuchliche Name *Phenol* für diese Verbindung leitet sich zum einen von der Bezeichnung *Phenyl* für den aromatischen Anteil $-C_6H_5$ ab, zum anderen weist die Endung -ol auf die funktionelle Gruppe der Alkohole, die Hydroxygruppe, hin.

Das Phenolmolekül besteht aus der polaren Hydroxygruppe –OH und dem unpolaren, aromatischen Phenylrest $-C_6H_5$.

**Eigenschaften und Verwendung.** Im Vergleich zu Benzol (→ S. 15) hat Phenol deutlich höhere Werte für Schmelztemperatur (43 °C) und Siedetemperatur (182 °C). Durch die stark polare Hydroxygruppe sind Phenolmoleküle fähig, Wasserstoffbrücken auszubilden, die nur durch eine höhere Energiezufuhr gelöst werden können. Bei Raumtemperatur ist Phenol daher ein kristalliner Feststoff (Abb. 2).
Phenol ist ein wichtiger Grundstoff der chemischen Industrie. Es wird z. B. zur Produktion von Kunststoffen, Farbstoffen und Pflanzenschutzmitteln verwendet. Früher wurde es in Form einer 2 %igen wässrigen Phenollösung auch als Desinfektionsmittel in Krankenhäusern eingesetzt. Aufgrund der Giftigkeit von Phenol wird diese sogenannte Carbollösung heute nicht mehr verwendet.

**Wässrige Phenollösungen sind sauer.** Im Gegensatz zu wässrigen Alkanollösungen reagieren wässrige Phenollösungen leicht sauer: Die Anwesenheit von Oxoniumionen wird durch die Färbung von Säure-Base-Indikatoren angezeigt (Abb. 3). Die $H_3O^+$-Ionen entstehen durch die Reaktion des Phenolmoleküls mit einem Wassermolekül unter Austausch eines Protons. Dabei fungiert das Phenolmolekül als Protonendonator (= Säure), das Wassermolekül als Protonenakzeptor (= Base). Das entstehende Anion wird als Phenolation bezeichnet.

Phenolmolekül → Phenolation $+ H_2O \longrightarrow + H_3O^+$

Im Gegensatz zu Alkanolmolekülen reagieren Phenolmoleküle als Säuren.

**Ursache: Mesomerie.** Will man die Ursachen für das saure Verhalten einer Phenollösung ergründen, muss man die Struktur des Phenolmoleküls und des gebildeten Phenolations genauer betrachten (Struktur-Eigenschafts-Konzept). Die leichte Abspaltung eines Protons von der Hydroxygruppe des Phenolmoleküls beruht im Wesentlichen auf zwei Effekten.

*Erhöhte Polarität der OH-Bindung:*
Im Gegensatz zum Benzolmolekül gibt es mehr als zwei mögliche Grenzstrukturformeln. Ein freies Elektronenpaar des Sauerstoffatoms gehört zum delokalisierten Elektronensystem und ist somit an der Mesomerie beteiligt:

Die drei mittleren Grenzstrukturformeln zeigen, dass die Elektronendichte am Sauerstoffatom verringert ist. Die Polarität der OH-Bindung erhöht sich somit und das Proton ist leichter abspaltbar.

*Mesomeriestabilisierung des Phenolations:*
Das Phenolation ist im Vergleich zum Phenolmolekül stabiler, denn die negative Ladung ist nicht ausschließlich am Sauerstoffatom lokalisiert, sondern über den gesamten aromatischen Ring verteilt:

Durch diese Mesomeriestabilisierung des Phenolations wird seine Bildung, d. h. die Protonenabgabe, begünstigt.

Die Acidität des Phenolmoleküls beruht zum einen auf der erhöhten Polarität der OH-Bindung, zum anderen auf der Mesomeriestabilisierung des Phenolations.

**Vergleich mit Alkanolen und Carbonsäuren.** Universalindikatorpapier zeigt in wässrigen Alkanollösungen keine Farbänderung, in wässrigen Phenollösungen färbt es sich schwach rot, in wässrigen Carbonsäurelösungen zeigt es eine tiefrote Farbe (Abb. 4). Alkanolmoleküle reagieren trotz der mit Phenolmolekülen gemeinsamen Hydroxygruppe nicht als Säuren, da das durch Deprotonierung entstehende Anion nicht mesomeriestabilisiert ist:

$C_2H_5{-}OH + H_2O \longrightarrow\!\!\!\!\!/\ \ C_2H_5{-}\overline{\underline{O}}|^{\ominus} + H_3O^+$

Carbonsäuremoleküle geben dagegen leicht ein Proton ab, da das Carboxylation mesomeriestabilisert ist (→ S. 18, M 1). Die Hydroxygruppe im Carbonsäuremolekül ist aufgrund der hohen Elektronegativität des zweiten Sauerstoffatoms der Carboxygruppe zudem stärker polarisiert als im Phenolmolekül, was die große Acidität der Carbonsäuren erklärt.

**Aufgaben**

1. Phenol reagiert mit Natronlauge. Formulieren Sie die Reaktionsgleichung und nennen Sie den Reaktionstyp.
2. Natriumphenolat ist besser wasserlöslich als Phenol. Erklären Sie dieses Phänomen.
3. Elektrophile Substitutionen verlaufen mit Phenol besonders leicht und ohne Katalysatoreinsatz. Erklären Sie dieses Phänomen.
4. Ordnen Sie die Stoffe 1,4-Dihydroxybenzol, Methylbenzol und Phenol nach steigender Siedetemperatur und begründen Sie Ihre Entscheidung.

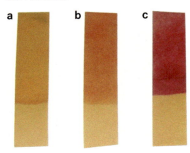

4 Universalindikatorpapier, eingetaucht in gleich konzentrierte wässrige Lösungen von Ethanol (a), Phenol (b) und Essigsäure (c), zeigt die Unterschiede in der Acidität.

## 24 Aromatische Kohlenwasserstoffe

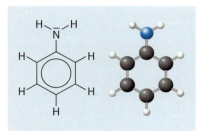

**1** Halbstrukturformel und Kugel-Stab-Modell von Phenylamin (Anilin)

**Info**
Anilin wurde erstmals aus dem blauen Farbstoff Indigo (→ S. 44), portugiesisch „anil" gewonnen.

**2** Anilin ist eine farblose, ölige Flüssigkeit, die sich an Luft durch Oxidation braun färbt.

**3** Wässrige Anilinlösung reagiert im Gegensatz zur wässrigen 1-Aminohexanlösung nur schwach basisch.

## 1.6 Anilin, ein aromatisches Amin

**Struktur des Anilinmoleküls.** Ist anstelle der Hydroxygruppe des Phenols eine Aminogruppe –NH$_2$ an den Benzolring gebunden, erhält man das Phenylaminmolekül C$_6$H$_5$NH$_2$ (Abb. 1); die Verbindung wird jedoch meist mit ihrem Trivialnamen *Anilin* bezeichnet.

Das Anilinmolekül besteht aus der polaren Aminogruppe –NH$_2$ und dem unpolaren, aromatischen Phenylrest –C$_6$H$_5$.

**Eigenschaften von Anilin.** Zwischen den Anilinmolekülen existieren Wasserstoffbrücken, die jedoch im Vergleich zu Phenol schwächer ausgeprägt sind. Grund hierfür ist die geringere Polarität der Aminogruppe im Vergleich zur Hydroxygruppe. Anilin ist daher eine ölige, farblose Flüssigkeit (Abb. 2) mit einer Schmelztemperatur von –6 °C und einer Siedetemperatur von 184 °C. Das stark giftige Anilin kann durch Schlucken, Einatmen und über die Haut in den Körper aufgenommen werden. Es ist ein starkes Blutgift, da es den roten Blutfarbstoff Hämoglobin verändert. Anilin oxidiert das zentrale Eisenion Fe$^{2+}$ des Hämoglobinmoleküls zu Fe$^{3+}$. Dieses kann Sauerstoff nicht mehr an sich binden und der Sauerstofftransport im Blut wird so behindert.

**Wässrige Anilinlösungen sind schwach basisch.** Im Gegensatz zu Ammoniakwasser und wässrigen Lösungen organischer Amine, wie 1-Aminohexan, reagieren wässrige Anilinlösungen nur schwach basisch (Abb. 3). Das freie Elektronenpaar der Aminogruppe des Anilinmoleküls kann wie das NH$_3$-Molekül ein Proton des Wassermoleküls anlagern. Das Anilinmolekül reagiert somit als Protonenakzeptor (= Base) unter Bildung des *Aniliniumions*.

Anilinmolekül + H$_2$O ⟶ Aniliniumion + OH$^-$

Im Gegensatz zu Ammoniakmolekülen reagieren Anilinmoleküle nur als schwache Basen.

Mit starken Mineralsäuren reagiert Anilin unter Salzbildung, z. B. mit Salzsäure zu Aniliniumchlorid. Aniliniumsalze lassen sich leichter handhaben als das flüssige, oxidationsempfindliche und leicht flüchtige Anilin und werden daher in der Praxis oft an seiner Stelle verwendet.

Aromatische Kohlenwasserstoffe **25**

**Ursache: Mesomerie.** Will man die Ursachen für das nur schwach basische Verhalten einer Anilinlösung ergründen, muss man die Struktur des Anilinmoleküls und des gebildeten Aniliniumions genauer betrachten (Struktur-Eigenschafts-Konzept). Die geringere Neigung zur Anlagerung eines Protons an die Aminogruppe des Anilinmoleküls beruht im Wesentlichen auf zwei Effekten.

*Starke Mesomeriestabilisierung des Anilinmoleküls:*
Auch beim Anilinmolekül gibt es mehr als zwei mögliche Grenzstrukturformeln. Das freie Elektronenpaar des Stickstoffatoms gehört zum delokalisierten Elektronensystem und ist somit an der Mesomerie beteiligt. Durch diese Delokalisierung wird die Protonenaufnahme erschwert, da es für die Anlagerung eines Protons nicht mehr so leicht zur Verfügung steht.

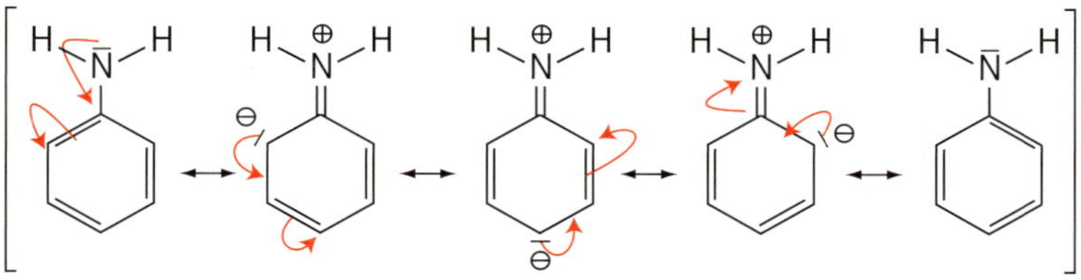

*Geringe Mesomeriestabilisierung des Aniliniumions:*
Das entstehende Aniliniumion ist nicht mehr so stark mesomeriestabilisiert wie das Anilinmolekül, da das Elektronenpaar des Stickstoffs in der neuen NH-Bindung fixiert ist. Es existieren daher nur die beiden vom Benzolmolekül bekannten Grenzstrukturformeln.

Die geringe Basizität des Anilinmoleküls beruht zum einen auf der Beteiligung des freien Elektronenpaares des Stickstoffatoms am delokalisierte Elektronensystem, zum anderen auf der fehlenden Mesomeriestabilisierung des Aniliniumions.

**Gewinnung und Verwendung von Anilin.** Weltweit werden etwa eine Million Tonnen Anilin pro Jahr hergestellt. Es wird aus Benzol gewonnen, das zunächst mit Salpetersäure zu Nitrobenzol $C_6H_5NO_2$ umgesetzt wird. Nitrobenzol wird anschließend mit Eisen und Wasser in Gegenwart von Salzsäure zu Anilin reduziert. Aus Anilin als Ausgangsstoff werden viele verschiedene Stoffe, z. B. Farbstoffe (→ S. 36 ff.) und Medikamente hergestellt (Abb. 4).

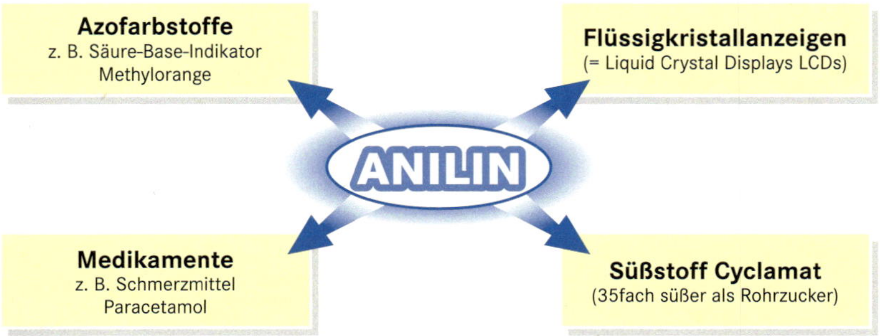

**Info**
Beim Anilin- oder Phenolmolekül werden die Kohlenstoffatome des Phenylringes ausgehend von der Amino- bzw. Hydroxygruppe durchnummeriert:

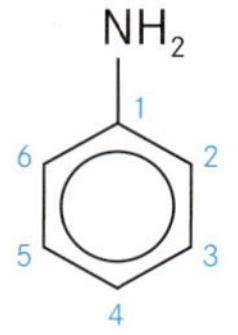

**Aufgaben**

**1** Formulieren Sie die Reaktionsgleichung für die Bildung von Aniliniumchlorid.

**2** Formulieren Sie die Reaktionsgleichung für die Reaktion von Aniliniumchlorid mit Natronlauge.

**3** Erklären Sie, warum elektrophile Substitutionen mit Anilin bevorzugt an Position 2, 4 oder 6 des Phenylrestes ablaufen.

**4** Recherchieren Sie die Strukturformeln von Methylorange, Paracetamol und Cyclamat (Abb. 4).

**4** Anilin dient als Ausgangsstoff für viele verschiedene Produkte.

**Azofarbstoffe**
z. B. Säure-Base-Indikator
Methylorange

**Flüssigkristallanzeigen**
(= Liquid Crystal Displays LCDs)

**ANILIN**

**Medikamente**
z. B. Schmerzmittel
Paracetamol

**Süßstoff Cyclamat**
(35fach süßer als Rohrzucker)

# 26 Auf einen Blick

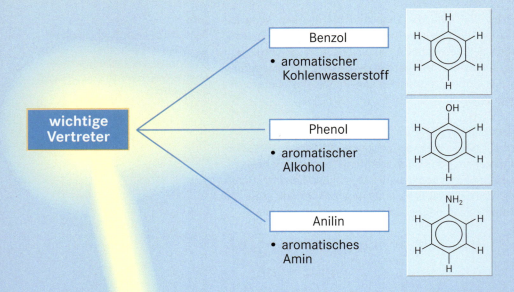

**wichtige Vertreter**

- Benzol
  - aromatischer Kohlenwasserstoff
- Phenol
  - aromatischer Alkohol
- Anilin
  - aromatisches Amin

**aromatische Verbindungen**

**delokalisiertes Elektronensystem**

- Elektronen, die keine lokalisierten Bindungen bilden können, sind nicht fest einem Atom zugeordnet
- Beispiel Benzol:
  Sechs Elektronen im Molekül können sich gleichmäßig über den Sechsring verteilen:

**elektophile Substitution**

- typische Reaktion aromatischer Verbindungen
- Reaktion mit z. B. Halogenen unter Beibehaltung des aromatischen Systems:

# Auf einen Blick

## Grenzstrukturformeln

bei Bindungsverhältnissen, die nicht durch eine einzige Valenzstrichformel dargestellt werden können

- zunächst eine Valenzsstrichformel erstellen
- durch Verschieben von delokalisierten Elektronenpaaren weitere Valenzsstrichformeln erstellen
- Doppelpfeil zwischen die Formeln setzen:

## Mesomerie

## Mesomerieenergie

Moleküle, in denen delokalisierte Bindungsverhältnisse vorliegen, sind besonders stabil.

## Reaktionsverhalten

### allgemein

- reagieren unter Erhalt des delokalisierten Elektronensystems
- Reaktionstyp: elektrophile Substitution

### aromatische Alkohole

- OH-Bindung ist durch die besonderen Bindungsverhältnisse besonders polar
- Phenolation ist mesomeriestabilisiert
⇒ im Gegensatz zu anderen Alkoholen schwache Säuren:

Phenol + $H_2O$ → Phenolation + $H_3O^+$

### aromatische Amine

- freies Elektronenpaar des Stickstoffatoms ist am delokalisierten Elektronensystem beteiligt
- Aniliniumion ist nicht mesomeriestabilisiert
⇒ im Gegensatz zu Ammoniak nur schwache Basen

Anilin + $H_2O$ → Aniliniumion + $OH^-$

# Knobelecke

1. Bauen Sie ein Molekülmodell des Benzolmoleküls (Molekülbaukasten oder Knetkugeln und Holzstäbchen) und beschreiben Sie seinen räumlichen Bau.

2. James Dewar schlug 1867 für das Benzolmolekül die folgende Strukturformel vor:

   Überprüfen Sie, ob dieser Strukturformelvorschlag mit den für Benzol ermittelten experimentellen Befunden in Einklang steht.

3. Erstellen Sie die mesomeren Grenzstrukturformeln des Carbonations $CO_3^{2-}$.

4. Ermitteln Sie die Summenformeln der folgenden in Form einer Grenzstrukturformel dargestellten aromatischen Verbindungen:

   Naphthalin (Bestandteil von Mottenkugeln)

   Biphenyl (Konservierungsmittel für Zitrusfrüchte)

   Benzpyren (krebserregender Bestandteil von Zigarettenrauch)

5. Zeigen Sie Gemeinsamkeiten und Unterschiede der Bromierung von Cyclohexen und Benzol auf.

6. Interhalogenverbindungen, wie Iodbromid IBr, reagieren nach dem gleichen Mechanismus mit Benzol wie Halogene. Formulieren Sie den Reaktionsmechanismus der Reaktion von Benzol mit Iodbromid in Gegenwart von Aluminiumbromid.

7. Recherchieren Sie die Strukturformeln und Namen der Duftstoffmoleküle, die in folgenden Aromastoffen enthalten sind: Vanillin, Bittermandelöl, Zimt, Gewürznelken, Thymian, Anis.

8. α-Naphthol ist neben Anilin ein wichtiger Ausgangsstoff zur Herstellung von Azofarbstoffen (→ S. 38). Formulieren Sie möglichst viele Grenzstrukturformeln für dieses Molekül.

   α-Naphthol

9. Viele Schmerzmittel enthalten den Wirkstoff Acetylsalicylsäure. Dieser wird durch Veresterung der aromatischen Verbindung Salicylsäure mit Essigsäure gewonnen. Formulieren Sie die Strukturformel von Acetylsalicylsäure.

   Salicylsäure

10. Viele Zecken-Weibchen nutzen den Stoff 2,6-Dichlorphenol als Sexuallockstoff.

    a) Formulieren Sie die Bruttogleichung der Bildung von 2,6-Dichlorphenol aus Chlor und Phenol.
    b) Bei der Reaktion von Chlor mit Phenol kann auch 2-Chlorphenol oder 4-Chlorphenol und zudem 2,4-Dichlorphenol und 2,4,6-Trichlorphenol entstehen. Erklären Sie unter Verwendung von Grenzstrukturformeln, weshalb kein 3-Chlorphenol entsteht.

11. Anilin geht wie auch Phenol sehr leicht elektrophile Substitutionsreaktionen ein. In saurem Milieu jedoch reagiert Anilin nur schlecht. Erklären Sie dieses Phänomen.

# Knobelecke

**12** Zur Herstellung des Süßstoffs Cyclamat aus Anilin muss der Phenylring des Anilinmoleküls zunächst hydriert werden, d. h. es wird Wasserstoff addiert. Formulieren Sie die Strukturformelgleichung der vollständigen Hydrierung von Anilin.

**13** Das Insektizid DDT (→ S. 20) ist aufgrund von Umweltrisiken stark in die Kritik geraten und die Verwendung und Herstellung von DDT in Deutschland und anderen Ländern wurde daher verboten (vgl. Abb. 1, Auszug aus einem Chemielexikon).
  a) Ein Umweltrisiko von DDT ist die Gefahr einer Anreicherung in der Nahrungskette. Erklären Sie mithilfe von Abbildung 2, wie es zu einer Anreicherung von Giftstoffen in der Nahrungskette kommen kann.
  b) Stellen Sie unter Verwendung von Abbildung 1 und Tabelle 1 Nachteile und Vorteile des DDT-Einsatzes gegenüber.
  c) Informieren Sie sich über die Zahl der Todesfälle durch Malaria pro Jahr weltweit.

**DDT**
Insektizid, das als Kontakt- und Fraßgift gegen krankheitsübertragende Insekten eingesetzt wird, z. B. gegen die Malaria übertragende Anopheles-Mücke. Durch das auf DDT basierende Anti-Malaria-Programm der Weltgesundheitsorganisation WHO wurde diese Krankheit in vielen tropischen Ländern nahezu ausgerottet.
Mitte der 1960er Jahre häuften sich Berichte, dass DDT bei bestimmten Vogelarten eine Verdünnung der Eierschalen bewirke, bei Mäusen Leberkrebs auslöse und im Fettgewebe gleichwarmer Lebewesen gespeichert werde. Außerdem gab es Hinweise, dass sich DDT aufgrund geringer biologischer Abbaubarkeit in der Umwelt anreichern könnte. Dies führte dazu, dass die Produktion und Anwendung von DDT nach und nach in fast allen Industrieländern verboten wurde. Spätere Untersuchungen zeigten, dass die Eierschalenverdünnung wohl durch andere Umweltgifte hervorgerufen wurde und dass DDT beim Menschen keinen Krebs erzeugt. Außerdem werden DDT-Moleküle unter dem Einfluss von UV-Licht sehr schnell zu $CO_2$ und $HCl$ abgebaut.
Die Restriktionen, denen sich auch die Entwicklungsländer anschlossen, führten jedoch dazu, dass die Zahl der Malariaerkrankungen wieder drastisch zunahm (Tab. 1). Da es zurzeit keine wirksame und preiswerte Alternative gibt, v. a. zur Malariabekämpfung, wird
DDT in den Entwicklungsländern weiterhin produziert und wieder angewendet.

**1** Auszug aus einem Chemielexikon

**2** Anreichung von DDT in einer Nahrungskette

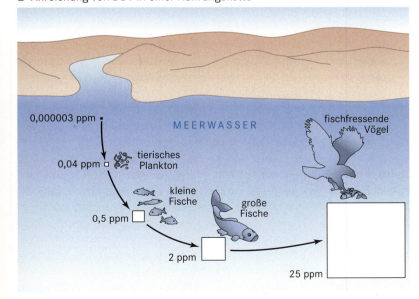

**Tab. 1** Malariaerkrankungen in Sri Lanka

| Jahr | Erkrankungszahl |
|---|---|
| 1946 | 2 800 000 |
| 1961 | 110 |
| 1962 | 31 |
| 1964 | 150 |
| 1965 | 308 |
| 1966 | 499 |
| 1967 | 3 466 |
| 1968/69 | 2 500 000 |

# Fit fürs Seminar

## Der naturwissenschaftliche Erkenntnisweg

Naturwissenschaftler befassen sich mit der systematischen Erforschung der Natur und ihrer Gesetzmäßigkeiten, mit deren Hilfe sie natürliche Phänomene erklären können. Ziel der Naturwissenschaftler ist es zum einen, die Natur besser zu verstehen und zum anderen, das gewonnene theoretische Wissen zur Lösung praktischer Probleme zu nutzen.

**Wie arbeiten Naturwissenschaftler?** Am Anfang jeder naturwissenschaftlichen Arbeit steht eine Beobachtung, die mit den bisherigen Theorien nicht in Einklang zu bringen ist. Ausgehend von diesem Phänomen wird der folgende naturwissenschaftliche Erkenntnisweg (Abb. 1) beschritten:
(1) Genaue Beobachtung und Beschreibung des *Phänomens*
(2) *Hypothesenbildung:* Aufstellung von Vermutungen zur Erklärung dieses Phänomens
(3) Überprüfung der Hypothese durch ein geeignetes *Experiment*, welches mehrfach wiederholt werden sollte.
(4) Mögliche Ergebnisse:
 a) *Falsifizierung:* Das Experiment bestätigt die Vermutungen nicht; die Hypothese muss verworfen werden. Es muss eine neue Hypothese aufgestellt werden.
 b) *Verifizierung:* Das Experiment bestätigt die Vermutungen.
(5) Hat das Experiment schließlich gezeigt, dass der Erklärungsansatz richtig ist, formuliert der Naturwissenschaftler eine Gesetzmäßigkeit (*Theorie*) zur Erklärung des beobachteten Phänomens.

Auch das Arbeiten im Rahmen eines naturwissenschaftlichen Seminars folgt diesem Erkenntnisweg.

**Beispiel: Ermittlung der Bindungsverhältnisse im Benzolmolekül**
(1) *Phänomen* (Stoffebene): Der Stoff Benzol verbrennt mit stark rußender Flamme. Die Elementaranalyse ergibt für das Benzolmolekül die Summenformel $C_6H_6$.
(2) *Hypothese* (Teilchenebene): Das Benzolmolekül ist eine ungesättigte Verbindung mit der Strukturformel des Cyclohexa-1,3,5-triens.
(3) *Experiment:* Die Anwesenheit von Doppelbindungen lässt sich mit der Bromwasserprobe nachweisen. Benzol führt jedoch zu keiner Entfärbung des Bromwassers.
(4) *Ergebnis:* Das Benzolmolekül besitzt nicht die Struktur des hypothetischen Cyclohexa-1,3,5-triens. Aufgrund dieser Falsifizierung muss eine neue Hypothese aufgestellt werden.

**Induktion und Deduktion.** Es gibt im Rahmen des naturwissenschaftlichen Erkenntnisweges zwei verschiedene Vorgehensweisen (Abb. 2). Beim *induktiven Vorgehen* wird auf der Basis von einzelnen Beobachtungen bzw. Experimenten auf das Allgemeingültige geschlossen und so eine neue Theorie aufgestellt. Beim *deduktiven Vorgehen* wird vom Allgemeinen auf den Einzelfall geschlossen. In der Regel erfolgt eine Mischung von induktivem und deduktivem Vorgehen.

**1** Naturwissenschaftlicher Erkenntnisweg

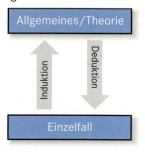

**2** Induktives und deduktives Vorgehen

# 2 Farbstoffe

Farbstoffe spielen in der Natur eine bedeutende Rolle. Bereits im Altertum wurden durch den Menschen *natürliche Farbstoffe* wie Purpur oder Indigo aus Tieren bzw. Pflanzen gewonnen.
Heute sind *synthetische Farbstoffe* von größerer Bedeutung für den Menschen.
Allen Farbstoffmolekülen gemeinsam ist eine Besonderheit der Molekülstruktur, ein *ausgedehntes delokalisiertes Elektronensystem*.

## Info

Energie (E) und Wellenlänge (λ) elektromagnetischer Strahlung sind zueinander indirekt proportional:

$E \sim \frac{1}{\lambda}$

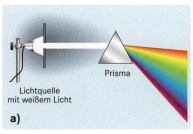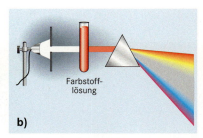

**1** a) Weißes Licht wird durch ein Prisma geleitet, bei b) noch zusätzlich vorher durch eine rote Lösung.

## 2.1 Das Phänomen der Farbigkeit

Leitet man weißes Licht durch ein Prisma, werden verschiedene Farben sichtbar (Abb. 1 a). Sie reichen von violett über blau, grün und gelb bis rot. Wird eine rote Lösung in den Strahlengang gebracht, entstehen wiederum verschiedene Farben (Abb. 1 b); es fehlt jedoch die grüne Komponente. Wie lässt sich dieses Phänomen erklären?

**Licht.** Licht ist elektromagnetische Strahlung. Je langwelliger die elektromagnetische Strahlung ist, desto energieärmer ist sie. Das für Menschen sichtbare Licht liegt in einem Wellenlängenbereich von 380 bis 780 nm des elektromagnetischen Spektrums (Abb. 2) und setzt sich aus verschiedenen Spektralfarben zusammen. Ist das vollständige Spektrum des sichtbaren Lichts vorhanden, spricht man von weißem Licht. Wird dieses durch ein Prisma gebrochen, so werden die Spektralfarben sichtbar.

## Info

Die Begriffe „absorbieren" und „komplementär" kommen aus dem Lateinischen;
lat. absorbere = verschlucken,
lat. complementum = Ergänzung.

**Farbigkeit durch Lichtabsorption.** Eine Farbstofflösung erscheint farbig, da die Farbstoffmoleküle in Wechselwirkung mit Lichtwellen des sichtbaren Bereichs des elektromagnetischen Spektrums treten: Sie absorbieren sichtbares Licht bestimmter Wellenlänge, wobei die Energie der absorbierten Lichtwellen von den Molekülen aufgenommen und in eine andere Energieform umgewandelt wird (→ S. 34). Zerlegt man mit einem Prisma Licht, das durch eine rote Lösung geleitet wird, so erhält man ein Farbspektrum, bei dem der absorbierte Farbanteil, in diesem Fall die grüne Farbe, fehlt.

**2** Spektrum der elektromagnetischen Strahlung: Sichtbares Licht setzt sich aus den Spektralfarben zusammen.

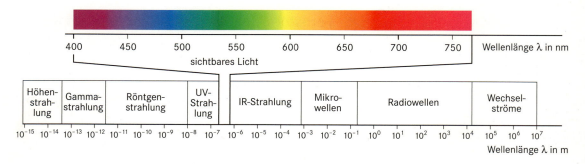

**Komplementärfarben.** Der reflektierte, also nicht absorbierte Anteil des sichtbaren Lichts, erzeugt im Beobachter einen Farbeindruck. Dieser ist zur Farbe des absorbierten Lichts komplementär (Abb. 3). Daher erscheint eine Farbstofflösung, die grünes Licht absorbiert, rötlich. Eine blaue Farbstofflösung absorbiert hingegen orangefarbenes Licht. Absorbiert ein Stoff das gesamte Spektrum des sichtbaren Lichts, erscheint er schwarz.

*Durch Absorption von Lichtwellen aus dem sichtbaren Bereich des Lichtspektrums erscheinen Farbstoffe farbig. Der reflektierte Anteil des Lichts erzeugt im Betrachter den Farbeindruck der Komplementärfarbe.*

★ **Farbwahrnehmung im menschlichen Auge.** Die Sehzellen in der Netzhaut des Auges enthalten den Sehfarbstoff Rhodopsin. Dieser besteht aus einem Aldehyd des Vitamins A, dem Retinal, und einem Protein. Trifft Licht auf die Netzhaut, kann sich durch die Lichtenergie die räumliche Anordnung des Retinalmoleküls verändern (Abb. 5). Dies führt zur Bildung elektrischer Signale, die zum Gehirn weitergeleitet werden. Der Sehfarbstoff kann jedoch nur durch Energiebeträge angeregt werden, die Licht der Wellenlängen von 380 bis 780 nm entsprechen. Daher ist die Wahrnehmung anderer Bereiche des elektromagnetischen Spektrums durch das menschliche Auge nicht möglich.

Um verschiedene Farben wahrnehmen zu können, gibt es drei verschiedene Typen spezieller Sehzellen, die sogenannten Zapfen. Die drei Zapfentypen werden durch Licht unterschiedlicher Wellenlängen angeregt (Abb. 4). Man unterscheidet Blauzapfen mit einem Absorptionsmaximum bei 420 nm, Grünzapfen mit einem Absorptionsmaximum bei 535 nm und Rotzapfen mit einem Absorptionsmaximum bei 570 nm.

Trifft weißes Licht auf die Netzhaut, d. h. das gesamte Spektrum des sichtbaren Lichts, dann werden alle Zapfentypen gleich stark angeregt. Es entsteht der Farbeindruck weiß. Trifft hingegen Licht auf die Netzhaut, dem beispielsweise die blaue Spektralfarbe fehlt, so wird der Blauzapfentyp nur noch schwach angeregt, während die beiden anderen Zapfentypen stark angeregt werden und Signale weiterleiten. Diese Signale erzeugen im Gehirn den Farbeindruck orange. Die einzelnen Farbeindrücke entstehen also nach dieser Theorie der Farbwahrnehmung durch das unterschiedliche Verhältnis der Erregungsstärke der drei Zapfentypen.

**4** Absorptionskurven der drei verschiedenen Zapfentypen

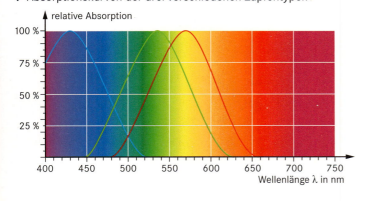

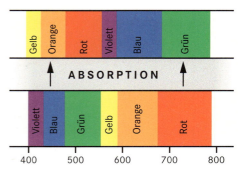

**3** Spektralfarben (unten) und Komplementärfarben (oben)

### Aufgaben

**1** Eine gelbe und eine rote Farbstofflösung liegen vor. Bestimmen Sie den Wellenlängenbereich des jeweils absorbierten Lichts. Welche Farbstofflösung absorbiert mehr Energie?

**2** Durch eine Farbstofflösung wird Licht der Wellenlänge 530 nm absorbiert. Ermitteln Sie die Farbe dieser Farbstofflösung.

### Info

Der Farbeindruck beim Beobachter entspricht nicht immer der Komplementärfarbe. So kann ein Farbstoff auch gelb erscheinen, wenn die Farbstoffmoleküle alle Spektralfarben außer Gelb absorbieren. Die Farbwahrnehmung entspricht dann der reflektierten Spektralfarbe.

**5** Trifft sichtbares Licht auf ein Retinalmolekül, wird 11-Z-Retinal in 11-E-Retinal umgewandelt. Dies löst eine Signalkette aus, die zur Erregung nachgeschalteter Nervenzellen führen kann.

## 34 Farbstoffe

**1** Das Elektron eines Moleküls absorbiert Lichtenergie. Dadurch gelangt es in einen angeregten Zustand.

### Info
Die absorbierte Energie kann auch in Form von Licht abgegeben werden (= Fluoreszenz). Solche Farbstoffe bewirken ein besonders intensives Leuchten der Farben; sie werden als Signalfarben verwendet, z. B. für orangefarbene Sicherheitswesten. Auch natürliche Farbstoffe, wie Chlorophyll, zeigen dieses Phänomen (→ S. 42).

### Aufgabe
**1** Erklären Sie, warum schwarze Gegenstände sich bei Sonneneinstrahlung besonders stark erwärmen.

**2** Farbstoffmoleküle zeichnen sich durch ein ausgedehntes System konjugierter Doppelbindungen aus: a) Astaxanthin, der rote Farbstoff des Panzers vieler Krebstiere und b) β-Carotin, der gelborange Farbstoff der Karotte.

## 2.2 Molekülbau und Farbigkeit

**Anregung von Elektronen.** Bei der Absorption elektromagnetischer Strahlung durch Moleküle nehmen deren Elektronen die Energie der Strahlung auf. Die Elektronen gelangen so von ihrem Grundzustand in einen instabilen angeregten Zustand (Abb. 1).

Die Anregungsenergie entspricht der Energie der absorbierten Strahlung. Ist zur Anregung der Elektronen eines Moleküls viel Energie nötig, wird Licht aus dem kurzwelligen Bereich des Spektrums (< 380 nm) absorbiert. Ein Stoff, der aus solchen Molekülen besteht, ist farblos. Entspricht die benötigte Anregungsenergie hingegen der Wellenlänge von Strahlung aus dem sichtbaren Bereich des Spektrums, so erscheint der Stoff farbig.

Aus dem instabilen angeregten Zustand kehren die Elektronen in den Grundzustand zurück, indem sie die aufgenommene Energie meist in Form von Wärmestrahlung wieder abgeben.

**Wechsel von Doppel- und Einfachbindungen in Farbstoffmolekülen.** Allen Farbstoffmolekülen gemeinsam ist ein Wechsel von Doppelbindungen und Einfachbindungen (Abb. 2). Man spricht hierbei von *konjugierten Doppelbindungen*. Die Elektronenpaare solcher Doppelbindungen sind nicht lokalisiert, sodass ein ausgedehntes delokalisiertes Elektronensystem (→ S. 16) vorliegt. Polyene sind die einfachsten Moleküle mit konjugierten Doppelbindungen. Da sie delokalisierte Elektronen enthalten, können Grenzstrukturformeln formuliert werden:

Farbstoffmoleküle oder -ionen zeigen als Strukturmerkmal ein ausgedehntes System konjugierter Doppelbindungen, in dem delokalisierte Elektronen vorliegen.

a)

b)

# Farbstoffe

**Tab. 1** Farbigkeit bei Polyenen

$CH_3(-CH=CH)_n-CH_3$

| n | Wellenlänge des absorbierten Lichts | Komplementärfarbe |
|---|---|---|
| 6 | 352 nm (UV) | (farblos) |
| 9 | 412 nm | gelb |
| 11 | 452 nm | orange |
| 19 | 530 nm | rot |

**Tab. 2** Farbigkeit bei Cyaninen

$(CH_3)_2N(-CH=CH)_n-CH=\overset{\oplus}{N}(CH_3)_2$

| n | Wellenlänge des absorbierten Lichts | Komplementärfarbe |
|---|---|---|
| 2 | 313 nm (UV) | (farblos) |
| 3 | 416 nm | gelb |
| 4 | 519 nm | rot |
| 5 | 625 nm | blau |

**3** Die ersten beschreibbaren CDs enthielten eine Cyanin-Beschichtung, deren Absorptionsverhalten sich durch Lasereinwirkung beim Beschreiben der CD verändert.

**Delokalisierte Elektronen sind leichter anregbar.** Da delokalisierte Elektronen keinem Atom fest zugeordnet sind, lassen sie sich leicht anregen. Je größer das System konjugierter Doppelbindungen ist, desto weiter können sich die Elektronen im Molekül frei bewegen und desto weniger Energie ist zu ihrer Anregung notwendig. Bei Farbstoffmolekülen mit ihrem ausgedehnten System konjugierter Doppelbindungen reicht daher bereits die Energie des sichtbaren Lichts zur Anregung aus.
Bei der Stoffgruppe der Polyene (Tab. 1), die sich in der Länge des konjugierten Doppelbindungssystems unterscheiden, ist diese Abhängigkeit gut zu erkennen. Je mehr Doppelbindungen mit Einfachbindungen abwechseln, desto langwelligeres Licht wird absorbiert.

*Ist das System delokalisierter Elektronen groß genug, so reicht die Energie von Strahlung des sichtbaren Lichts zur Anregung der Elektronen aus. Aufgrund dieses Absorptionsverhaltens erscheint ein Stoff farbig.*

**Funktionelle Gruppen können die Farbigkeit erhöhen.** Cyanine (Tab. 2, Abb. 3), deren Moleküle sich von den Polyenen durch eine Amino- bzw. eine Ammoniumgruppe an den Molekülenden unterscheiden, erscheinen im Gegensatz zu den Polyenen bereits mit einem recht kleinen System konjugierter Doppelbindungen farbig. Diese Eigenschaft der Cyanine beruht auf Besonderheiten der Molekülstruktur; durch die beiden funktionellen Gruppen wird das delokalisierte Elektronensystem erweitert:

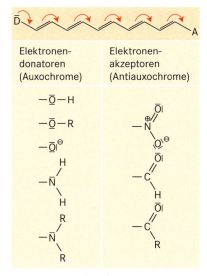

**Tab. 3** Funktionelle Gruppen erhöhen als Elektronendonatoren oder -akzeptoren die Farbigkeit.

Das freie Elektronenpaar der ungeladenen Aminogruppe ist an der Delokalisierung beteiligt. Zudem kann die geladene Ammoniumgruppe ein Elektronenpaar aufnehmen und so das delokalisierte Elektronensystem erweitern. Gruppen, die ein Elektronenpaar für die Delokalisierung zur Verfügung stellen, werden als *Elektronendonatoren* oder *Auxochrome* bezeichnet, Gruppen, die ein Elektronenpaar aufnehmen, werden *Elektronenakzeptoren* oder *Antiauxochrome* genannt (Tab. 3).

### Aufgabe

**2** Benzol ist farblos, 4-Nitroanilin hingegen ist ein gelber Farbstoff. Erklären Sie diesen Unterschied anhand von Grenzstrukturformeln.

*Elektronendonatoren und Elektronenakzeptoren erweitern das delokalisierte Elektronensystem eines Moleküls, sodass es Licht aus dem langwelligeren Bereich des Spektrums absorbiert.*

## 2.3 Die Azofarbstoffe

**Ein Zufallsfund.** Der erste synthetische Farbstoff wurde 1856 durch einen Zufall hergestellt: Der britische Chemiker William Perkin wollte aus Anilin (→ S. 24) das Medikament Chinin synthetisieren, das zur Malariavorbeugung für die britischen Soldaten in den Kolonien benötigt wurde. Unerwarteterweise entstand bei der Oxidation von Anilin jedoch ein violetter Farbstoff, der sich hervorragend zum Färben von Textilien eignete; Perkin nannte ihn Anilinpurpur (Abb. 1). Damit entstand ein neues Forschungsgebiet, das sich mit der Herstellung künstlicher Farbstoffe beschäftigte.

**Das Strukturmerkmal der Azofarbstoffe.** Anilin und Anilinderivate sind auch die Ausgangsstoffe für die Herstellung der bis heute wichtigsten Klasse synthetischer Farbstoffe, der *Azofarbstoffe*. Diese wurden Ende des 19. Jahrhunderts erstmals synthetisiert. Alle Azofarbstoffe enthalten eine zentrale funktionelle Gruppe, die *Azogruppe* —N̄=N̄—, welche zwei aromatische Reste miteinander verbindet:

1 Der britische Chemiker und Industrielle William Henry Perkin (1838–1907) – hier mit einem mit Anilinpurpur gefärbten Textil – gilt als der Entdecker des ersten synthetischen Farbstoffes.

**Info**
Aufgrund der preiswerten Gewinnung von Anilin aus Steinkohlenteer konnten mit der Farbstoffproduktion große Gewinne erwirtschaftet werden, was zur Gründung vieler Chemiewerke führte, darunter auch BASF, Bayer und Hoechst.

Der einfachste Azofarbstoff ist Azobenzol, das bei Raumtemperatur orangerote Kristalle bildet (Abb. 2). Das Azobenzolmolekül zeigt folgende Struktur:

Die Farbigkeit der Azofarbstoffe beruht auf ihrem ausgedehnten delokalisierten Elektronensystem. Für das Azobenzolmolekül können z. B. folgende Grenzstrukturformeln formuliert werden:

Azobenzolmoleküle absorbieren Strahlung aus dem blaugrünen Bereich des sichtbaren Lichts und das Azobenzol erscheint somit orangerot.

Die Moleküle der Azofarbstoffe sind durch die Azogruppe —N̄=N̄— gekennzeichnet, an die zwei aromatische Reste gebunden sind. Durch ihr ausgedehntes System delokalisierter Elektronen absorbieren sie Licht aus dem sichtbaren Bereich des Spektrums.

**Die Vielfalt der Azofarbstoffe.** Heute sind über 2000 verschiedene Azofarbstoffe bekannt. Ihre Vielfalt ist zum einen durch Variationen der aromatischen Reste bedingt, die an die Azogruppe gebunden sind. Zum anderen können in einem Farbstoffmolekül auch mehrere Azogruppen vorliegen (Abb. 3).

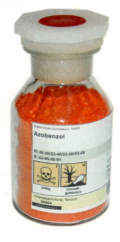

2 Azobenzol bildet orangerote Kristalle.

Farbstoffe **37**

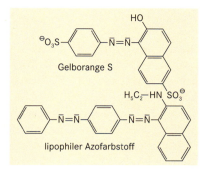

**3** Zwei Vertreter der Azofarbstoffe

**4** Heizöl wird zur Unterscheidung von höher besteuertem Dieselöl mit lipophilen Azofarbstoffen rot eingefärbt.

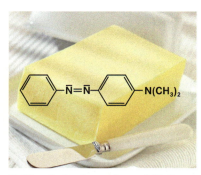

**5** Dimethylaminoazobenzol (Buttergelb) wurde früher zum Färben von Butter und Margarine verwendet.

**Verwendung der Azofarbstoffe.** Die Einsatzbereiche der verschiedenen Azofarbstoffe hängen einerseits von ihrem Löslichkeitsverhalten ab, andererseits von möglichen Gesundheitsgefahren, die von ihnen bzw. ihren Abbauprodukten ausgehen.

Wasserlösliche Azofarbstoffe werden z. B. als Säure-Base-Indikatoren (→ S. 40) eingesetzt. Lipophile Azofarbstoffe (Abb. 3) werden für das Einfärben von Schuhcremes und Kerzenwachs verwendet. Besondere Bedeutung haben sie zur Kennzeichnung von Heizöl (Abb. 4). Dieses besteht wie auch Dieselkraftstoff aus Dieselöl. Da Kraftstoff jedoch wesentlich höher besteuert wird als Heizöl, ist die Anfärbung von Heizöl gesetzlich vorgeschrieben, um ein Unterlaufen der Besteuerung zu verhindern.

Gesundheitlich unbedenkliche Azofarbstoffe werden zum Färben von Textilien und Leder eingesetzt. Einige sind als Lebensmittelzusatzstoffe zugelassen; sie erhalten E-Nummern, die mit der Ziffer 1 beginnen (Tab. 1). Hinter der Nummer E 110 verbirgt sich beispielsweise der Stoff Gelborange S (Abb. 3), der u. a. Bestandteil von Vanillepudding sein kann.

**Gesundheitsgefahren durch Abbauprodukte.** Eine Gesundheitsgefährdung durch Azofarbstoffe sollte gerade bei ihrer Verwendung im Lebensmittelbereich ausgeschlossen werden können. Die tatsächlichen gesundheitlichen Risiken, die von einer Substanz ausgehen, sind jedoch häufig nicht leicht feststellbar, da sie sich oft erst nach langer Zeit zeigen. Diese Problematik wurde bereits in den 30er Jahren des 20. Jahrhunderts am Azofarbstoff „Buttergelb" (Abb. 5) deutlich. Dieser wurde lange zum Anfärben von Margarine und Butter verwendet. Erst 1934 entdeckte man seine krebserregende Wirkung, was zum Verbot dieses Farbstoffs führte.

Beim Abbau von Azofarbstoffen im Körper oder auf der Haut können sich aromatische Amine bilden, die als krebserregend bzw. giftig eingestuft werden. Einige der heute noch zugelassenen Azofarbstoffe stehen in der Kritik, zumindest allergieauslösend zu sein. Daher wird v. a. im Lebensmittelbereich verstärkt auf andere Farbstoffe zurückgegriffen, z. B. auf β-Carotin als farbgebendem Bestandteil von Vanillepuddingpulver.

| E-Nummer | Bezeichnung | Verwendung |
|---|---|---|
| E 110 | Gelborange S | Lachsersatz, Vanillepudding |
| E 124 | Cochenillerot A | Lachsersatz, Fruchtkonserven, Fruchtgummis |
| E 151 | Brillantschwarz BN | Kaviarersatz, Lakritze |

**Tab. 1** Einsatz von Azofarbstoffen in Lebensmitteln

### Aufgaben

**1** Erstellen Sie eine weitere Grenzstrukturformel des Azofarbstoffs 4-Hydroxyazobenzol.

**2** Recherchieren Sie, welche Vorteile synthetische Farbstoffe gegenüber Naturfarbstoffen haben.

**3** Recherchieren Sie zwei weitere Azofarbstoffe, die als Lebensmittelzusatzstoffe zugelassen sind und notieren Sie Formel, E-Nummer und Verwendungsmöglichkeiten.

## 2.4 Synthese von Azofarbstoffen

**Die Synthese erfolgt in mehreren Schritten.** Bei der Synthese der Azofarbstoffe werden zwei reaktive aromatische Komponenten miteinander verknüpft. Man spricht bei dieser Verknüpfung auch von einer *Kupplung*. Im ersten Reaktionsschritt, der *Diazotierung*, wird die Diazokomponente hergestellt, im einfachsten Fall aus Anilin, Natriumnitrit NaNO$_2$ und einer sauren Lösung, z. B. Salzsäure. Im zweiten Reaktionsschritt, der *Azokupplung*, erfolgt die Verknüpfung mit der Kupplungskomponente, z. B. Anilin.

**Diazotierung.** Durch Zugabe einer sauren Lösung zu Natriumnitrit entsteht durch Protonenübergang zwischen einem Nitrition und einem Oxoniumion zunächst salpetrige Säure HNO$_2$. Diese setzt unter Wasserabspaltung ein reaktives Kation frei, das *Nitrosylkation* NO$^+$:

$$HNO_2 + H_3O^+ \longrightarrow NO^+ + 2H_2O$$

Anilin reagiert mit dem Nitrosylkation. Es spaltet sich ein Wassermolekül ab und es bildet sich das mesomeriestabilisierte *Diazoniumion* R-N$_2^+$ (Abb. 2).

1 Steinkohlenteer ist schwarz und zähflüssig.

### Info
Anilin kann aus Steinkohlenteer (Abb. 1) gewonnen werden, was in der Anfangsphase der Farbstoffproduktion bei der Bevölkerung für Aufsehen sorgte, da aus einer schwarzen Masse strahlend rote oder gelbe Farbstoffe hergestellt werden konnten.

2 Das mesomeriestabilisierte Diazoniumion kann durch Grenzstrukturformeln dargestellt werden.

3 Aus Anilin und Natriumnitrit entsteht in saurer Lösung der gelbe Farbstoff 4-Aminoazobenzol.

Da sich die Diazoniumionen bei höheren Temperaturen unter Stickstoffabspaltung leicht zersetzen, muss die Diazotierung meist unter Kühlung bei Temperaturen unter 5 °C durchgeführt werden.

**Azokupplung.** Im zweiten Syntheseschritt wird zum Diazoniumion die Kupplungskomponente hinzugegeben. Das Diazoniumion greift nach dem Mechanismus der elektrophilen Substitution (→ S. 20) als Elektrophil den aromatischen Ring der Kupplungskomponente an; es bildet sich schließlich das Azofarbstoffmolekül. Besonders leicht greift das elektrophile Diazoniumion elektronenreiche Aromaten, z. B. Anilin, Phenol oder Derivate dieser Verbindungen an (→ S. 22, 24). Bei Verwendung dieser elektronenreichen Kupplungskomponenten ist im Gegensatz zur Reaktion mit Benzol kein Katalysator notwendig, so dass sie bevorzugt verwendet werden. Im einfachsten Fall ist Anilin also sowohl der Ausgangsstoff für das Diazoniumion als auch die Kupplungskomponente.

Die Herstellung von Azofarbstoffen erfolgt in zwei Schritten. Im ersten Schritt wird ein aromatisches Amin diazotiert. Im zweiten Schritt reagiert das gebildete Diazoniumion in einer elektrophilen Substitution (= Azokupplung) mit einem weiteren Aromaten.

# Methoden

## M 3 Mechanismus der Synthese von Azofarbstoffen

Am Beispiel der Bildung von 4-Aminoazobenzol wird der Reaktionsmechanismus der Synthese von Azofarbstoffen erläutert.

Im 1. Schritt erfolgt die Diazotierung eines Anilinmoleküls, im 2. Schritt die Azokupplung des Diazoniumions (= Diazokomponente) mit einem weiteren Anilinmolekül (= Kupplungskomponente).

### 1. Diazotierung

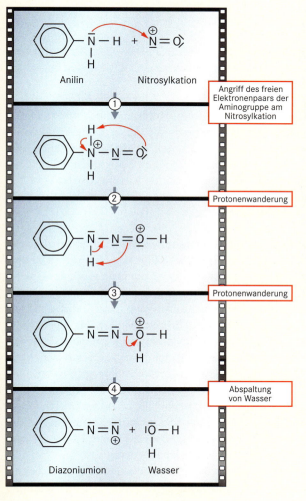

### 2. Azokupplung

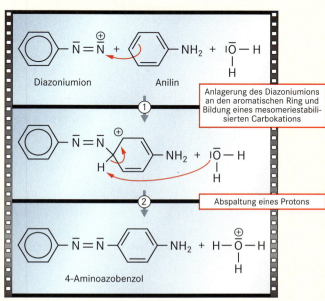

### Aufgaben

1 Geben Sie die Formeln der Ausgangsstoffe für die Herstellung des Azofarbstoffs Gelborange S (Formel s. S. 37, Abb. 3) an.
2 Formulieren Sie den Mechanismus der Synthese des Azofarbstoffs, der aus Anilin und Phenol gebildet wird.

## 40 Farbstoffe

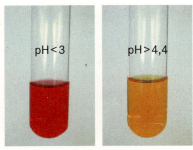

**1** Der Säure-Base-Indikator Methylorange ändert bei einem pH-Wert um 4 seine Farbe von Rot nach Orange.

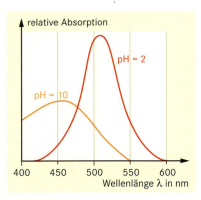

**2** Absorptionskurven (→ M 4, S. 41) von Methylorange bei pH = 2 und pH = 10.

**3** Grenzstrukturformeln der protonierten und deprotonierten Form von Methylorange

## 2.5 Säure-Base-Indikatoren

**Abhängigkeit der Molekülstruktur vom pH-Wert.** Auch Säure-Base-Indikatoren wie Phenolphthalein, Bromthymolblau oder Methylorange sind organische Farbstoffe. Bei einer Änderung des pH-Wertes kommt es bei ihnen zu einer Protonierung oder Deprotonierung des Farbstoffmoleküls. Am Beispiel des Azofarbstoffs Methylorange wird dies deutlich:

In sauren Lösungen mit pH-Werten unter 3 liegt vor allem die protonierte Form des Methylorangemoleküls vor, in weniger sauren und in basischen Lösungen die deprotonierte Form.

**Änderung des Absorptionsverhaltens.** Aufgrund dieser Veränderung in der Molekülstruktur ändert sich auch das Absorptionsverhalten: In sauren Lösungen mit einem pH-Wert unter 3 zeigt Methylorange eine rote Farbe, da es sein Absorptionsmaximum im blaugrünen Bereich des Spektrums hat (Abb. 1, 2). In weniger sauren Lösungen erscheint der Farbstoff dagegen orangefarben, da das Absorptionsmaximum im kurzwelligeren Bereich des Spektrums liegt.

**Grenzstrukturformeln zeigen die Ursachen der Farbänderung.** Bei der Protonierung oder Deprotonierung des Säure-Base-Indikators Methylorange bleibt die Zahl der konjugierten Doppelbindungen sowie der Elektronendonatoren und -akzeptoren gleich. Die Änderung im Absorptionsverhalten muss daher eine andere Ursache haben. Eine Erklärung liefert ein Vergleich der möglichen Grenzstrukturformeln (Abb. 3).
Bei der deprotonierten Form des Methylorangemoleküls kommt es bei einer der dargestellten Grenzstrukturformeln zum Auftreten neuer formaler Ladungen. Dies bedeutet einen zusätzlichen Energieaufwand. Die beiden Grenzstrukturformeln unterscheiden sich daher sehr stark und sind in Folge dessen nicht gleich wahrscheinlich. Der wahre Bindungszustand entspricht eher der energetisch günstigeren Grenzstrukturformel ohne die zusätzlichen formalen Ladungen. Daher ist die Delokalisierung der deprotonierten Form nicht so ausgeprägt.
Bei der protonierten Form des Methylorangemoleküls sind beide Grenzstrukturformeln ähnlicher, d. h. die Delokalisierung ist ausgeprägter und die Elektronen können leichter angeregt werden. Das Absorptionsmaximum ist somit in den langwelligeren Bereich verschoben.

*Säure-Base-Indikatoren sind organische Farbstoffe, die je nach pH-Wert mit unterschiedlicher Struktur vorliegen. Die Struktur beeinflusst ihr Absorptionsverhalten und damit ihre Farbe.*

# M 4 Das Absorptionsverhalten verschiedener Farbstoffmoleküle

Das Absorptionsverhalten eines Farbstoffes kann durch ein Spektrophotometer bestimmt werden. Dabei wird der Absorptionsgrad bei verschiedenen Wellenlängen gemessen. Die grafische Auftragung des Absorptionsgrades gegen die Wellenlänge des Lichts liefert eine für den Stoff charakteristische *Absorptionskurve*. Die Auswertung solcher Absorptionskurven zeigt das folgende Beispiel.

*Beispiel*
Für die Farbstoffe Bromkresolgrün, Methylorange und 4-Nitrophenolat ergeben sich folgende Absorptionskurven (Abb. 1). Außerdem sind die Strukturformeln der Farbstoffmoleküle bekannt (Abb 2). Jedem Farbstoffmolekül soll nun eine Absorptionskurve zugeordnet werden.

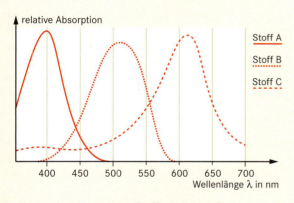

1 Absorptionskurven der Stoffe A, B und C

2 Strukturformeln der Stoffe A, B und C

| So wird's gemacht | Beispiele |
|---|---|
| 1 Wellenlänge des Absorptionsmaximums aus der Kurve ablesen. | Stoff A: ~400 nm<br>Stoff B: ~510 nm<br>Stoff C: ~615 nm |
| 2 Ausdehnung des delokalisierten Elektronensystems aus den Strukturformeln bestimmen:<br>a) Vergleich der Länge des konjugierten Doppelbindungssystems<br>b) Vergleich des Vorhandenseins von Elektronenakzeptoren und -donatoren | Bromkresolgrün > Methylorange > 4-Nitrophenolat<br>Bei allen drei Farbstoffen vorhanden. |
| 3 Das Molekül mit dem am stärksten ausgedehnten delokalisierten Elektronensystem absorbiert im langwelligsten Bereich des Spektrums. | Bromkresolgrün = Stoff C<br>Methylorange = Stoff B<br>4-Nitrophenolat = Stoff A |
| 4 Die Farbe des Farbstoffs erhält man durch Bestimmung der Komplementärfarbe (→ S. 33) der Wellenlänge des Absorptionsmaximums. | Bromkresolgrün: blau<br>Methylorange: rot<br>4-Nitrophenolat: gelb |

42 Farbstoffe

1 Pflanzen erscheinen durch den Farbstoff Chlorophyll grün.

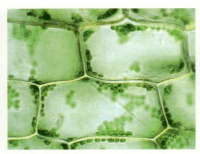

2 Pflanzenzellen mit Chloroplasten (lichtmikroskopische Aufnahme)

3 Chloroplasten enthalten die für die Fotosynthese notwendigen Farbstoffmoleküle in einem inneren Membransystem (elektronenmikroskopische Aufnahme).

## 2.6 Chlorophyll – der wichtigste Naturfarbstoff

**Info**
Das Wort Chlorophyll stammt aus dem Griechischen; griech. chloros bedeutet hellgrün, frisch, griech. phyllon heißt Blatt.

**Der grüne Farbstoff der Pflanzen.** Der Farbstoff der grünen Pflanzenorgane (Abb. 1) ist das *Chlorophyll* oder Blattgrün. Dieser grüne Farbstoff befindet sich in den Chloroplasten der Pflanzenzellen und ist dort in ein inneres Membransystem (Thylakoide) eingelagert (Abb. 2, 3). Neben vielzelligen Pflanzen kommt Chlorophyll auch in Grünalgen und Cyanobakterien vor. Mithilfe dieses Farbstoffs sind diese Lebewesen in der Lage, die Energie des Sonnenlichts in chemische Energie umzuwandeln, also Fotosynthese zu betreiben. Man bezeichnet Chlorophyll daher auch als Fotosynthesepigment.

4 Strukturformel von Chlorophyll a und Chlorophyll b

R = CH$_3$ : Chlorophyll a
R = CHO : Chlorophyll b

**Die Struktur des Chlorophylls.** Die Grundstruktur des Chlorophyllmoleküls (Abb. 4) zeigt einen zweigeteilten Aufbau. An einem vielgliedrigen Ringsystem mit zentralem Magnesiumion, dem Porphyrin, befindet sich ein langer Kohlenwasserstoffrest, der Phytolrest. Der unpolare Phytolrest verankert das Chlorophyllmolekül in den ebenfalls unpolaren Thylakoidmembranen. Der Porphyrinring zeichnet sich durch ein ausgedehntes System konjugierter Doppelbindungen aus und ist für die Farbigkeit verantwortlich. In der Natur existieren zwei Varianten des Chlorophylls: Chlorophyll a und Chlorophyll b. Diese beiden Formen unterscheiden sich durch einen Rest am Porphyrinring. Beim Chlorophyll-a-Molekül besteht der Rest R aus einer Methylgruppe, während sich dort beim Chlorophyll-b-Molekül eine Aldehydgruppe befindet.

**Absorptionsverhalten von Chlorophyll a und b.** Aufgrund der vielen konjugierten Doppelbindungen liegt in den Chlorophyllmolekülen ein ausgedehntes delokalisiertes Elektronensystem vor. Sie können daher Licht aus dem sichtbaren Bereich des Spektrums absorbieren. Die Absorptionskurven (Abb. 5) zeigen, dass die beiden Chlorophyllvarianten vor allem Licht blauer und roter Spektralfarben absorbieren. Die Farbstoffe erscheinen daher gelbgrün. Im kurzwelligen Bereich der Absorptionskurven sind deutliche Unterschiede zwischen den Absorptionsmaxima von Chlorophyll a und b zu erkennen. Bei Chlorophyll a liegt das Absorptionsmaximum im kurzwelligeren Bereich als bei Chlorophyll b.

Farbstoffe 43

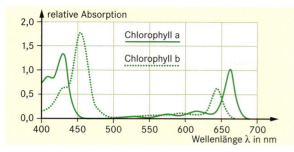

**5** Absorptionskurven von Chlorophyll a (durchgezogene Linie) und Chlorophyll b (gestrichelte Linie).

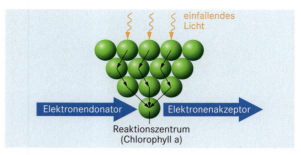

**6** In Lichtsammelfallen wird die Lichtenergie in chemische Energie umgewandelt.

Dies kann über die Molekülstruktur erklärt werden: Chlorophyll b besitzt aufgrund der Carbonylgruppe ein um eine Doppelbindung größeres konjugiertes Doppelbindungssystem und wird deshalb bereits durch langwelligeres Licht angeregt.

Chlorophyll ist der grüne Farbstoff der Pflanzen. Mithilfe dieses Fotosynthesepigmentes kann Lichtenergie in chemische Energie umgewandelt werden.

**Die Bedeutung der Fotosynthese.** Bei der Fotosynthese wird Lichtenergie in chemische Energie umgewandelt. Dabei wird aus den energiearmen Stoffen Kohlenstoffdioxid und Wasser, welche die Pflanzen aus der Umgebung aufnehmen, der energiereiche Stoff Traubenzucker (= Glucose) hergestellt; zudem entsteht Sauerstoff:

$$6\,CO_2 + 6\,H_2O \xrightarrow{\text{Licht}} C_6H_{12}O_6 + 6\,O_2$$

Die Energie, die für diesen Vorgang benötigt wird, können die Pflanzen aus dem Sonnenlicht gewinnen.

★ **Umwandlung der Lichtenergie in chemische Energie.** Damit die Lichtenergie genutzt werden kann, muss sie zunächst absorbiert werden. Hierzu befinden sich in den Chloroplasten spezielle Strukturen, die sogenannten Lichtsammelkomplexe (Abb. 6). Sie bestehen aus bis zu 300 Farbstoffmolekülen, wobei neben Chlorophyll a und b auch weitere Fotosynthesepigmente, wie Carotinoide (z. B. β-Carotin), vorkommen. Die einzelnen Farbstoffmoleküle sind so angeordnet, dass eine Art energetischer Trichter entsteht, der Lichtenergie von einer möglichst großen Fläche zu einem Reaktionszentrum leitet. Die Elektronen der außen liegenden Farbstoffmoleküle werden direkt durch Lichtenergie angeregt. Beim Zurückkehren in den Grundzustand führt die freiwerdende Energie zur Anregung weiter innen liegender Farbstoffmoleküle. Schließlich kommt es zur Übertragung der Energie auf das Reaktionszentrum, das aus Chlorophyll-a-Molekülen besteht. Die dort angeregten Elektronen fallen nicht in den Grundzustand zurück, sondern werden auf einen Elektronenakzeptor übertragen. Über viele weitere Zwischenschritte führt dies zur Bildung von Glucose. Die Lichtenergie kann auf diese Weise in chemische Energie umgewandelt werden.

**Info**
Eine 115-jährige Buche mit ca. 200 000 Blättern verarbeitet an einem sonnigen Tag ca. 9 400 l Kohlenstoffdioxid zu 12 kg Traubenzucker.
Durch die Fotosynthese wird auf der Erde pro Jahr eine Energiemenge von ca. $10^{17} - 10^{18}$ kJ in chemischen Verbindungen fixiert. Diese Verbindungen sind die Grundlage fast aller Nahrungsketten.
Die Fotosynthese ist somit der wichtigste biochemische Vorgang der Erde. Auch die Ernährung von uns Menschen beruht letztlich auf der Sonnenenergie.

**Aufgaben**
1 Nennen Sie die Aufgaben der beiden Teile des Chlorophyllmoleküls.
2 Belegen Sie, dass es sich bei der Fotosynthese um eine Redoxreaktion handelt.

44 Farbstoffe

1 Die heimische Pflanze Färberwaid, die auch an vielen Straßenrändern wächst, war früher Rohstoff für die Gewinnung von Indigo.

2 Tuaregmann mit blauem Turban und Gesichtsschleier

3 Blue Jeans werden auch heute noch mit Indigo gefärbt.

## 2.7 Die Jeans wird blau: Färben mit Indigo

**Indigo – ein Farbstoff mit Geschichte.** Indigo ist einer der ältesten bekannten Farbstoffe pflanzlichen Ursprungs. Mit Indigo aus Färberwaid (Abb. 1) wurden in Süddeutschland, z. B. in den Regionen Nürnberg und Schwaben, bereits im Mittelalter Textilien gefärbt. Das Volk der Tuareg, das am Rand der Sahara lebt, ist bekannt für seine tiefblaue Tracht: Tuaregmänner tragen traditionell mit Indigo gefärbte Turbane und Gesichtsschleier, was ihnen auch den Beinamen „blaue Männer" einbrachte (Abb. 2). Indigo ist auch für die charakteristische Färbung der Blue Jeans verantwortlich (Abb. 3).

**Struktur von Indigo.** Im Indigomolekül sind zwei symmetrische Komponenten über eine zentrale CC-Doppelbindung verknüpft. Jede Komponente enthält einen Benzolring, an dem als Substituenten an benachbarten Kohlenstoffatomen eine Carbonylgruppe (Elektronenakzeptor) und eine Aminogruppe (Elektronendonator) hängen. Zusammen mit der zentralen Doppelbindung bilden sie zwei miteinander verbundene Fünfringe.

### Aufgabe
1 Formulieren Sie eine Grenzstrukturformel des Indigomoleküls.

So entsteht ein ausgedehntes delokalisiertes Elektronensystem, das Licht aus dem orangefarbenen Bereich des sichtbaren Spektrums absorbiert, wodurch der Stoff blau erscheint.

### Info
Aufgrund der hohen Kosten galt dieser blaue Farbstoff lange Zeit als Statussymbol. Er wurde bereits von den ägyptischen Pharaonen zur Färbung von Leinentüchern und im Mittelalter u. a. für Malereien in wertvollen Büchern verwendet.

**Gewinnung von Indigo.** Lange Zeit war Indigo ein sehr teurer Farbstoff, da die Gewinnung aus Pflanzen, wie der asiatischen Indigopflanze oder dem einheimischen Färberwaid, sehr aufwendig ist. Die Pflanzen werden hierzu vergoren und anschließend an Luft oxidiert. Dabei wandelt sich die in den Pflanzen enthaltene und an ein Zuckermolekül gebundene farblose Indigo-Vorstufe Indican in Indigo um.

Im Jahr 1878 gelang dem deutschen Chemiker Adolf von Baeyer (Abb. 4) erstmals die Synthese von Indigo im Labor. Die industrielle Produktion begann 1897 durch die BASF, die die Synthese in den Folgejahren weiter verbesserte. Indigo konnte nun preiswert hergestellt werden und war damit auch erschwinglich zum Färben der strapazierfähigen Arbeitskleidung, die von Levi Strauss entwickelt wurde, der Jeans.

**Küpenfärbung – ein Umweg führt zum Ziel.** Zur Färbung von Textilfasern, wie Baumwolle, wird im Allgemeinen der Stoff in eine wässrige Farbstofflösung getaucht, sodass die Farbstoffmoleküle gut in die Faser eindringen können. Der Farbstoff Indigo ist jedoch nicht wasserlöslich, weshalb ein direktes Färben nicht möglich ist.

Mithilfe der Küpenfärbung gelangt der Farbstoff über einen Umweg auf die Faser (Abb. 5): Indigo kann durch Reduktion in eine wasserlösliche Form überführt werden (= Verküpen). Diese *Leukoform* ist farblos bis gelblich (griech. leukos = hell, weiß). Sie wird im Färbebad, der Küpe (lat. cupa = Tonne, Fass) verwendet, in die der zu färbende Stoff getaucht wird (Abb. 6). Um die blaue Farbe wiederherzustellen, muss die Leukoform oxidiert werden. Diese Oxidation erfolgt über Trocknen der Stoffe an der Luft (Abb. 7).

Bei der Küpenfärbung wird der wasserunlöslich Farbstoff durch Reduktion in eine wasserlösliche Form überführt. Diese wird dann auf die Faser aufgezogen und durch Oxidation wieder in den ursprünglichen Farbstoff zurückverwandelt.

**4** Adolf von Baeyer (1835–1917) glaubte schon im Alter von 13 Jahren, dass es einen Weg geben müsse, den kostbaren Indigofarbstoff künstlich herzustellen. 1880 meldete er tatsächlich ein Verfahren zur synthetischen Indigoherstellung zum Patent an, das später von der BASF erworben wurde.

### Aufgaben
**2** Recherchieren Sie die Ausgangsstoffe einer heute verwendeten Indigosynthese.
**3** Informieren Sie sich über zwei weitere Methoden der Textilfärbung.
**4** Bei der Reduktion von Indigo wird das Dithionition in basischer Lösung zum Hydrogensulfition oxidiert. Formulieren Sie die Teilgleichung dieser Oxidation.

**6** Sobald der mit der Leukoform getränkte Stoff mit Luft in Kontakt gerät, färbt sich die Faser grünlich.

**7** Beim Trocknen an Luft nimmt der Stoff schließlich die endgültige blaue Farbe an.

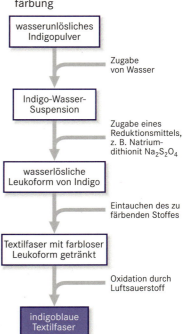

**5** Arbeitsschritte bei der Küpenfärbung

wasserunlösliches Indigopulver
→ Zugabe von Wasser

Indigo-Wasser-Suspension
→ Zugabe eines Reduktionsmittels, z. B. Natriumdithionit $Na_2S_2O_4$

wasserlösliche Leukoform von Indigo
→ Eintauchen des zu färbenden Stoffes

Textilfaser mit farbloser Leukoform getränkt
→ Oxidation durch Luftsauerstoff

indigoblaue Textilfaser

# Auf einen Blick

## Licht

### Wellencharakter
- Licht = elektromagnetische Strahlung
- sichtbares Licht: Wellenlängenbereich von 380 – 780 nm
- je langwelliger Strahlung ist, desto energieärmer ist sie

## Lichtabsorption

### Anregung von Elektronen
- Aufnahme von Strahlungsenergie
- Elektronen gelangen von Grundzustand in angeregten Zustand:

### Komplementärfarbe
- wird sichtbares Licht absorbiert, tritt Farbigkeit auf
- der Farbeindruck wird durch den nicht absorbierten, also reflektierten Teil des sichtbaren Lichts erzeugt und entspricht im Regelfall der Komplementärfarbe

## Farbigkeit

## Besonderheiten der Molekülstruktur

### konjugierte Doppelbindungen
- Wechsel von Einfachbindungen und Doppelbindungen im Molekül
- es liegt ein ausgedehntes delokalisiertes Elektronensystem vor
- delokalisierte Elektronen sind leicht anregbar, d. h. durch sichtbares Licht

### Elektronendonatoren und -akzeptoren
- funktionelle Gruppen erweitern das delokalisierte Elektronensystem
- energieärmeres, d. h. langwelligeres Licht wird absorbiert
- Elektronendonatoren:

$$-\underline{\overline{O}}-H,\ -\underline{\overline{O}}-R,\ -\underline{\overline{\underline{O}}}|^{\ominus},\ -\overline{N}\!\!\begin{array}{c}H\\H\end{array},\ -\overline{N}\!\!\begin{array}{c}R\\R\end{array}$$

- Elektronenakzeptoren:

$$-\overset{\oplus}{N}\!\!\begin{array}{c}\overline{\overline{O}}|\\\underline{\overline{O}}|^{\ominus}\end{array},\ -C\!\!\begin{array}{c}\overset{\overline{\overline{O}}|}{\|}\\H\end{array},\ -C\!\!\begin{array}{c}\overset{\overline{\overline{O}}|}{\|}\\R\end{array}$$

## Auf einen Blick 47

### Azofarbstoffe

**Struktur**

aromatische Gruppe $-\bar{N}=\bar{N}-$ aromatische Gruppe
  Azogruppe

- funktionelle Gruppen an den aromatischen Gruppen erhöhen die Farbigkeit

**Säure-Base-Indikatoren**

- je nach pH-Wert in unterschiedlicher Struktur und damit mit anderem Absorptionsverhalten
- Methylorange:

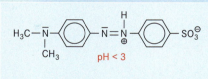

pH < 3

pH > 4,4

**Herstellung**

- Diazotierung: aromatisches Amin reagiert mit Nitrosylkation $NO^+$ zum mesomeriestabilisierten Diazoniumion

  Ph–$NH_2$ + $NO^+$ → Ph–$\bar{N}=\bar{N}^{\oplus}$ + $H_2O$

- Azokupplung: Diazoniumion reagiert in elektrophiler Substitution mit anderem Aromat

  Ph–$\bar{N}=\bar{N}^{\oplus}$ + Ph–$NH_2$ + $H_2O$ → Ph–$\bar{N}=\bar{N}$–Ph–$NH_2$ + $H_3O^+$

## Farbstoffe

### Indigo

**Bedeutung**

- blauer Farbstoff
- wurde aus Pflanzen gewonnen
- mittlerweile synthetisch herstellbar

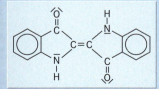

**Küpenfärbung**

- wasserunlösliches Indigo wird durch Reduktion in wasserlösliche Leukoform überführt
- Aufziehen der Leukoform auf Textilfaser
- blauer Farbstoff wird durch Oxidation zurückgewonnen

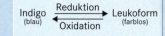

### Chlorophyll

**Bedeutung**

- grüner Farbstoff in den Chloroplasten der Pflanzenzelle
- Fotosynthesepigment: Umwandlung von Lichtenergie in chemische Energie

**Struktur**

- vielgliedriges Ringsystem mit ausgedehntem delokalisierten Elektronensystem und zentralem Magnesiumion
- langer unpolarer Kohlenwasserstoffrest

# Knobelecke

1. Ordnen Sie den folgenden Farbstoffmolekülen aus der Gruppe der Carotinoide die Farben Grün, Purpur und Orange zu und begründen Sie Ihre Zuordnung.

   β-Carotin   Spirilloxanthin   Isorenieratin

2. Mischt man die Farben Gelb und Blau des Wasserfarbmalkastens, so ergibt sich die Farbe Grün. Diese Farbmischung bezeichnet man als subtraktive Farbmischung (Abb. 1, links). Das Farbensehen des Menschen folgt dem Prinzip der sogenannten additiven Farbmischung (Abb. 1, rechts). Vergleichen Sie diese beiden Prinzipien der Farbmischung anhand der folgenden Abbildung.

3. Geben Sie die Edukte für die Synthese der Azofarbstoffe Chrysoidin und Orange I an.

   Chrysoidin

   Orange I

   Formulieren Sie den Mechanismus der Synthese dieser Farbstoffe.

4. Versetzt man eine orangefarbene Methylorangelösung mit Salzsäure, kommt es zu einer Protolysereaktion. Formulieren Sie die Reaktionsgleichung.

5. Der Azofarbstoff Kongorot kann als Säure-Base-Indikator verwendet werden. Er zeigt bei pH = 3 eine blaue und bei pH = 6 eine rote Farbe. Erklären Sie anhand der Grenzstrukturen diese unterschiedlichen Farben.

   Kongorot

6. Indikatorfarbstoffe sind zum Färben von Textilien ungeeignet. Begründen Sie diese Aussage.

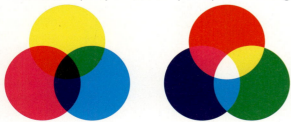

1 Subtraktive (links) und additive (rechts) Farbmischung.

# Knobelecke 49

**7** Die Purpurschnecke enthält einen purpurnen Farbstoff. Recherchieren Sie die Strukturformel dieses Farbstoffs und den historischen Hintergrund seiner Verwendung.

**8** In der folgenden Abbildung sind die Absorptionskurven von Phenol und 2-Nitrophenol in saurer wässriger Lösung wiedergegeben.

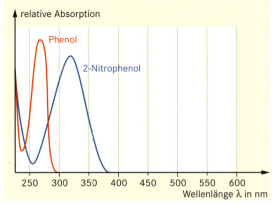

a) Machen Sie mithilfe der Absorptionskurven eine Aussage über die Farbigkeit der Phenol- und der 2-Nitrophenollösung. Erklären Sie das unterschiedliche Absorptionsverhalten der beiden Lösungen mithilfe von Grenzstrukturformeln.
b) Wird zur sauren Lösung von 2-Nitrophenol verdünnte Natronlauge zugegeben, so beobachtet man eine Gelbfärbung der Lösung. Erklären Sie diese Beobachtung.
c) Aus Nitrophenol kann 2-Aminophenol gewonnen werden, das Ausgangsstoff zur Synthese eines Azofarbstoffes sein kann, wenn er mit den nötigen anorganischen Reagenzien und mit einem der Stoffe aus folgender Liste zusammen gegeben wird:
   - Benzol
   - Nitrobenzol
   - Phenol
   
   Wählen Sie einen geeigneten Stoff aus der Liste, begründen Sie Ihre Wahl und formulieren Sie die Strukturformelgleichungen der Synthese des Azofarbstoffes.

**9** In der Absorptionskurve von Chlorophyll a treten zwei Absorptionsmaxima auf. Absorptionskurve von Chlorophyll a:

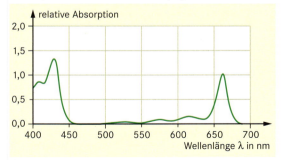

Dies beruht darauf, dass die Elektronen im Chlorophyll-a-Molekül in zwei verschiedene Anregungszustände versetzt werden können:

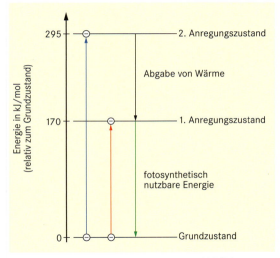

a) Erklären Sie anhand der obigen Abbildung das Zustandekommen der zweigipfligen Absorptionskurve des Chlorophylls a.
b) Nehmen Sie kritisch Stellung zu folgender Aussage: „Blaues Licht ist kurzwelliger und somit energiereicher als rotes Licht. Daher ist es fotosynthetisch besser wirksam."

# Fit fürs Seminar

## Küpenfärbung mit Indigo

300 ml Wasser und 50 ml 3%ige Natronlauge werden zusammengegeben. Diese Lösung wird auf 70 °C erhitzt. Nun stellt man aus 1 g gepulvertem Indigo, 10 ml Brennspiritus sowie 50 ml der Natronlauge ein homogenes Gemisch her. Dieses gibt man zur 70 °C heißen Lösung. Unter Rühren werden 10 g Natriumdithionit in diese Mischung gegeben. Dies ist die Küpe.
Das zu färbende Textilmaterial wird in diese Indigoküpe gelegt und mindestens 2 Minuten darin getränkt. Anschließend wird es vorsichtig mit einem Glasstab aus der Küpe entnommen und abgetropft. Vorsicht, die Flüssigkeit darf nicht mit den Händen in Berührung kommen! Sie färbt sehr stark! Das Textilstück dann mindestens eine Minute lang unter fließendem Wasser ausspülen und anschließend an der Luft trocknen.

**1** Versuchsanleitung zur Küpenfärbung mit Indigo

Massenanteil:
$$w = \frac{m(X)}{m(X) + m(LM)}$$

Massenprozent:
$$100\% \cdot w$$

**2** Zusammenhang zwischen Masse des gelösten Stoffes X, Masse des Lösungsmittels LM und der Angabe Massenprozent

**Tab. 1** Konzentrationsangaben (Stoff X, Lösung L)

| | |
|---|---|
| Stoffmengenkonzentration | $c(X) = \frac{n(X)}{V(L)}$ |
| Massenkonzentration | $\varrho^{*}(X) = \frac{m(X)}{V(L)}$ |
| Volumenkonzentration | $\sigma(X) = \frac{V(X)}{V(L)}$ |

## Von der Versuchsanleitung zum Experiment

**Die Versuchsanleitung.** Anleitungen für das Durchführen von chemischen Experimenten findet man in großer Zahl in wissenschaftlichen Büchern, in Fachzeitschriften und im Internet. Die Qualität dieser Versuchsanleitungen ist unterschiedlich: Gibt es eine Geräte- und Chemikalienliste? Sind Hinweise zu möglichen Gefahren und zur richtigen Entsorgung gegeben? Sind die verwendeten Konzentrationsangaben bekannt? Um anhand einer Versuchsanleitung (Abb. 1) ein Experiment erfolgreich durchführen zu können, sind auf jeden Fall einige Vorüberlegungen nötig.

**Auswahl der benötigten Geräte.** Bei der Auswahl der Gefäße muss auf das Gesamtvolumen des Versuchsansatzes geachtet werden. Die Küpe in Abb. 1 hat beispielsweise ein Volumen von 410 ml. Es sollte also ein 600 ml-Becherglas verwendet werden. Da die Skalierung von Bechergläsern nicht genau ist, verwendet man zum genauen Abmessen der Volumina einen Messzylinder.
Müssen Lösungen erhitzt werden, sind nur hitzebeständige Glas- und Porzellangefäße geeignet. Zur genauen Temperaturkontrolle beim Erhitzen mit Bunsenbrenner oder Heizplatte ist ein Thermometer erforderlich, das mit Stativmaterial so befestigt werden kann, dass es eine konstante Eintauchtiefe hat.

**Ansetzen von Versuchslösungen.** Oft sind Konzentrationslösungen nicht auf die Stoffmengenkonzentration mit der Einheit mol/l bezogen, sondern werden z. B. in Massenprozent angegeben (Abb. 2).
Für eine 3%ige Natronlauge, von der man 100 ml herstellen möchte, benötigt man beispielsweise 3 g festes Natriumhydroxid, das in 97 g destilliertem Wasser gelöst wird. Die Größe Massenprozent gibt also die Masse des gelösten Stoffes X bezogen auf die Gesamtmasse der Lösung multipliziert mit 100 % an. Weitere Konzentrationsangaben sind z. B. Volumenprozent und Stoffmengenkonzentration (Tab. 1).

**Sicherheitsaspekte beachten.** Beim Aufbau und bei der Durchführung des Experiments müssen alle Sicherheitsvorkehrungen eingehalten werden, z. B.:
– R- und S-Sätze der verwendeten Chemikalien beachten,
– Schutzbrille tragen,
– auf sicheren Abstand der Geräte achten.
Zudem ist bereits an die Entsorgung der anfallenden Chemikalien zu denken, z. B. sollten basische Lösungen vor dem Entsorgen neutralisiert werden.

**Erstellen eines Versuchsprotokolls.** Für ein aussagekräftiges Versuchsprotokoll können Versuchsaufbau, einzelne Schritte der Durchführung, sowie Beobachtungen in Fotografien und Skizzen festgehalten werden, die das schriftliche Protokoll ergänzen. Bei Versuchsreihen, z. B. dem Erproben des Färbeverhaltens verschiedener Textilfasern, sollten geeignete Diagramme oder Tabellen zur Darstellung der Ergebnisse verwendet werden.

# 3 Kunststoffe

Kunststoffe sind aus unserem Alltag nicht mehr wegzudenken. Aufgrund ihres geringen Gewichts und ihrer *maßgeschneiderten Eigenschaften* bieten sie große Vorteile gegenüber den klassischen Werkstoffen Metall, Stein, Glas oder Holz.
Kunststoffe ähneln in ihrem Aufbauprinzip den Naturstoffen Wolle, Seide und Papier. Wie diese Proteine und Kohlenhydrate sind Kunststoffe aus *Makromolekülen* aufgebaut, die aus vielen kleinen Bausteinen, den *Monomeren*, bestehen.

# Kunststoffe

1 Die Naturfaser Cellulose war Ausgangsstoff zur Synthese von Celluloid, welches zur Herstellung von Filmmaterial (a) und Billardkugeln (b) verwendet wurde.

2 Bakelit war ein beliebtes Material für Radiogehäuse und Telefonapparate.

**Info**
Das Wort Polymer leitet sich aus dem Griechischen ab; griech. polys: viel und meros: Teil.

3 Hermann Staudinger (1881–1965) prägte den Begriff Makromolekül.

## 3.1 Was sind Kunststoffe?

**Der Beginn der „Plastikzeit".** Ob Joghurtbecher, Zahnbürste oder Wasserflasche, Kunststoffe sind aus unserem täglichen Leben nicht mehr wegzudenken. Ihre Geschichte begann, als man Ende des 19. Jahrhunderts versuchte, die Eigenschaften von Naturstoffen zu verändern, um sie für neue Anwendungen nutzen zu können.
Dies gelang erstmals 1869 mit der Herstellung von Celluloid aus der Naturfaser Cellulose (Abb. 1). 40 Jahre später gelang es dem belgischen Chemiker Leo Hendrik Baekeland, auf Kohlebasis den ersten vollständig synthetischen Kunststoff herzustellen, das Bakelit (Abb. 2). Weitere Forschungen führten zu einer immer größeren Vielfalt an Kunststoffen auf der Basis von Kohle und Erdöl. Die Grundlage für den Siegeszug der Kunststoffe war gelegt.

**Kunststoffe bestehen aus Makromolekülen.** Allen Kunststoffen gemeinsam ist ihr Aufbau aus *Makromolekülen*, d. h. sehr großen Molekülen mit einer Masse über 10 000 u. Der deutsche Chemiker Hermann Staudinger (Abb. 3) erhielt für diese Entdeckung 1953 den Nobelpreis für Chemie.

Kunststoffe sind Materialien mit makromolekularer Struktur, die synthetisch oder durch Abwandlung von Naturprodukten entstehen.

Die Makromoleküle der Kunststoffe entstehen, wenn sich Molekülbausteine (= Monomere) in großer Zahl (einige 100 bis über 100 000) chemisch miteinander zu einem Polymer verbinden. Die Monomere, aus denen ein solches *Polymer* aufgebaut ist, können gleichartig oder unterschiedlich sein:

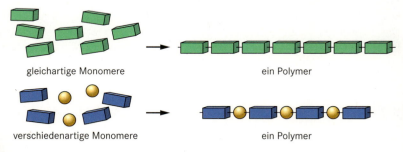

Polymere sind Makromoleküle, die aus einer großen Anzahl von Monomeren aufgebaut sind.

Ein Beispiel für ein Polymer, dessen Bausteine gleichartige Monomere sind, ist Polyethen PE. Dieser Kunststoff, aus dem auch Plastiktüten bestehen, wird aus Ethenmolekülen gebildet. Im Gegensatz dazu ist der Kunststoff, aus dem viele Plastikflaschen hergestellt werden, aus zwei verschiedenen Monomeren aufgebaut: Ethan-1,2-diol und 1,4-Benzoldicarbonsäure bilden das Polymer Polyethylenterephthalat PET (Tab. 1).

Kunststoffe 53

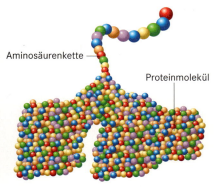

4 Proteine sind Makromoleküle, die aus Aminosäuren bestehen.

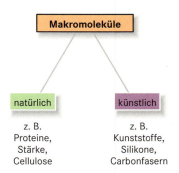

5 Es gibt natürliche und künstliche Makromoleküle.

6 Ecovio ist ein Kunststoff auf Basis des nachwachsenden Rohstoffes Mais.

**Natürliche und künstliche Makromoleküle.** Auch viele Naturstoffe sind makromolekular aufgebaut. Zu den natürlichen Makromolekülen zählen die *Proteine* (Abb. 4, → S. 126), die aus 100 bis einigen Tausend Aminosäuren bestehen und die Naturstoffe Wolle und Seide aufbauen. Weitere makromolekulare Naturstoffe sind die *DNA-Moleküle* unserer Erbsubstanz und die Kohlenhydrate *Stärke* (→ S. 110) und *Cellulose* (→ S. 112). Zu den künstlichen Makromolekülen (Abb. 5) zählen neben der großen Gruppe der *Kunststoffe* moderne Werkstoffe, wie *Silikone* und *Carbonfasern*.

**Rohstoffe für Kunststoffe.** Die wichtigste Rohstoffquelle für Kunststoffe ist heute neben Erdgas und Kohle das Erdöl. Aus diesem erhält man in Raffinerien durch Destillationsverfahren und thermische Spaltprozesse (Cracken) kurzkettige Kohlenwasserstoffmoleküle, aus denen die Monomere für Kunststoffe gewonnen werden (Abb. 7). Da der fossile Rohstoff Erdöl begrenzt ist, werden heute Monomere zur Kunststoffherstellung auch aus nachwachsenden Rohstoffen hergestellt, wie Stärke, Mais oder Rapsöl (Abb. 6).
Die aus fossilen und nachwachsenden Rohstoffen gewonnenen Monomere können auf verschiedene Art und Weise zu Polymeren reagieren und Kunststoffe mit unterschiedlichen Eigenschaften bilden.

| Kurzzeichen | Kunststoff |
|---|---|
| PE | Polyethen |
| PS | Polystyrol |
| PVC | Polyvinylchlorid |
| PP | Polypropen |
| PET | Polyethylenterephthalat |

Tab. 1 Kurzzeichen einiger Kunststoffe

7 Erdöl ist der wichtigste Rohstoff für die Kunststoffherstellung.

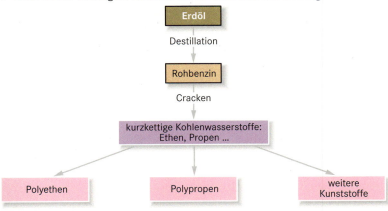

**Aufgaben**
1 Recherchieren Sie aktuelle Einsatzgebiete von Kunststoffen aus nachwachsenden Rohstoffen.
2 Informieren Sie sich über die unterschiedlichen Verwendungsbereiche der Kunststoffe PE, PS und PVC.

## 3.2 Radikalische Polymerisation

1 Viele Plastiktüten bestehen aus Polyethen.

**Herstellung von Polyethen.** Bei der Herstellung von Polyethen-Plastiktüten (Abb. 1) wird als Ausgangsstoff Ethen verwendet. Die Ethenmoleküle sind die Monomere, die sich in einer Kettenreaktion zum Polymer Polyethen verknüpfen. Im Reaktionsverlauf entsteht aus den ungesättigten Ethenmolekülen eine gesättigte Verbindung, wobei kurzzeitig Radikale auftreten. Daher bezeichnet man diese Art der Synthese von Kunststoffen als *radikalische Polymerisation*. In der Formelschreibweise der Polymere wird die sich wiederholende Struktureinheit, die sich aus dem Monomer ergibt, in eckigen Klammern angegeben:

$$n\ CH_2=CH_2 \longrightarrow -[CH_2-CH_2]_n-$$

**Mechanismus der radikalischen Polymerisation.** Die Synthese von Polyethen erfolgt in vier Schritten.

### 1. Startreaktion
Um die Kettenreaktion zu starten, sind Radikale notwendig. Diese entstehen aus sogenannten Radikalbildnern R—R (s. Info), welche eine Bindung enthalten, die sehr leicht homolytisch zerfällt:

$$R\!:\!R \longrightarrow R\cdot\ +\ \cdot R$$

Radikalbildner      Startradikale

### 2. Kettenstart
Die reaktionsfähigen Startradikale können die Doppelbindung im Ethenmolekül aufbrechen. So entsteht ein Radikal des Monomers:

$$R\cdot\ +\ CH_2=CH_2 \longrightarrow R-CH_2-CH_2\cdot$$

### 3. Kettenwachstum
Die so entstandenen Radikale können in weiteren Ethenmolekülen die Doppelbindungen aufbrechen. In einer sich kettenartig fortpflanzenden Reaktion entstehen auf diese Weise immer längere lineare Molekülketten:

$$R-CH_2-CH_2\cdot\ +\ CH_2=CH_2 \longrightarrow R-CH_2-CH_2-CH_2-CH_2\cdot$$
$$R-CH_2-CH_2-CH_2-CH_2\cdot\ +\ CH_2=CH_2 \longrightarrow R-CH_2-CH_2-CH_2-CH_2-CH_2-CH_2\cdot$$
$$\vdots$$

### 4. Kettenabbruch
Ähnlich wie bei der radikalischen Subsititution der Alkane führen der Zusammenstoß und die Vereinigung zweier Radikale zu einem Abbruch der Kettenreaktion. Da diese Abbruchreaktion zufällig erfolgt, entstehen Polyethenmoleküle unterschiedlicher Kettenlänge, z. B.:

$$R-CH_2-CH_2-CH_2-CH_2\cdot\ +\ \cdot CH_2-CH_2-R \longrightarrow R-CH_2-CH_2-CH_2-CH_2-CH_2-CH_2-R$$
$$R-CH_2-CH_2\cdot\ +\ \cdot CH_2-CH_2-R \longrightarrow R-CH_2-CH_2-CH_2-CH_2-R$$

> Die radikalische Polymerisation ist eine Kettenreaktion, bei der ungesättigte Monomere unter Radikalbildung zu einem Polymer reagieren. Die Polymerisation verläuft in vier Schritten: Startreaktion, Kettenstart, Kettenwachstum und Kettenabbruch.

---

**Info**

Als Radikalbildner (Initiatoren) eignen sich organische Azoverbindungen und Peroxide, wie z. B. Dibenzoylperoxid:

Die Peroxidbindung ist instabil und zerfällt aufgrund der Abstoßung der freien Elektronenpaare unter Radikalbildung.

| Name | Polyethen (PE) | Polypropen (PP) | Polyvinylchlorid (PVC) | Polystyrol (PS) | Polytetrafluorethen (PTFE) |
|---|---|---|---|---|---|
| Monomer | Ethen | Propen | Monochlorethen (Vinylchlorid) | Ethenylbenzol (Styrol) | Tetrafluorethen |
| Verwendungsbeispiele | Tragetaschen, Getränkekästen, Mülltonnen | Verpackungen, Dichtungen | Bodenbeläge, Rohre, Schläuche | Verpackungen, CD-Hüllen, Styropor | beschichtete Pfannen (Teflon), Membranen in Funktionskleidung |

**Tab. 1** Vielfalt der Polymerisate

**Vielfalt der durch Polymerisation herstellbaren Kunststoffe.** Viele der im Alltag genutzten Kunststoffe werden durch Polymerisation hergestellt. Dabei führt neben der Variation der Monomere (Tab. 1) auch die Wahl der Reaktionsbedingungen zu unterschiedlichen Kunststoffen.
So kann durch die Veränderung der Konzentration des Radikalbildners und der Temperatur die Kettenlänge des Polymers beeinflusst werden: Bei einer hohen Konzentration des Radikalbildners und bei hoher Temperatur entstehen zahlreiche Startradikale. Somit werden Kettenstart und Kettenabbruch gleichermaßen gefördert, was zu zahlreichen kurzen Polymerketten führt. Bei geringerer Konzentration des Radikalbildners und einer niedrigeren Temperatur entstehen hingegen wenige längere Polymerketten.

**Das Grundprinzip der Polymerisation ist immer gleich.** Trotz der großen Zahl von möglichen Monomeren erfolgt ihre Verknüpfung stets nach dem gleichen Prinzip. Mehrfachbindungen der Monomere werden zur Ausbildung von Einfachbindungen zwischen den Monomeren herangezogen:

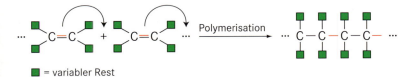

■ = variabler Rest

## Aufgaben

1 Polyvinylchlorid (PVC) entsteht durch radikalische Polymerisation aus Monochlorethen (Vinylchlorid). Formulieren Sie den Mechanismus dieser Reaktion.

2 Suchen Sie jeweils zwei Alltagsgegenstände (z. B. in Küche und Bad), die aus PS, PP bzw. PE bestehen (erkennbar an den aufgedruckten Kurzzeichen).

3 Der Kunststoff Plexiglas besteht aus folgendem Polymer:

Geben Sie die Strukturformel des Monomers an.

## 3.3 Polykondensation

**Monomere mit funktionellen Gruppen.** Die Monomere der Kunststoffe Polyethylenterephthalat und Nylon besitzen keine CC-Mehrfachbindungen. Ihr gemeinsames Strukturmerkmal ist das Auftreten mindestens zweier funktioneller Gruppen. Das Polymer bildet sich durch Verknüpfung der funktionellen Gruppen unter Abspaltung kleinerer Moleküle, z. B. Wasser. Eine solche Reaktion wird als *Kondensation* bezeichnet.

1 Viele Getränkeflaschen bestehen aus Polyethylenterephthalat PET.

Bei einer Polykondensation verbinden sich Monomere mit mindestens zwei funktionellen Gruppen unter Abspaltung von Nebenprodukten zu einem Polymer.

PET und Nylon sind Beispiele für zwei verschiedene Gruppen von Polykondensaten, die sich in den funktionellen Gruppen der Monomere unterscheiden.

**PET – ein Polyester.** Der Kunststoff Polyethylenterephthalat (PET) wird aus den Monomeren 1,4-Benzoldicarbonsäure (Terephthalsäure) und Ethan-1,2-diol hergestellt. Das entstehende Polymer enthält daher Esterbindungen und wird als *Polyester* bezeichnet:

2 Auch Textilfasern bestehen aus PET.

$$n\ HOOC-C_6H_4-COOH + n\ HO-CH_2-CH_2-OH$$

1,4-Benzoldicarbonsäure    Ethan-1,2-diol

$$\downarrow$$

$$HO-\left[\overset{O}{\underset{\parallel}{C}}-C_6H_4-\overset{O}{\underset{\parallel}{C}}-\bar{O}-CH_2-CH_2-\bar{O}\right]_n H + (2n-1)\ H_2O$$

Esterbindung

Polyethylenterephthalat (PET)

PET wird vor allem zur Herstellung von Kunststoffflaschen (Abb. 1) sowie Textilfasern (z. B. für Sportbekleidung, Abb. 2) verwendet.

**Polyester entstehen aus Carbonsäuren und Alkoholen.** Die Monomere zur Herstellung von Polyestern enthalten als funktionelle Gruppen Carboxy- und Hydroxygruppen. Da zur Ausbildung einer Molekülkette zwei funktionelle Gruppen pro Monomer vorliegen müssen, reagieren meist Dicarbonsäuren mit Diolen:

$$n\ HOOC-\blacksquare-COOH + n\ HO-\bullet-OH \longrightarrow HO-\left[\overset{O}{\underset{\parallel}{C}}-\blacksquare-\overset{O}{\underset{\parallel}{C}}-\bar{O}-\bullet-\bar{O}\right]_n H + (2n-1)\ H_2O$$

■, ● = variable Molekülteile

Polyester können auch aus gleichartigen Monomeren gebildet werden, wenn diese sowohl Carboxy- als auch Hydroxygruppen im Molekül enthalten. Ein Beispiel für ein solches Monomer ist die Milchsäure (2-Hydroxypropansäure), die durch Polykondensation zur Polymilchsäure reagiert.

### Info
Um aus Kunststoffen Fasern zu gewinnen, kann z. B. das Schmelzspinnverfahren verwendet werden. Dabei wird der geschmolzene Kunststoff durch eine oder mehrere Düsen gepresst und schnell abgekühlt. Die so verfestigten Fasern werden auf eine Spule gewickelt.

### Aufgabe
1 Polymilchsäure ist ein Kunststoff auf der Basis nachwachsender Rohstoffe. Das Monomer Milchsäure wird durch Vergärung von Milch oder Molke durch das Bakterium *Lactobacillus casei* gewonnen. Formulieren Sie die Strukturformelgleichung der Synthese von Polymilchsäure.

**Nylon – ein Polyamid.** Nylon, die erste vollsynthetische Faser, wird aus den Monomeren 1,6-Hexandisäure (Adipinsäure) und 1,6-Diaminohexan hergestellt. Die so entstehenden Bindungen zwischen den Monomeren sind *Amidbindungen*, weshalb das Polymer als *Polyamid* bezeichnet wird:

$$n\ HOOC-(CH_2)_4-COOH\ +\ n\ H_2N-(CH_2)_6-NH_2$$

1,6-Hexandisäure  1,6-Diaminohexan

$$HO\left[\overset{O}{\underset{\|}{C}}-(CH_2)_4-\underset{\underset{H}{|}}{\overset{O}{\underset{\|}{C}}}-\underset{\underset{H}{|}}{N}-(CH_2)_6-\underset{\underset{H}{|}}{N}\right]_n H\ +\ (2n-1)\ H_2O$$

Amidbindung

Nylon

**3** Feinstrümpfe bestehen überwiegend aus Polyamidfasern. Nylon war der erste Kunststoff, aus dem solche Gewebe hergestellt wurden.

Nylon wurde 1935 vom amerikanischen Chemiker Wallace Carothers erfunden und wird z.B. für Nylonstrümpfe (Abb. 3) und Fallschirme verwendet.

**Polyamide entstehen aus Carbonsäuren und Aminen.** Die Monomere zur Herstellung von Polyamiden enthalten als funktionelle Gruppen Carboxy- und Aminogruppen. Da auch hier zur Ausbildung einer Molekülkette zwei funktionelle Gruppen pro Monomer vorliegen müssen, reagieren meist Dicarbonsäuren mit Diaminen:

$$n\ HOOC\text{-}\blacksquare\text{-}COOH + n\ H_2N\text{-}\bullet\text{-}NH_2 \longrightarrow HO\left[\underset{\underset{O}{\|}}{C}\text{-}\blacksquare\text{-}\underset{\underset{O}{\|}}{C}-\underset{\underset{H}{|}}{N}\text{-}\bullet\text{-}\underset{\underset{H}{|}}{N}\right]_n H + (2n-1)\ H_2O$$

■, ● = variable Molekülteile

Polyamide können auch aus gleichartigen Monomeren entstehen. So kann aus 6-Aminohexansäure die Kunstfaser Perlon hergestellt werden.

Polyester entstehen durch Polykondensation von Carbonsäuren und Alkoholen. Wenn Carbonsäuren mit Aminen eine Polykondensation eingehen, entstehen Polyamide.

★**Perlon – das deutsche Konkurrenzprodukt zu Nylon.** Perlon wurde 1938 vom deutschen Chemiker Paul Schlack (Abb. 4) aus einem neuen Ausgangsstoff (Aufgabe 2) entwickelt, um das US-Patent für Nylon zu umgehen. Perlon zeigt ähnliche Eigenschaften wie dieses: Es lässt sich zu Fäden verspinnen, ist dehnbar, leicht zu waschen und beinahe unverwüstlich. Während des 2. Weltkrieges wurden sowohl Nylon als auch Perlon zu Kriegszwecken verwendet, z.B. für Fallschirme und Bürsten zur Waffenreinigung.

**Info**
Die Bindung $-\overset{O}{\underset{\|}{C}}-\underset{\underset{H}{|}}{N}-$ kommt auch in Proteinen vor.
Diese spezielle Amidbindung, die durch Polykondensation von Aminosäuren entsteht, nennt man Peptidbindung (→ S. 126).

**4** Paul Schlack entwickelte die Kunstfaser Perlon.

**Aufgabe**
**2** Monomer für die Herstellung von Perlon ist 6-Aminohexansäure. Formulieren Sie die Reaktionsgleichung der Polykondensation von 6-Aminohexansäure.

# 3.4 Polyaddition

**Grundprinzip der Polyaddition.** Eine weitere Möglichkeit, Kunststoffe herzustellen, ist die Polyaddition. Die Moleküle der Ausgangsstoffe enthalten wie bei der Polykondensation mindestens zwei funktionelle Gruppen. Das Polymer bildet sich durch Verknüpfung der unterschiedlichen funktionellen Gruppen; es kommt jedoch zu keiner Abspaltung von Nebenprodukten.

1 Beim Bau eines Pkw werden durchschnittlich 18 kg Polyurethan für Sitzpolster, Verkleidungen und Stoßstangen eingesetzt.

Bei einer Polyaddition verbinden sich Monomere mit mindestens zwei funktionellen Gruppen ohne Abspaltung von Nebenprodukten zu einem Polymer.

**Polyurethane – die wichtigsten Polyaddukte.** Polyurethane PUR sind Kunststoffe, die 1937 entwickelt wurden; sie können je nach Herstellungsverfahren weich und elastisch oder hart und spröde sein. Aufgrund dieser Vielseitigkeit und einem geringem Gewicht sind sie die meistverwendeten Kunststoffe im Fahrzeugbau (Abb. 1).

Monomere der Polyurethane sind mehrwertige Alkohole, z. B. Butan-1,4-diol und Diisocyanate. Isocyanate sind Verbindungen mit der funktionellen Gruppe $-\overline{\text{N}}=\text{C}=\overline{\text{O}}$. Der negativ polarisierte Sauerstoff der Hydroxygruppe des Diolmoleküls lagert sich im Laufe der Polyaddition am positiv polarisierten Kohlenstoffatom des Diisocyanatmoleküls an. Nach einer intramolekularen Protonenwanderung entsteht das Polyurethan-Polymer.

$$n\,\overline{O}=C=\overline{N}-(CH_2)_6-\overline{N}=C=\overline{O} \;+\; n\;HO-(CH_2)_4-OH$$

Hexan-1,6-diisocyanat     Butan-1,4-diol

$$\left[ \begin{array}{c} \overset{\overline{O}}{\underset{}{\|}} \\ -C-\overline{N}-(CH_2)_6-\overline{N}-\overset{\overline{O}}{\underset{}{\overset{\|}{C}}}-\overline{O}-(CH_2)_4-\overline{O} \\ \quad\;\; | \qquad\qquad\qquad\quad\; | \\ \quad\;\; H \qquad\qquad\qquad\quad H \end{array} \right]_n$$

Polyurethan

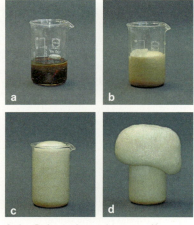

2 Im Polyurethanschaumstoff sorgt das freigesetzte Kohlenstoffdioxidgas für eine enorme Volumenvergrößerung (a–d). Es läuft folgende Reaktion ab:

$$R-\overline{N}=C=\overline{O} + H_2O \longrightarrow R-NH_2 + CO_2$$

Mengt man bei der Herstellung Wasser bei, so entsteht ein Polyurethanschaumstoff (Abb. 2). Wasser reagiert mit nicht umgesetztem Diisocyanat unter Freisetzung von Kohlenstoffdioxid, das ein Aufschäumen bewirkt.

**Polyurethane entstehen aus Diisocyanaten und Diolen.** Die Monomere zur Herstellung von Polyurethanen enthalten als funktionelle Gruppen Isocyanat- und Hydroxygruppen:

$$n\,\overline{O}=C=\overline{N}-\blacksquare-\overline{N}=C=\overline{O} + n\;HO-\bullet-OH \longrightarrow \left[ \begin{array}{c} \overset{\overline{O}}{\|} \qquad\qquad \overset{\overline{O}}{\|} \\ -C-\overline{N}-\blacksquare-\overline{N}-C-\overline{O}-\bullet-\overline{O}- \\ \;\;\;|\qquad\qquad\;\;| \\ \;\;\;H\qquad\qquad\;H \end{array} \right]_n$$

$\blacksquare, \bullet$ = variable Molekülteile

### Aufgabe

1 Formulieren Sie einen möglichen Strukturformelausschnitt für ein Polymer, das aus Propan-1,2,3-triol (Glycerin) und Hexan-1,6-diisocyanat entsteht.

Polyurethane entstehen durch Polyaddition von Diisocyanaten und Diolen.

## M 5  Vom Polymer zum Monomer

In der Formel eines Polymers sind die Monomere, aus denen das Polymer aufgebaut ist, nicht immer auf den ersten Blick zu erkennen. Denn bei der Polymerbildung werden ursprüngliche Bindungen aufgelöst, neue Bindungen geknüpft und Teilchen können abgespalten werden.

Zudem gilt es zu beachten, dass bei Polykondensationen und Polyadditionen auch Monomere mit mehr als zwei funktionellen Gruppen reagieren können, sodass dreidimensional vernetzte Polymere entstehen.

Wie man ausgehend von einem Polymer die Monomere identifizieren kann, wird an zwei Beispielen gezeigt.

Beispiel 1:

$$-\,\overset{\underset{|}{H}}{\underset{\underset{|}{H}}{C}}-\overset{\underset{|}{\overline{\underline{Cl}}}}{\underset{\underset{|}{H}}{C}}-\overset{\underset{|}{H}}{\underset{\underset{|}{H}}{C}}-\overset{\underset{|}{\overline{\underline{Cl}}}}{\underset{\underset{|}{H}}{C}}-\overset{\underset{|}{H}}{\underset{\underset{|}{H}}{C}}-\overset{\underset{|}{\overline{\underline{Cl}}}}{\underset{\underset{|}{H}}{C}}-$$

Beispiel 2:

$$-\overline{\underline{O}}-CH_2-CH-CH_2-\overline{\underline{O}}-\overset{O}{\overset{||}{C}}-CH_2-CH_2-\overset{O}{\overset{||}{C}}-$$

mit Seitenkette am mittleren CH:
$\overline{\underline{O}} - C=\overline{\underline{O}} - CH_2 - CH_2 - C=\overline{\underline{O}} - \overline{\underline{O}} -$ ...
(Seitenkette führt zu einer zweiten, analogen Kette)

| So wird's gemacht | Beispiel 1 | Beispiel 2 |
|---|---|---|
| 1 a) Auffinden der durchgehenden Kette(n) im Polymer<br>b) Kennzeichnung von evtl. innerhalb der Kette vorliegenden funktionellen Gruppen zur Abgrenzung der Polymerisate von Polykondensaten und Polyadukten | (durchgehende C‑Kette markiert) | ⇒ Polyester = Polykondensat |
| 2 a) Polymerisate: Markierung der sich wiederholenden Struktureinheit<br>b) Polykondensate und Polyadukte: Trennung der funktionellen Gruppen des Polymers | (Struktureinheit markiert) | (Trennung der Estergruppen) |
| 3 a) Polymerisate: Rückbildung der Mehrfachbindung<br>b) Polykondensate und Polyadukte: Vervollständigung der funktionellen Gruppen der Monomere | $\cdots-\overset{\underset{|}{H}}{\underset{\underset{|}{H}}{C}}-\overset{\underset{|}{\overline{\underline{Cl}}}}{\underset{\underset{|}{H}}{C}}-\cdots \Rightarrow \overset{H}{\underset{H}{}}C=C\overset{\overline{\underline{Cl}}}{\underset{H}{}}$ | $HO-CH_2-CH-CH_2-OH$ <br> mit $OH$ an mittlerem $CH$ <br><br> $HO-\overset{O}{\overset{||}{C}}-CH_2-CH_2-\overset{O}{\overset{||}{C}}-OH$ |

## 3.5 Struktur und Eigenschaften der Kunststoffe

**Verhalten beim Erwärmen.** In Abhängigkeit von Syntheseweg und Art der Monomere entstehen lineare oder vernetzte Polymere. Diese beiden Strukturtypen führen zu unterschiedlichen Eigenschaften der jeweiligen Kunststoffe: Erwärmt man Kunststoffproben, die aus linearen Polymeren bestehen, so werden diese Proben weich, plastisch formbar und können schließlich sogar schmelzen. Beim Abkühlen werden sie wieder fest und behalten ihre neue Form. Man nennt derartige Kunststoffe *Thermoplaste* (Abb. 1). Kunststoffe aus vernetzten Polymeren erweisen sich dagegen als verhältnismäßig temperaturbeständig. Sie werden beim Erwärmen nicht weich und sind somit nicht verformbar. Bei höheren Temperaturen schmilzt dieser Kunststofftyp nicht, sondern eine braunschwarze Färbung zeigt die Zersetzung des Kunststoffes an. Diese Kunststoffe werden *Duroplaste* genannt (Abb. 2).

**Der Erwärmungsvorgang auf Teilchenebene.** Die Ursache dieser stofflichen Erscheinung ist auf Teilchenebene erklärbar: Zwischen den kettenförmigen Makromolekülen der Thermoplaste bestehen nur die recht schwachen zwischenmolekularen Kräfte. Die beim Erwärmen zunehmende Teilchenbewegung führt dazu, dass sich die einzelnen Ketten aus der gegenseitigen Anziehung lösen und sich relativ frei bewegen können; der Kunststoff wird weich und schmilzt. Beim Abkühlen verringert sich die Teilchenbewegung, die zwischenmolekularen Wechselwirkungen bilden sich erneut aus und fixieren die Teilchen in ihrer neuen Anordnung zueinander (Abb. 3).
Die Makromoleküle der Duroplaste sind hingegen durch Atombindungen verknüpft. Beim Erwärmen schwingt das Netzwerk immer stärker, bis schließlich bei starker Erwärmung einzelne Atombindungen aufbrechen. Dies führt zur Zersetzung des Kunststoffs (Abb. 4).

Nach ihrem Verhalten beim Erwärmen kann man Kunststoffe in die linear aufgebauten Thermoplaste und die vernetzten Duroplaste einteilen.

**1** Thermoplaste werden beim Erwärmen weich und plastisch verformbar. Daher können sie auch nach der Synthese durch Schmelzen in immer neue Formen gebracht werden.

**2** Duroplaste verformen sich beim Erwärmen nicht. Daher müssen sie bereits bei ihrer Herstellung in die gewünschte Form gebracht werden und können nach dem Aushärten nur noch mechanisch bearbeitet werden, z. B. durch Sägen.

### Info
Die Worte Thermo- und Duroplast leiten sich aus dem Griechischen plastos = geformt, thermos = warm und dem Lateinischen durus = hart ab.

### Aufgabe
1 Geben Sie die zwischenmolekularen Kräfte an, die jeweils zwischen den Makromolekülen von PE, PET bzw. Nylon wirken.

**3** Thermoplaste bestehen aus linearen, wenig verzweigten Makromolekülen. Beim Erwärmen werden lediglich zwischenmolekulare Kräfte überwunden.

**4** Duroplaste sind vernetzte Kunststoffe. Beim Erwärmen brechen Atombindungen.

# Kunststoffe

| Kunststoffart | Thermoplast | Duroplast | Elastomer |
|---|---|---|---|
| Struktur | lineare, wenig verzweigte Molekülketten | engmaschig vernetzte Molekülketten | weitmaschig vernetzte Molekülketten |
| Eigenschaften | beim Erwärmen weich und plastisch verformbar, schmelzbar | nicht schmelzbar, zersetzt sich bei hohen Temperaturen | gummielastisch, nicht schmelzbar, zersetzt sich bei hohen Temperaturen |
| Beispiele | PE, PVC | Bakelit | Gummi |

**Tab. 1** Vergleich von Struktur und Eigenschaften der drei Kunststoffarten

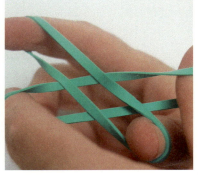

**5** Gummibänder sind bei Zugbelastung dehnbar und kehren anschließend wieder in ihren Ausgangszustand zurück. Sie bestehen aus Elastomeren.

**Verhalten bei Zugbelastung.** Einige Kunststoffe besitzen eine besondere Eigenschaft: Sie zeigen bei Zugbelastung ein elastisches, gummiartiges Verhalten (Abb. 5). Diese als *Elastomere* bezeichneten Kunststoffe bestehen im Gegensatz zu Thermo- und Duroplasten aus Makromolekülen, die weitmaschig vernetzt sind. Zieht man an einem Elastomer, können sich die Molekülketten wegen der geringen Vernetzung entlang der Zugrichtung anordnen (Abb. 6). Beim Nachlassen der Zugbelastung kehren die Molekülketten wieder in ihre Ausgangslage zurück.

Elastomere bestehen aus weitmaschig vernetzten Polymerketten. Sie sind gummielastisch.

In Tab. 1 sind Struktur und Eigenschaften der Thermoplaste, Duroplaste und Elastomere gegenübergestellt.

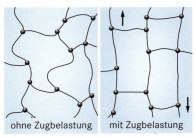

ohne Zugbelastung — mit Zugbelastung

**6** Elastomere bestehen aus weitmaschig vernetzten Makromolekülen (links), die sich bei Zugbelastung (rechts) gegeneinander verschieben können.

★ **Herstellung von Gummi.** Ausgangsstoff für die Herstellung von Gummi ist das Naturprodukt Kautschuk (Abb. 7). Kautschuk ist ein Thermoplast, dessen Polymere viele Doppelbindungen im Molekül enthalten:

$$-\underset{\underset{CH_3}{|}}{C}=CH-CH_2-CH_2-\underset{\underset{CH_3}{|}}{C}=CH-CH_2-CH_2-\underset{\underset{CH_3}{|}}{C}=CH-$$

$$-\underset{\underset{CH_3}{|}}{C}=CH-CH_2-CH_2-\underset{\underset{CH_3}{|}}{C}=CH-CH_2-CH_2-\underset{\underset{CH_3}{|}}{C}=CH-$$

Durch das Verfahren der *Vulkanisation* wird der Thermoplast Kautschuk in ein Elastomer umgewandelt: Kautschuk wird zusammen mit Schwefel erhitzt; dabei werden Schwefelbrücken zwischen den Molekülketten ausgebildet. Je nach zugesetzter Schwefelmenge variiert der Vernetzungsgrad der Polymerketten; so entsteht Hart- oder Weichgummi.

### Aufgabe

**2** Begründen Sie, warum Gummi nicht schmelzbar ist.

**7** Verletzt man die Rinde eines Gummibaumes, so tritt ein weißer Milchsaft aus, der Kautschuk enthält.

**8** Auch Kontaktlinsen bestehen aus Kunststoff.

**9** Kunstherzen aus Polyurethan und Titan helfen die Wartezeit zu überbrücken, bis ein geeignetes Spenderorgan gefunden ist.

**Info**
Durch den Ersatz von metallischen Werkstoffen durch Kunststoffe kann auch Energie gespart werden. Denn bei der Herstellung von Kunststoffen wird deutlich weniger Energie verbraucht als bei der Aluminium-, Kupfer- oder Stahlproduktion.

**Vielseitigkeit der Kunststoffe.** Im Gegensatz zu den klassischen Werkstoffen Metall, Holz oder Glas sind die Einsatzmöglichkeiten der Kunststoffe äußerst vielfältig. In der Medizin reicht ihre Verwendung von Zahnfüllungen über Brillengläser und Kontaktlinsen bis hin zu Kunstherzen (Abb. 8, 9). Auch in der Textilindustrie spielen Kunststoffe als Kunstfasern eine wichtige Rolle (Nylon → S. 57, Funktionstextilien → S. 56) und im Fahrzeugbau ersetzen Kunststoffe vor allem aufgrund ihres geringen Gewichts immer mehr metallische Werkstoffe.

**Kunststoffe nach Maß.** Durch gezielte Maßnahmen können die Eigenschaften der Kunststoffe je nach Verwendungszweck beeinflusst werden. So wird durch Zugabe von sogenannten Weichmachern (niedermolekulare Substanzen, z. B. bestimmte Ester) aus dem normalerweise harten PVC ein weiches, plastisches Produkt (Abb. 10), bestens geeignet für die Herstellung von Folien und Planen. Polyurethane können je nach Herstellungsweise als Schaum für Sitzpolster (→ S. 58) oder zur Herstellung von Kunstherzen verwendet werden.

Auch der Kunststoff Polyethen kann nach Maß verändert werden. Durch Polymerisation im Hochdruckverfahren kann Weich-Polyethen hergestellt werden, das zur Herstellung von Folien und Kabelummantelungen eingesetzt wird. Es hat eine geringe Dichte und wird deshalb als Low-Density-PE = LDPE bezeichnet. Führt man die Polymerisation von Ethen hingegen im Niederdruckverfahren und unter Zusatz von Katalysatoren durch, entsteht Hart-Polyethen, welches für Getränkekisten und Benzintanks verwendet wird und eine hohe Dichte aufweist (High-Density-PE = HDPE).

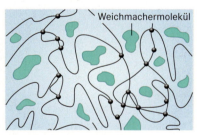

**10** Wirkung eines Weichmachers (Modell): Die Molekülketten werden auseinandergedrängt.

**Aufgabe**
**3** Recherchieren Sie, welche gesundheitlichen Probleme der Einsatz von Weichmachern verursachen kann.

Kunststoffe können im Gegensatz zu traditionellen Werkstoffen je nach Verwendungszweck in ihren Eigenschaften verändert werden.

## 3.6 Moderne Werkstoffe

**Silikone – siliciumorganische Kunststoffe.** Silikone sind Werkstoffe, die auch den extremen Bedingungen der Raumfahrt standhalten: Sie bleiben bei Kälte elastisch und werden durch Hitze und UV-Strahlung nicht verändert. Daher ist es nicht verwunderlich, dass die Sohlen der Stiefel, mit denen Neil Armstrong am 21. Juli 1969 die ersten Schritte auf dem Mond machte, aus Silikon bestanden.

Die besonderen Eigenschaften der Silikone ergeben sich aus ihrer Struktur. Sie bestehen aus Makromolekülen, in denen Siliciumatome mit Kohlenstoffatomen und Sauerstoffatomen verbunden sind. Die Kohlenstoffatome sind Bestandteile von Alkylgruppen, oft Methylgruppen, z. B.:

$$H_3C-\underset{\underset{CH_3}{|}}{\overset{\overset{CH_3}{|}}{Si}}-\overline{O}-\left[\underset{\underset{CH_3}{|}}{\overset{\overset{CH_3}{|}}{Si}}-\overline{O}\right]_n \underset{\underset{CH_3}{|}}{\overset{\overset{CH_3}{|}}{Si}}-CH_3$$

1 Silikone eignen sich als Dichtungsmaterial, das z. B. zum Verfugen von Fliesen verwendet wird.

Die starken Silicium-Sauerstoff- und Silicium-Kohlenstoff-Bindungen erklären die hohe Temperaturbeständigkeit der Silikone. Zudem sind Silikone gegen Wettereinflüsse beständig, werden durch chemische Stoffe kaum angegriffen und sind gute Isolatoren. Durch diese Eigenschaften sind sie vielseitig verwendbar, z. B. für Dichtungen (Abb. 1) oder als Isoliermaterial und Imprägniermittel. Da das menschliche Immunsystem selten auf Silikone reagiert, werden sie auch in der Medizin verwendet, wie für künstliche Herzklappen.

### Info
Auch in Kosmetikprodukten, wie Hautcremes, werden Silikone eingesetzt: Sie haben zwar keine pflegende Wirkung, sorgen aber für ein Glättegefühl und sind wasserabweisend.

Silikone sind siliciumorganische Polymere, die wegen der Stabilität ihrer Bindungen extremen Belastungen standhalten.

**Carbonfasern – im Verbund mit Kunststoffen unschlagbar.** Härter als Stahl und ein Drittel leichter als Aluminium – mit diesen Eigenschaften sind *carbonfaserverstärkte Kunststoffe* (*CFK*) die idealen Werkstoffe für den Fahrzeugbau. In der Luftfahrt wurden sie bereits 1980 für das Leitwerk von Flugzeugen eingesetzt (Abb. 2).

Carbonfasern sind Fasern aus Kohlenstoff, die durch Erhitzen organischer Fasern entstehen. Es bilden sich Ketten aus bandartig miteinander verknüpften Kohlenstoffatomen. Kohlenstofffasern besitzen eine geringe Dichte und zeigen eine hohe Temperaturbeständigkeit. Zur Verstärkung werden sie in eine Matrix aus Kunststoff eingebettet (Abb. 3). Die so erhaltenen carbonfaserverstärkten Kunststoffe zeigen neben der geringen Dichte eine hohe Festigkeit und hervorragende Dämpfungseigenschaften. Neben dem Fahrzeugbau werden CFK verstärkt für die Rotoren von Windkraftanlagen verwendet, da für die immer größeren Rotorblätter immer leichtere Werkstoffe benötigt werden.

2 Moderne Flugzeuge bestehen bis zu einem Viertel aus carbonfaserverstärktem Kunststoff (CFK).

3 Carbonfaserverstärkte Gewebe sind Verbundwerkstoffe mit einzigartigen mechanischen Eigenschaften.

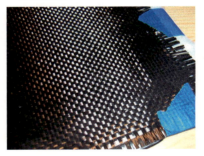

Carbonfaserverstärkte Kunststoffe sind moderne Werkstoffe, die Kohlenstofffasern enthalten und sich durch ihre Festigkeit und geringe Dichte auszeichnen.

1 In Müllverbrennungsanlagen werden Kunststoffabfälle nicht nur entsorgt, sondern auch zur Energiegewinnung genutzt.

2 Pro Jahr fallen in Deutschland ca. 40 Mio. t Haushaltsmüll an, davon sind etwa 2 Mio. t Kunststoffe.

## 3.7 Was geschieht mit dem Kunststoffabfall?

**Kunststoffe sind besonders langlebig.** Diese eigentlich positive Eigenschaft verkehrt sich bei ihrer Entsorgung ins Gegenteil. Die künstlich hergestellten Strukturen können in der Natur nicht abgebaut werden und Kunststoffe verrotten daher in der Regel nicht. Die Lagerung von Kunststoffabfällen würde folglich zur dauerhaften Belegung von Deponieflächen führen, weshalb seit 2005 Müll nicht mehr unbehandelt deponiert wird.

### Info
Als Feinstaub bezeichnet man alle im Gesamtstaub enthaltenen Partikel, deren Durchmesser kleiner als 10 µm ist. Feinstaub steht im Verdacht, die Erkrankung der Atemwege und das Krebsrisiko zu erhöhen. Zum Schutz der menschlichen Gesundheit wurden Grenzwerte erlassen.

**Verbrennung.** Kunststoffe haben einen großen Energiegehalt und können mit Sauerstoff unter Wärmeentwicklung reagieren. Dieser hohe Heizwert der Kunststoffe wird in Müllverbrennungsanlagen (Abb. 1) zur Energiegewinnung genutzt. Die Verbrennungsabgase sind jedoch problematisch: Bei der vollständigen Verbrennung von Kunststoffabfällen (Abb. 2), die nur aus den Elementen Kohlenstoff und Wasserstoff bestehen, bilden sich nur Wasser und Kohlenstoffdioxid. Die Freisetzung von Kohlenstoffdioxidgas verstärkt jedoch den Treibhauseffekt. Bei einer unvollständigen Verbrennung des Kunststoffabfalls bilden sich zusätzlich das giftige Kohlenstoffmonooxidgas und kurzkettige Kohlenwasserstoffe sowie Rußpartikel, die die Feinstaubbelastung der Luft erhöhen (s. Info).
Bei der Verbrennung von PVC-haltigen Kunststoffabfällen tritt noch ein weiteres Problem auf. Die enthaltenen Chloratome können bei der Verbrennung zur Bildung giftiger Dioxine und weiterer Chlorverbindungen führen. Dioxin (Abb. 3) ist ein erbgutschädigendes und krebserregendes Zellgift. Aufgrund der Problematik dieser freigesetzten Stoffe ist das Verbrennen von Kunststoffabfällen ökologisch umstritten.

3 Das Dioxin TCDD (2,3,7,8-Tetrachlordibenzo-p-dioxin) entsteht, wenn PVC-haltige Abfälle bei Temperaturen von 800–1000 °C verbrannt werden.

**Verwertung.** Nicht nur aus ökologischer, sondern auch aus ökonomischer Sicht ist die Verbrennung von Kunststoffabfällen bedenklich. Denn dabei gehen wichtige Rohstoffe verloren. Aus diesem Grund spielen Recyclingverfahren, bei denen Kunststoffe zunächst sortenrein getrennt werden, eine immer größere Rolle. Bei einer solchen Wiederverwertung der Kunststoffabfälle sind Nutzen und Kosten (Energiekosten) des Verfahrens gegeneinander abzuwägen.

### Info
Während des Vietnamkrieges wurden in den Jahren 1965 bis 1970 mehr als 40 Millionen Liter des Entlaubungsmittels Agent Orange eingesetzt. Dieses enthielt als Verunreinigung Dioxin, was als Ursache vieler Erkrankungen von Zivilbevölkerung und Soldaten vermutet wird.

# Kunststoffe 65

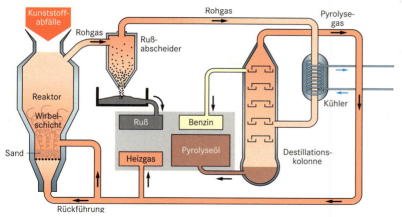

**4** Schematische Darstellung des Pyrolyseverfahrens

**5** Pyrolyseöl ist ein Gemisch aus Kohlenwasserstoffverbindungen mit einem hohen Anteil an Aromaten.

Die durch Polykondensation hergestellten Polyester und Polyamide (→ S. 56, 57) können durch das Verfahren der *Hydrolyse* direkt in ihre Monomere gespalten werden. Diese Umkehrung der Kondensationsreaktion findet bei Temperaturen von ca. 200 °C statt.
Eine weitere wichtige Form der Kunststoffverwertung ist die *Pyrolyse* (Hitzespaltung). Bei dieser Methode werden die Polymere bei 700 bis 800 °C in niedermolekulare Bruchstücke aufgespalten. Im Reaktor (Abb. 4) werden die Kunststoffabfälle zunächst in einer Wirbelschicht aus heißem Quarzsand zersetzt. Es findet keine Verbrennung statt, da unter Ausschluss von Sauerstoff gearbeitet wird.
Als Zersetzungsprodukte erhält man Gemische aus kurzkettigen Kohlenwasserstoffverbindungen. Dieses Rohgas wird nach Reinigung und Kühlung in einer Destillationskolonne in verschiedene Fraktionen aufgetrennt. Als flüssige Fraktion anfallendes Pyrolyseöl (Abb. 5) enthält z. B. Alkane, Alkene und Aromaten, die Ausgangsstoffe für die Synthese neuer Kunststoffe sein können.

**Vermeidung.** Da Kunststoffe als Erdölprodukte von einer endlichen und immer teurer werdenden Rohstoffquelle abhängen und auch ihre Verwertung energieintensiv und daher teuer ist, sollte ihr Einsatz nur gezielt erfolgen. Überflüssige Kunststoffverpackungen oder Einwegsysteme werden daher immer stärker infrage gestellt. So planen einige Staaten, wie Australien und China, ein Verbot von Plastiktüten.
Eine andere Alternative ist der Einsatz von Kunststoffen, die aus nachwachsenden Rohstoffen hergestellt werden. So können Verpackungsfolien z. B. aus Stärke (→ S. 110) hergestellt werden, die gut biologisch abbaubar sind.

Viele künstlich hergestellte Polymere sind schwer biologisch abbaubar. Kunststoffabfälle werden daher zur Energiegewinnung verbrannt oder in aufwendigen Verfahren wiederverwertet. Aufgrund der knappen und teuren Rohstoffe sollten Kunststoffe nur gezielt eingesetzt werden.

## Info
Thermoplastische Kunststoffe können auch direkt wiederverwertet werden. Bei diesem als werkstoffliche Verwertung bezeichneten Verfahren müssen die Kunststoffabfälle zunächst sortiert werden (Abb. 6). Anschließend werden sie zu Granulat zerkleinert und können wieder zu neuen Produkten verarbeitet werden.

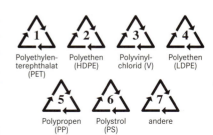

**6** Häufig verwendete Polymere werden speziell gekennzeichnet, um eine Sortierung zu erleichtern.

## Aufgaben
**1** Informieren Sie sich über die Mülltrennungsverfahren in Bayern und das Duale System Deutschland (DSD).
**2** Legen Sie eine Liste an, in der Sie notieren, wo Sie persönlich Kunststoffabfall vermeiden können.

# 66 Auf einen Blick

## radikalische Polymerisation

### Grundprinzip
- Monomere mit Mehrfachbindungen verknüpfen sich zu einem Polymer

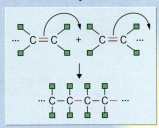

### Mechanismus
Kettenreaktion:
- Startreaktion: homolytische Spaltung eines Radikalbildners
- Kettenstart: Anlagerung eines Startradikals an ein Monomer
- Kettenwachstum: Anlagerung weiterer Monomere
- Kettenabbruch: zwei Radikale verbinden sich

### Polyethen
- Monomere: Ethenmoleküle

## Synthese von Kunststoffen

## Polyaddition

### Grundprinzip
- Monomere mit mindestens zwei funktionellen Gruppen
- funktionelle Gruppen der Monomere reagieren ohne Abspaltung von Nebenprodukten

### Polyurethane
- Isocyanat- und Hydroxygruppe reagieren unter Bildung von Urethanbindungen

## Polykondensation

### Grundprinzip
- Monomere mit mindestens zwei funktionellen Gruppen
- funktionelle Gruppen der Monomere reagieren unter Austritt eines kleinen Moleküls (meist Wasser)

### Polyester
- Carboxy- und Hydroxygruppe reagieren unter Bildung von Esterbindungen
- Beispiel: PET (Polyethylenterephthalat)

### Polyamide
- Carboxy- und Aminogruppe reagieren unter Bildung von Amidbindungen
- Beispiel: Nylon

## Auf einen Blick 67

**Besonderheiten der Molekülstruktur** — **Makromoleküle**

- Monomere verbinden sich zu Polymeren = Makromoleküle

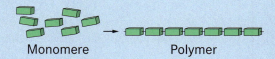
Monomere → Polymer

### Eigenschaften der Kunststoffe

#### Thermoplaste

**Struktur**
- unvernetzte Polymerketten, zwischen denen nur zwischenmolekulare Kräfte wirken

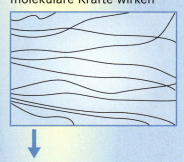

↓

**Eigenschaften**
- werden beim Erwärmen weich und plastisch verformbar, schmelzen
- Ursache: die zwischenmolekularen Kräfte werden bei Energiezufuhr überwunden und bei Abkühlung wieder neu ausgebildet

#### Duroplaste

**Struktur**
- durch Atombindungen eng vernetzte Polymerketten

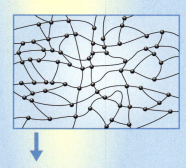

↓

**Eigenschaften**
- zersetzen sich bei sehr hohen Temperaturen, ohne zuvor weich und verformbar zu werden
- Ursache: bei hoher Energiezufuhr brechen die Atombindungen, was zur Zersetzung führt

#### Elastomere

**Struktur**
- weitmaschig vernetzte Polymerketten

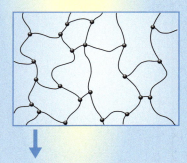

↓

**Eigenschaften**
- gummielastisches Verhalten bei Zugbelastung

# Knobelecke

**1** Formulieren Sie für die angegebenen Polymere die Strukturformeln der jeweiligen Monomere und geben Sie das jeweilige Herstellungsverfahren an:
  a) Polyacrylnitril

  $-CH_2-CH-CH_2-CH-CH_2-CH-$
  $\quad\quad\;\;|\quad\quad\quad\;\;|\quad\quad\quad\;\;|$
  $\quad\quad\;\,CN\quad\quad\;\,CN\quad\quad\;\,CN$

  b) Polyester aus Maleinsäure und Butan-1,4-diol

  $-(CH_2)_4-\underline{O}-\overset{\overset{\displaystyle /\underline{O}\backslash}{\|}}{C}-CH=CH-\overset{\overset{\displaystyle /\underline{O}\backslash}{\|}}{C}-\underline{O}-(CH_2)_4-\underline{O}-\overset{\overset{\displaystyle /\underline{O}\backslash}{\|}}{C}-CH=CH-$

**2** a) Wählen Sie aus den folgenden Monomeren geeignete Edukte für Polykondensationsreaktionen aus.

| | |
|---|---|
| Methanol | Phenol |
| Ethanol | Ethan |
| Ethan-1,2-diol | Pentandisäure |
| Essigsäure | 1,3,5-Trihydroxybenzol |

  b) Geben Sie die Molekülausschnitte für die beiden möglichen Polymere an und formulieren Sie die zugehörigen Polyreaktionen.

**3** 1,4-Butandiol reagiert mit Toluol-2,4-diisocyanat zu einem Polymer. Formulieren Sie die ablaufende Reaktionsgleichung und benennen Sie den Typ der Polyreaktion.

Toluol-2,4-diisocyanat

**4** Handelt es sich bei dem folgenden Molekül um ein Polymer? Begründen Sie Ihre Antwort.

**5** Eine Probe des Kunststoffs PVC bzw. Nylon wird verbrannt (Abb. 1). Die Verbrennungsprodukte von PVC färben ein feuchtes Indikatorpapier rot, die von Nylon blau. Erklären Sie diese Beobachtung.

**1** Farbänderung von Indikatorpapier im Abgasstrom von verbranntem PVC

**6** Die Molekülmassen der Makromoleküle einer Probe des Kunststoffs Polystyrol werden mittels eines chromatografischen Trennverfahrens überprüft. Abbildung 2 zeigt das Messergebnis; hierbei entspricht jeder Peak einer Molekülsorte. Erläutern Sie den Kurvenverlauf.

**2** Messergebnis der chromatografischen Auftrennung einer Polystyrolprobe

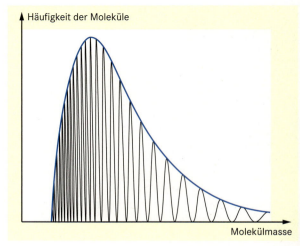

# Knobelecke

**7** Kunststoffe aus Polyethin-Makromolekülen sind elektrisch leitfähig. Polyethin könnte durch radikalische Polymerisation von Ethin hergestellt werden. Formulieren Sie den Mechanismus dieser Reaktion.

**8** Identifizieren Sie die Monomere, aus denen folgendes Polymer hergestellt wurde.

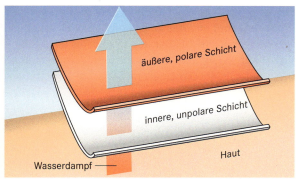

**9** Atmungsaktive Sportbekleidung besteht in der Regel aus zwei Gewebeschichten. Die innere hautanliegende Schicht ist aus einem unpolaren Kunststoffgewebe aufgebaut, z. B. Polypropen. Die äußere Schicht enthält polare Kunststofffasern. Erklären Sie anhand von Abbildung 3 das Funktionsprinzip einer solchen atmungsaktiven Kleidung.

**3** Atmungsaktive Kleidung funktioniert nach einem einfachen Prinzip.

**10** Begründen Sie, weshalb Sportbekleidung aus Polypropen nicht in die Kochwäsche gegeben werden sollte.

**11** Aus Vinylchlorid kann der Kunststoff PVC hergestellt werden. In einer Versuchsreihe wurden die mechanischen Eigenschaften in Abhängigkeit von der Temperatur dieses Kunststoffs untersucht und mit denen einer Bakelit- und einer Gummiprobe verglichen. (Bakelit ist ein Duroplast.) Die Ergebnisse der Untersuchungen sind in Abb. 4 dargestellt.
Ordnen Sie die Schaubilder A, B und C den jeweiligen Kunststoffproben zu und erläutern Sie das Verhalten der Kunststoffe beim Erhitzen auf der Basis ihrer Struktur.

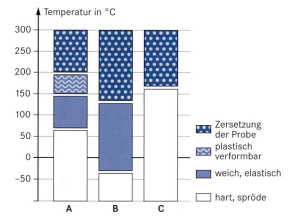

**4** Thermisches Verhalten dreier Kunststoffproben A, B und C

**12** Diskutieren Sie Vor- und Nachteile des Einsatzes von PET-Getränkeflaschen im Vergleich zu Glasflaschen.

**13** Begründen Sie, warum Kunststoffrecycling ökologisch und ökonomisch sinnvoll ist.

**14** Kunststoffabfälle dürfen nicht in heimischen Öfen als Brennstoff verwendet werden. Begründen Sie diese Vorschrift.

# Fit fürs Seminar

1 In Bibliotheken findet man verlässliche Informationen.

## Literaturrecherche

Für das Erstellen einer wissenschaftlichen Arbeit ist eine gute Informationsbasis notwendig. Das Spektrum möglicher Informationsquellen ist vielfältig und daher ist eine sorgfältige Sichtung und Auswahl des Materials notwendig. In der Arbeit verwendete Informationsquellen müssen entsprechend eines wissenschaftlichen Belegverfahrens angegeben werden.

**Informationsbeschaffung.** Für die Informationsbeschaffung stehen verschiedene Quellen zur Verfügung, z. B. Schulbücher, Lexika und Enzyklopädien, Fachbücher sowie Fachzeitschriften. Als Fundorte für diese Quellen können neben der eigenen Büchersammlung unter anderem die Schulbibliothek, öffentliche Bibliotheken wie Stadt- und Universitätsbibliotheken, Buchhandlungen, öffentliche Ämter, z. B. das Umweltamt, zur Verfügung stehen.

Eine weitere wichtige und oft verwendete Quelle für Informationen ist das Internet. Die Vorteile des Internets sind neben dem bequemen Zugang die hohe Aktualität und große Vielfalt der Informationen. Die Kurzlebigkeit und die mangelnde Verlässlichkeit der Quellen sind jedoch gravierende Nachteile des Internets. So können Daten von jedermann ohne eingehende Prüfung ins Internet gestellt werden, während bei gedruckter Literatur in der Regel vor der Veröffentlichung eine Prüfung durch Lektoren stattfindet.

Um an passende Informationen zum jeweiligen Arbeitsthema zu gelangen, sind zunächst wenige gut ausgewählte Stichworte notwendig, die wesentliche Aspekte des Themas abdecken. Diese benötigt man sowohl für die Internetrecherche als auch für die Literaturrecherche in Datenbanken von Bibliotheken.

### Quellenangabe für ein Buch:

NACHNAME, abgekürzter Vorname, Erscheinungsjahr: Titel des Buches, Auflage, Verlag, Erscheinungsort.

### Quellenangabe für eine Internetseite:

Abgekürzte URL (Entnahmedatum). INSTITUTION bzw. AUTORENNAMEN: Titel des Dokuments, vollständige URL.

2 Quellen werden im Literaturverzeichnis nach bestimmten Schemata angegeben.

**Zitiertechnik – ein naturwissenschaftliches Belegverfahren.** Es gibt verschiedene Möglichkeiten, Informationsquellen in Texten anzugeben. Bei einem in den Naturwissenschaften häufig angewendeten Verfahren wird nach einem Zitat im fortlaufenden Text ein Kurzbeleg aufgeführt. Dieser umfasst den Nachnamen des Autors in Großbuchstaben, das Erscheinungsjahr und durch ein Komma abgetrennt die Seitenangabe (Abb. 2). Bei Internetquellen wird die abgekürzte URL (= Internetadresse bis einschließlich Domainangabe) und das Entnahmedatum angegeben. Die ausführliche Quellenangabe wird im Literaturverzeichnis angegeben. Dort sind alle Quellenangaben alphabetisch nach den Autorennamen bzw. abgekürzten URLs aufgelistet. Die Quellenangabe im Literaturverzeichnis erfolgt nach einem bestimmten Schema (Abb. 2).

# 4 Fette und Tenside

Fette und Öle spielen in unserer Ernährung eine wichtige Rolle. Sie sind als nachwachsende Rohstoffe auch *Energieträger* und *Ausgangsstoff* für verschiedenste Produkte.
Bereits vor mehr als 4000 Jahren wurden aus Fetten *Seifen* gewonnen. In vielen modernen Reinigungsmitteln wurden diese allerdings durch synthetisch hergestellte *waschaktive Substanzen* verdrängt.

**1** Viele Fette und fette Öle sind Nahrungsmittel.

**Info**
Ätherische Öle sind Gemische aus verschiedensten Verbindungen (Ester, Alkohole, Ketone), die häufig in Pflanzen zu finden sind. Aufgrund ihres intensiven Geruchs werden sie in der Parfüm- und Kosmetikindustrie eingesetzt. Auf Papier hinterlassen sie keine Fettflecken.

## 4.1 Struktur der Fette

**Was sind Fette?** Fette dienen Lebewesen zur Energiespeicherung, aber auch zum Aufbau des Organismus. Im menschlichen und tierischen Körper haben sie noch weitere Aufgaben: Sie dienen dem Kälteschutz und schützen alle wichtigen Organe vor Druck und Stoß.
*Neutralfette*, kurz Fette, gehören zur Gruppe der *Lipide* (griech. lipos = Speck). Unter dieser Sammelbezeichnung fasst man eine große Anzahl von Naturstoffen unterschiedlichster chemischer Struktur zusammen, die sich aufgrund ihrer geringen Polarität vor allem in ihren Lösungseigenschaften ähneln. Sie sind in allen organischen Lösungsmitteln (z. B. Benzol, Hexan, Benzin, usw.) löslich, in Wasser dagegen kaum oder nicht.
Die Neutralfette können bei Raumtemperatur mehr oder weniger fest oder flüssig sein (Abb. 1). Liegen sie im flüssigen Zustand vor, werden sie *fette Öle* oder Speiseöle genannt, sind sie fest, nennt man sie *Fette*. Sie sind von den ätherischen Ölen (s. Info) und den Mineralölen abzugrenzen.

**Neutralfette sind Triacylglycerine.** Neutralfette sind Tricarbonsäureester des dreiwertigen Alkohols Glycerin (Propan-1,2,3-triol); man nennt sie daher auch Triacylglycerine (Acylrest = R—CO—). Die beteiligten Carbonsäuren werden *Fettsäuren* genannt.

Glycerin    Fettsäuren    Fett    Wasser

Neutralfette sind Triacylglycerine. Sie entstehen durch Veresterung eines Glycerinmoleküls mit drei Fettsäuremolekülen, wobei drei Wassermoleküle abgespalten werden.

**Die Fettsäuren.** Die Moleküle der Fettsäuren sind längerkettig und enthalten eine gerade Anzahl von Kohlenstoffatomen. Sie unterscheiden sich in der Länge ihrer Kohlenstoffketten und in ihrer Anzahl an Doppelbindungen (Tab. 1).
Fettsäuren ohne Doppelbindungen nennt man *gesättigte Fettsäuren*; sie kommen vor allem in tierischen Fetten vor. In Pflanzen sind Fettsäuren mit Doppelbindungen, sogenannte *ungesättigte Fettsäuren*, viel häufiger. Bei den natürlich vorkommenden ungesättigten Fettsäuren sind die Doppelbindungen nicht konjugiert und sie besitzen *Z-Konfiguration*.

Es gibt gesättigte und ungesättigte Fettsäuren. Natürliche, ungesättigte Fettsäuren enthalten eine oder mehrere nicht konjugierte Doppelbindungen mit Z-Konfiguration.

| Name | Summenformel | Halbstrukturformel | Vorkommen |
|---|---|---|---|
| Butansäure (Buttersäure) | $C_3H_7COOH$ | | Milchfett, Schweiß |
| Hexadecansäure (Palmitinsäure) | $C_{15}H_{31}COOH$ | | Tier- und Pflanzenfette |
| Octadecansäure (Stearinsäure) | $C_{17}H_{35}COOH$ | | Tier- und Pflanzenfette |
| Z-Octadec-9-ensäure (Ölsäure) | $C_{17}H_{33}COOH$ | | Olivenöl, Margarine |
| Z,Z-Octadeca-9,12-diensäure (Linolsäure) | $C_{17}H_{31}COOH$ | | Distelöl, Sonnenblumenöl |

**Tab. 1** Struktur und Vorkommen ausgewählter Fettsäuren

**Vielfältige Fette.** Natürliche Fette sind niemals Reinstoffe. In einem Neutralfett findet man nicht nur eine Molekülsorte, es ist stets ein Gemisch aus verschiedensten Triacylglycerinen. Diese Vielfalt der Fettmoleküle ergibt sich aus der unterschiedlichen Kombination verschiedener Fettsäuren. Eine Übersicht über die häufigsten Fettsäuren und deren Vorkommen gibt Tabelle 1.
Es ist aber nicht ausgeschlossen, dass Glycerin auch zwei- oder dreimal mit derselben Fettsäure verestert ist. Man unterscheidet somit einfache Triacylglycerine, bei denen alle drei Fettsäurereste identisch sind, von den gemischten Triacylglycerinen mit verschiedenen Fettsäureresten.

Neutralfette bestehen nicht aus einer einzigen Sorte von Fettmolekülen, sie sind Gemische aus verschiedenen Triacylglycerinen.

## Aufgaben

1 Erläutern Sie, was man unter Mineralölen versteht. Geben Sie an, zu welcher Stoffklasse diese gehören.
2 Zeichnen Sie die Strukturformel eines Neutralfettes mit drei verschiedenen Fettsäureresten.
3 Linolensäure (Z,Z,Z-Octadeca-9,12,15-triensäure) ist eine Fettsäure, die praktisch in allen fetten Ölen enthalten ist. In hohen Konzentrationen findet man sie in Lein-, Raps- und Sojaöl. Zeichnen Sie die Strukturformel dieser essenziellen Fettsäure.

| Neutralfett | Schmelzbereich (°C) |
|---|---|
| Sonnenblumenöl | – 16 bis – 18 |
| Rapsöl | 0 bis 2 |
| Kokosfett | 20 bis 30 |
| Schweineschmalz | 27 bis 29 |
| Gänsefett | 27 bis 33 |
| Butter | 28 bis 33 |
| Margarine | 28 bis 38 |

**Tab. 1** Schmelzbereiche verschiedener Neutralfette

## 4.2 Physikalische Eigenschaften der Fette

**Fette besitzen einen Schmelzbereich.** Erhitzt man ein festes Fett in der Pfanne, erweicht es langsam. Die Ursache liegt darin, dass die in der Natur vorkommenden Neutralfette und somit auch die Fette, die in der Küche Verwendung finden, keine Reinstoffe sind. Es handelt sich dabei um Gemische aus verschiedenen Triacylglycerinen mit jeweils unterschiedlichen Schmelztemperaturen (→ S. 73). Daher besitzen Neutralfette einen *Schmelzbereich*, in dem sie vom festen in den flüssigen Aggregatzustand übergehen (Tab. 1).

Die Schmelztemperatur der Neutralfette ist kein exakter Wert; sie besitzen einen Schmelzbereich.

**Worin unterscheiden sich feste Fette und fette Öle?** Sonnenblumenöl ist flüssig und Kokosfett fest (Abb. 1). Will man wissen, warum das so ist, muss man die Molekülstruktur der zugrunde liegende Fette betrachten (Struktur-Eigenschafts-Konzept):
Der Aggregatzustand der Neutralfette bei Raumtemperatur hängt von den Fettsäureresten ab. Sind die Fettsäureketten in den Fettmolekülen kürzer, sind auch die Van-der-Waals-Kräfte zwischen den einzelnen Molekülen geringer. Die Folge ist ein niedriger Schmelzbereich.
Zudem beeinflusst die Anzahl der vorhandenen Doppelbindungen den Schmelzbereich. Je größer der Anteil der ungesättigten Fettsäuremoleküle ist, desto niedriger ist der Schmelzbereich. Die Ursache liegt im räumlichen Bau der Moleküle (Abb. 2). Ungesättigte Fettsäuremolekülketten besitzen im Gegensatz zu den gesättigten Molekülen eine Doppelbindung mit Z-Konfiguration und somit einen „Knick" in der Fettsäuremolekülkette, was zu einem „sperrigen" Bau führt. Diese Moleküle können im Kristallgitter folglich nicht so dicht gepackt werden und damit auch nur geringe zwischenmolekulare Wechselwirkungen ausbilden. Da Sonnen-

**1** Sonnenblumenöl ist bei Raumtemperatur flüssig, Kokosfett ist fest.

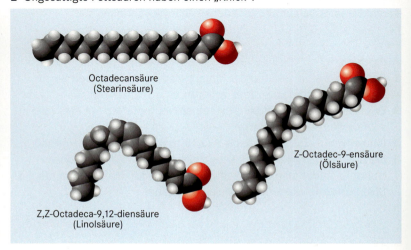

**2** Ungesättigte Fettsäuren haben einen „Knick".

blumenöl einen höheren Anteil an ungesättigten Fettsäuren hat als Kokosfett, liegt sein Schmelzbereich niedriger.

*Der Schmelzbereich eines Fettes ist umso niedriger, je kürzer die Fettsäureketten sind und je größer der Anteil der ungesättigten Fettsäuren in den Fettmolekülen ist.*

**Dichte und Löslichkeit von Fetten.** Die Fettaugen auf der Suppe zeigen, dass Neutralfette eine geringere Dichte als Wasser haben und sich auch nicht in Wasser lösen (Abb. 3). Auch diese Eigenschaften der Fette lassen sich aus ihrem molekularem Aufbau erklären (Struktur-Eigenschafts-Konzept).
Zwischen den unpolaren Fettmolekülen bilden sich Van-der-Waals-Kräfte aus. Zwischen den Wassermolekülen wirken die wesentlich stärkeren Wasserstoffbrücken. Daher ist der Abstand der Wassermoleküle geringer als der zwischen den Fettmolekülen eines flüssigen Fettes. Flüssige Fette haben deshalb eine geringere Dichte und so schwimmen die Fettaugen auf der Suppe oben.
Aufgrund der langen, unpolaren Bereiche der Fettsäuremoleküle sind Neutralfette hydrophob und lösen sich daher nicht in polaren Lösungsmitteln, wie z. B. Wasser (s. Info).

*Flüssige Neutralfette haben eine geringere Dichte als Wasser. Aufgrund der langen Fettsäurereste sind sie hydrophob und lösen sich ausschließlich in unpolaren Lösungsmitteln.*

★**Emulgatoren.** Mischt man Fette mit Wasser, entsteht durch kräftiges Schütteln oder Erwärmen eine Emulsion, die sich aber in kurzer Zeit wieder entmischt. Eine stabile Emulsion erhält man erst durch Zugabe eines Emulgators. Dieser umhüllt die fein verteilten Fettpartikel und verhindert somit, dass sie zusammenfließen (→ S. 87, Abb. 5). Milch ist eine Wasser-Fett-Emulsion, die durch Proteine (= Emulgatoren) stabil gehalten wird. Bei der Butterherstellung werden diese Eiweißumhüllungen durch Schlagen zerstört, sodass die Fetttröpfchen zusammenfließen (Abb. 4).
Auch Mayonnaise ist eine Emulsion: Sie wird aus Speiseöl und Wasser hergestellt, wobei Eigelb als Emulgator dient und die Wasser-Öl-Emulsion stabil hält (s. Info).

**3** Fette haben eine geringere Dichte als Wasser und lösen sich nicht darin. Daher schwimmen Fettaugen auf der Suppe.

### Info
Eine polare Substanz löst sich in Wasser; sie wird deshalb als hydrophil (griech. wasserliebend) bezeichnet. Einen unpolaren Stoff, der sich nicht in Wasser löst, nennt man hydrophob (griech.: wasserfürchtend).

**4** Milch ist eine Wasser-Fett-Emulsion: Bei der Butterherstellung werden die Emulgatoren zerstört, die das Ausflocken der Milch verhindern.

### Info
Bei Mayonnaise erhält man mit folgendem Rezept eine stabile Emulsion: In einer Schüssel zwei frische Eigelb, einen Esslöffel Senf und etwas Salz und Pfeffer mit dem Schneebesen schlagen. Anschließend unter ständigem Schlagen zunächst tropfenweise, dann im dünnen Strahl insgesamt $\frac{1}{4}$ Liter Öl zugeben, bis die Masse eindickt. Zum Schluss mit Salz, Pfeffer und Essig oder Zitronensaft abschmecken.

### Aufgaben
1. Beurteilen Sie die Löslichkeit von Sonnenblumenöl in den folgenden Lösungsmitteln: destilliertes Wasser, Ethanol, Benzin, Cyclohexan, Chloroform ($CHCl_3$) und Toluol (Methylbenzol).
2. Wenige Tropfen Rapsöl und Pentan werden an zwei verschiedenen Stellen auf ein Filterpapier getropft. Beschreiben und begründen Sie die Beobachtungen, die nach kurzer Zeit gemacht werden können.
3. Zwei verschiedene bei Raumtemperatur flüssige Triacylglycerine besitzen die gleiche Summenformel, aber unterschiedliche Schmelztemperaturen. Diskutieren Sie eine mögliche Ursache.

# Fette und Tenside

1 Aus den Samen der Sonnenblume wird Sonnenblumenöl hergestellt.

2 Kaltgepresstes Olivenöl („extra vergine") ist qualitativ hochwertig.

**Info**
Ein 70 kg schwerer Mann speichert etwa 400 000 kJ seiner Energie in Form von Fett, das sind etwa 11 kg. Wenn diese Energie in Form von Glykogen gespeichert wäre, wäre sein Gesamtgewicht um 55 kg höher.

3 Zusammensetzung einiger Speiseöle und -fette

- gesättigte Fettsäuren
- einfach ungesättigte Fettsäuren
- mehrfach ungesättigte Fettsäuren

## 4.3 Fette als Nahrungsmittel

**Gewinnung.** Fette und Öle werden von Pflanzen vor allem in ihren Samen (Abb. 1) und bei Tieren im Fettgewebe gespeichert. Man kann sie durch Auspressen, Ausschmelzen oder Extrahieren (= Herauslösen mit einem Lösungsmittel) aus tierischen oder pflanzlichen Geweben gewinnen.
Beim Auspressen werden die Pflanzenteile zunächst zerkleinert und anschließend gepresst. Man erhält kaltgepresste Öle, die reich an Vitaminen und damit besonders hochwertig sind (Abb. 2). Zudem zeichnet sich kaltgepresstes Öl durch seine typischen Geruchs- und Geschmacksstoffe aus. Allerdings ist bei diesem Verfahren die Ölausbeute verhältnismäßig gering. Werden die Pflanzenöle warm gepresst, ist die Ausbeute größer, aber es gehen wertvolle Inhaltsstoffe verloren.

**Fette sind lebensnotwendig.** Fette stellen für den Körper eine wichtige Energiequelle dar. Außerdem speichert er langfristig Energie in Form von Fett. Bei der vollständigen Oxidation von einem Gramm Fett werden 38 kJ frei, im Vergleich dazu werden bei der gleichen Masse Kohlenhydrat oder Protein nur 17 kJ frei. Ein Erwachsener sollte laut Ernährungsexperten ca. 60–70 g Fett pro Tag mit der Nahrung aufnehmen.
Die fettlöslichen Vitamine A, D und E können vom Körper nur aufgenommen werden, wenn gleichzeitig Fette verzehrt werden.

**Essenzielle Fettsäuren.** Eine fettfreie Ernährung wäre ungesund. Der menschliche Körper kann ungesättigte Fettsäuren (→ S. 72) nicht selbst herstellen, sie müssen also täglich in ausreichender Menge mit der Nahrung aufgenommen werden. Man spricht von essenziellen Fettsäuren (lat. essentialiter = wesentlich). Sie sind notwendig für das Wachstum, den Aufbau der Zellmembranen oder auch für die Bildung verschiedener Hormone; ein Mangel führt zu Stoffwechselstörungen.
Einen Überblick über den Gehalt an einfach oder mehrfach ungesättigten Fettsäuren verschiedener Speiseöle und -fette gibt Abbildung 3. Reich an solchen einfach oder mehrfach ungesättigten Fettsäuren sind vor allem fette Öle, wie Sojaöl, Distelöl oder Sonnenblumenöl.

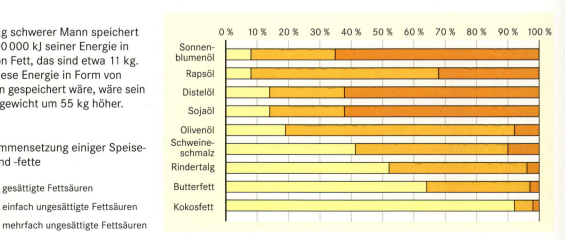

Unter den mehrfach ungesättigten Fettsäuren haben die Omega-3-Fettsäuren eine besondere Bedeutung. Ihnen schreibt man eine günstige Wirkung auf Risikofaktoren für Herz- und Kreislauferkrankungen zu. Sie kommen in verschiedenen Kaltwasserfischarten (Hering, Makrele) und Pflanzenölen (Leinsamen-, Raps-, Sojaöl) vor. Eine an gesättigten Fettsäuren reiche Ernährung ist einer von mehreren Faktoren, die zu Arteriosklerose (Abb. 4, Info) beitragen können.

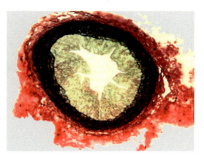

**4** Ablagerungen in einer Arterie

Fette dürfen in unserer Ernährung nicht fehlen. Der Körper benötigt einerseits essenzielle Fettsäuren, die er selbst nicht herstellen kann und andererseits sind Fette unerlässlich zur Aufnahme fettlöslicher Vitamine.

**Zu viel Fett macht krank.** Der überhöhte Verzehr von Fetten ist die Hauptursache für das Übergewicht vieler Menschen in den Industrieländern. In Deutschland werden beispielsweise im Schnitt 80 bis 100 Gramm Fett pro Person und Tag aufgenommen – das ist ca. ein Drittel mehr als die empfohlene Menge.

Zumeist liegt es aber nicht an der Butter oder an der Margarine, die wir auf das Brot schmieren. Es sind vielmehr die „versteckten" Fette, die zu einem übermäßigen Fettkonsum führen. Sie sind nicht immer augenfällig erkennbar, wie in Wurst, Käse, Kuchen, Süßwaren oder Desserts. Dabei kann Wurst über 40 % reines Fett enthalten, ein Leberwurstbrot oder drei Riegel Nussschokolade besitzen bis zu 20 g Fett, d. h. fast ein Drittel der empfohlenen Tageszufuhr.

Bei der Ernährung sollte ein übermäßiger Verzehr von Fetten vermieden werden, hier muss vor allem auf versteckte Fette geachtet werden.

**Der Einfluss von Sauerstoff und Hitze.** Frische, reine Fette sind geschmacksneutral und geruchslos. Unter dem Einfluss von Sauerstoff, Licht, Wärme oder Bakterien werden sie ranzig. Dies ist auf die Bildung von kurzkettigen Fettsäuren zurückzuführen, da einerseits die Doppelbindungen angegriffen und andererseits die Esterbindungen gespalten werden. Kurzkettige Fettsäuren, wie die Buttersäure, sorgen für den unangenehmen Geruch und Geschmack.

Bei zu starkem Erhitzen von fetten Ölen werden die Triacylglycerine gespalten und es bildet sich aus dem Glycerin des Fettes das giftige Acrolein (= Propenal). Es ist auch für den scharfen Geruch beim Anbrennen von Fetten verantwortlich.

### Info
Bei Arteriosklerose wird durch Ablagerungen auf der inneren Auskleidung der Blutgefäße der Blutstrom beeinträchtigt und die Elastizität der Gefäße herabgesetzt. Dies führt zu einem erhöhten Herzinfarkt- oder Schlaganfallrisiko.

### Aufgaben
**1** Recherchieren Sie, was man unter Omega-Fettsäuren versteht und erklären Sie die Besonderheit dieser Benennung. Notieren Sie die Strukturformel einer Omega-3-Fettsäure und benennen Sie sie nach der IUPAC-Nomenklatur.

**2** Erklären Sie, warum es bei der Zubereitung einer Karottenrohkost wichtig ist, Öl in das Dressing zu geben.

$$\text{>C=C<} + H_2 \longrightarrow H-\overset{|}{\underset{|}{C}}-\overset{|}{\underset{|}{C}}-H$$

**5** Die Addition von Wasserstoff an Doppelbindungen bezeichnet man als Hydrierung.

**6** Margarine sieht aus wie Butter, besteht aber hauptsächlich aus pflanzlichen Fetten.

### Info

Die Einführung von Margarine nach Deutschland war zunächst von der Auseinandersetzung der Butterhersteller geprägt, die sich gegen das „Imitat" wehrten. Erste Pläne, die Margarine zwangsweise blau einzufärben, scheiterten, da einige Politiker darauf hinwiesen, dass so der Unterschied zwischen den begüterten Butteressern und armen Margarineessern z. B. schon auf dem Schulhof offensichtlich würde. Andere Bestimmungen, wie z. B. ein zur Kennzeichnung auf der Packung vorgeschriebener roter Streifen, behielten ihre Gültigkeit bis Ende 1985.

### Aufgabe

**3** Ein Fett, welches Linol-, Öl- und Palmitinsäure als Fettsäurereste enthält, soll hydriert werden. Formulieren Sie die Strukturformelgleichung für eine vollständige Hydrierung.

**Margarine und Fetthärtung.** Als Speisefette verwendete man früher vor allem Butter, Speck, Schmalz und Rindertalg. Kaiser Napoleon III erteilte dem französischen Chemiker Hippolyte Mége-Mouriés den Auftrag, ein Ersatzprodukt für Butter herzustellen, das preisgünstiger und haltbarer sein sollte. Dieser stellte daraufhin im Jahr 1870 aus Magermilch und Rindertalg die erste Margarine her.

Aufgrund der wachsenden Weltbevölkerung stieg die Nachfrage nach streichfähigen Fetten stetig an. Es wurde notwendig, auf billige Pflanzenöle als Ausgangsstoffe zurückzugreifen. Der deutsche Chemiker Wilhelm Norman hydrierte die CC-Doppelbindungen dieser Öle, wodurch diese fest und somit streichfähig wurden (Abb. 5). Diese *Fetthärtung* findet bei ca. 200 °C und 20 000 hPa an einem Nickelkatalysator statt. Billige Trane (z. B. Fischtran) verlieren dabei ihren unangenehmen Geruch.

Bei der Fetthärtung werden flüssige fette Öle in feste Fette umgewandelt. Dies geschieht durch die Hydrierung der in den Fettsäureresten enthaltenen Doppelbindungen.

**Margarine – Fett nach Maß.** Heutzutage ist Margarine in der Regel ein Gemisch aus Ölen, pflanzlichen festen oder teilweise auch gehärteten Ölen, Wasser oder Magermilch (Abb. 6). Damit sich Fett und Wasser nach der Herstellung nicht wieder entmischen, wird ein Emulgator (→ S. 75), meist Lecithin, zugegeben. Als Farbstoff dient β-Carotin (→ S. 34) und für den säuerlichen, butterähnlichen Geschmack sorgen z. B. Milch- oder Citronensäure. Durch spezielle Aroma- und Vitaminzusätze entsteht ein vollwertiges Speisefett. Heute hat sich Margarine zu einem Fett nach Maß entwickelt, dessen Eigenschaften den verschiedenen Einsatzmöglichkeiten in Küche, Bäckerei und privatem Haushalt bestens angepasst werden können.

★ **Ungesunde Fettsäuren ohne „Knick".** Ungesättigte Fettsäuren, deren Doppelbindungen E-Konfiguration aufweisen, nennt man *Transfettsäuren*. Ihnen schreibt man eine ungünstige Wirkung auf den Cholesterinspiegel zu, was Arteriosklerose fördert.

In natürlichen Neutralfetten findet man nur selten Transfettsäuren. Eine Ausnahme bildet das Fett von Wiederkäuern (Kühe, Schafe usw.), in deren Verdauungstrakt diese von Mikroorganismen gebildet werden. Deshalb enthalten Milch, das Depotfett der Tiere und die daraus gewonnenen Lebensmitteln Transfettsäuren.

Auch durch die Fetthärtung werden Transfettsäuren gebildet. Früher fand man in Margarinen mit partiell gehärteten Fetten, also bei Fetten, bei denen nicht alle Doppelbindungen hydriert wurden, einen Anteil von bis zu 20 %. Aufgrund optimierter Herstellungsmethoden sind heute Produkte mit weit geringeren Mengen (1–4 %) erhältlich, also auch nicht mehr als natürlicherweise in der Butter vorkommt.

Viele industriell hergestellte Lebensmittel, wie Trockensuppen, Fertiggerichte, Pommes frites, Kartoffelchips oder Kekse, können Transfettsäuren enthalten, da für diese Produkte meist gehärtete Fettmischungen verwendet werden.

## 4.4 Fette als nachwachsende Rohstoffe und Energieträger

**Was sind nachwachsende Rohstoffe?** Die Endlichkeit der fossilen Brennstoffe und ökologische Aspekte (z. B. Treibhauseffekt) erfordern es, über alternative Rohstoff- und Energiequellen nachzudenken. Unter nachwachsenden Rohstoffen fasst man alles organische Material zusammen, das aus lebender Materie stammt, somit nicht fossilen Ursprungs ist und außerhalb des Nahrungs- und Futtermittelbereichs als Grundstoff für chemische Prozesse verwendet wird. Fette, aus Pflanzen gewonnen, dienen zur *Energiegewinnung* und sind wichtige *Chemierohstoffe* zur Herstellung verschiedenster Produkte.

**Von der Rapspflanze in den Autotank.** Die Samen der Rapspflanze (Abb. 1) bestehen zu 50% aus Pflanzenöl, das zu Biodiesel weiterverarbeitet werden kann. An der Gesamtkraftstoffversorgung hatte Biodiesel 2006 in Deutschland einen Anteil von 4%.
Ein Vorteil von Biodiesel besteht darin, dass bei der Verbrennung genau so viel Kohlenstoffdioxid (= Treibhausgas) freigesetzt wird, wie vorher beim Wachsen der Rapspflanzen durch die Fotosynthese gebunden wurde. Die Herstellung kostet allerdings Energie, wodurch die Kohlenstoffdioxidbilanz verschlechtert wird. Außerdem kommt es beim Wachstum der Rapspflanzen zu Lachgasemissionen; Lachgas (Distickstoffmonooxid) ist ein noch stärkeres Treibhausgas als Kohlenstoffdioxid. Da der Kraftstoffverbrauch der Industrieländer enorm ist, stehen derartig große Anbauflächen nicht zur Verfügung.

**Die Herstellung von Biodiesel.** Rapsöl ist für den direkten Einsatz als Kraftstoff in Dieselmotoren zu dickflüssig. Daher werden die Esterbindungen der Fettmoleküle gespalten. Die so erhaltenen Fettsäuren werden sofort wieder mit Methanol zur Reaktion gebracht; dabei entstehen die Methylester der Fettsäuren. Chemiker nennen eine solche Reaktionsfolge Umesterung. Das Glycerin wird abgetrennt und kann zu verschiedenen Produkten weiterverarbeitet werden. Es entsteht Biodiesel oder Rapsölmethylester (RME).

**1** Aus den Samen der Rapspflanzen wird Rapsöl gewonnen, das zu Biodiesel weiterverarbeitet wird.

### Info
Biodiesel ist ein gutes Lösungsmittel und löst den im Kunststoff enthaltenen Weichmacher heraus. Dadurch wird das Material spröde und undicht. Zur Verwendung von Biodiesel müssen die Fahrzeuge daher umgerüstet werden, da alle mit diesem Treibstoff in Kontakt kommenden Fahrzeugteile, wie z. B. Schläuche oder Dichtungen, beständig gegenüber Biodiesel sein müssen.

### Aufgaben

**1** Grundsätzlich sind alle Pflanzenölsorten und auch alle tierischen Öle zum Betrieb von umgerüsteten Fahrzeugen (s. Info) geeignet. Vergleichen Sie anhand der Tabelle, welcher Kraftstoff besser geeignet ist.

|  | Rapsölkraftstoff | Biodiesel |
|---|---|---|
| Viskosität bei 20 °C | 74,0 mm²/s | 7,5 mm²/s |
| Flammpunkt | 317 °C | 180 °C |

**2** Diskutieren Sie die Vor- und Nachteile des Anbaus von Pflanzen zur Treibstoffgewinnung und gehen Sie dabei auch auf die Ökobilanz von Biodiesel und Mineralöldiesel ein.

Rapsöl + Methanol → Biodiesel + Glycerin

Die Kräfte zwischen den Rapsölmethylestermolekülen sind geringer als die zwischen den Fettmolekülen; somit ist das Produkt weniger zähflüssig und kann als Kraftstoff eingesetzt werden.

# Fette und Tenside

**Fette als Rohstoffe der chemischen Industrie.** Zurzeit beträgt der Anteil an erneuerbaren Rohstoffen am Gesamtrohstoffverbrauch der chemischen Industrie in Deutschland etwa 10 %. Man geht davon aus, dass der Anteil in den nächsten Jahren stark ansteigen wird. Natürliche Fette und Öle machen circa 40 % der verwendeten nachwachsenden Rohstoffe aus. Pflanzenöle werden in Deutschland insbesondere aus Raps, Sonnenblume und Öllein gewonnen.

Fette und fette Öle wurden bereits von unseren Vorfahren verwendet, z. B. zur Seifenherstellung (→ S. 81). Heutzutage werden die Triacylglycerine entweder direkt genutzt oder chemisch weiterverarbeitet.

Eine wichtige chemische Umwandlung ist die Hydrolyse zu *Glycerin* und den freien Fettsäuren (→ M 6, S. 83). Bei diesen stellen wiederum die Carboxygruppe oder die Doppelbindungen der ungesättigten Fettsäuren wichtige Angriffspunkte für weitere chemische Reaktionen dar. Triacylglycerine können zudem mit Methanol zu den entsprechenden *Fettsäuremethylestern* umgeestert werden, welche weiter zu *Fettalkoholen* umgesetzt werden können. Durch Reaktion der Triacylglycerine mit Ammoniak entstehen *Fettamine*.

Von diesen Grundchemikalien eröffnet sich eine Fülle von Möglichkeiten für die chemische Industrie (Abb. 2). Die daraus hergestellten Produkte sind umweltverträglich und biologisch abbaubar.

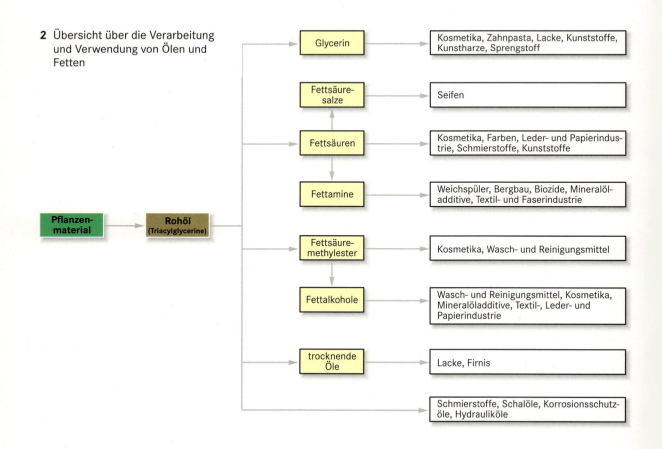

**2** Übersicht über die Verarbeitung und Verwendung von Ölen und Fetten

## 4.5 Aus Fett entsteht Seife: Die Verseifung

**Geschichte.** Die erste schriftliche Überlieferung für die Herstellung von Seife findet sich auf einer Tonschiefertafel der Sumerer (Abb. 1) aus der Zeit um 2500 v. Chr.: Man kocht 1 Liter Öl mit der 5,5fachen Menge Pottasche, die aus verbrannten Dattelpalmen und Tannenzapfen gewonnen wurde. In der Folgezeit stellten auch die Ägypter, Gallier, Griechen, Germanen und Römer Seifen her. In den ersten 3000 Jahren wurde Seife wohl meist nur als Kosmetikum – insbesondere als Haarpomade – und als Heilmittel verwendet. Erst der griechische Arzt Claudius Galenos (131–201 v. Chr.) machte auf die Reinigungswirkung der Seife aufmerksam.
Im Mittelalter fügten die Seifensieder (Abb. 2) ihren Produkten erlesene Duftstoffe zu, was die Seifen zu Luxusartikeln der damaligen Zeit machte. Mit dem gewandelten Hygieneverständnis stieg der Bedarf an Seifen im 19. Jahrhundert stark an. Seifen wurden nun industriell hergestellt und waren so auch für die breite Masse zugänglich und erschwinglich.

**1** Tonschiefertafel der Sumerer

**Verseifung der Fette.** Tierische bzw. pflanzliche Fette oder Öle wurden früher mit Pottasche stundenlang gekocht. Pottasche enthält als Hauptbestandteil Kaliumcarbonat und reagiert mit Wasser unter Bildung von Kalilauge. Die entstehende Lauge führt bei Erwärmung zur Spaltung der Esterbindungen (= *Verseifung*).

$$\text{Tristearinsäureglycerinester} + 3\ KOH \longrightarrow 3\ \text{Kaliumstearat (Seife)} + \text{Glycerin}$$

**2** Seifensieder im Mittelalter

Es bildet sich ein dickflüssiger Seifenleim, ein Gemisch aus Wasser, Glycerin und Fettsäuresalzen. Die Fettsäureanionen, die eigentlichen Seifen, erhält man durch Aussalzen. Dabei wird Kaliumchlorid zugefügt, wodurch die Löslichkeit der Seife herabgesetzt wird. Der nun oben schwimmende Seifenkern trennt sich von der Unterlauge aus Glycerin, überschüssiger Lauge und gelöstem Kaliumchlorid. Die feste Seife kann nun abgetrennt werden.
Das gereinigte Produkt wird getrocknet, man erhält die Kaliumsalze der Fettsäuren, einen schmierigen Feststoff, die sogenannte Schmierseife. Verwendet man anstelle von Kaliumhydroxid und Kaliumchlorid Natronlauge und Kochsalz, entstehen die Natriumsalze der Fettsäuren, die Kernseife (Abb. 3).

**3** Kernseife ist fest, Schmierseife flüssig.

*Bei der basischen Esterhydrolyse werden die Fette mit Laugen umgesetzt; es entstehen die Salze der Fettsäuren – die Seifen – und Glycerin.*

# 82 Fette und Tenside

4 Technische Herstellung der Seifen

**Technische Hydrolyse der Fette.** Heute wird die Fettspaltung unter hohem Druck mit 180 °C heißem Wasserdampf durchgeführt:

$$H_{35}C_{17}-\overset{O}{C}-O-CH_2 \\ H_{35}C_{17}-\overset{O}{C}-O-CH \quad + \quad 3\,H_2O \quad \longrightarrow \quad 3\,H_{35}C_{17}-\overset{O}{C}-OH \quad + \quad \begin{array}{c}HO-CH_2\\HO-CH\\HO-CH_2\end{array} \\ H_{35}C_{17}-\overset{O}{C}-O-CH_2$$

Es entstehen die wasserunlöslichen Fettsäuren und das wasserlösliche Glycerin als Nebenprodukt; beide Produkte sind somit einfach voneinander zu trennen. Da die Waschwirkung der Seifen auf den Fettsäureanionen beruht, müssen anschließend die Fettsäuren mit Natronlauge oder Natriumcarbonat bzw. Kalilauge oder Kaliumcarbonat zu den entsprechenden Alkalisalzen umgesetzt werden:

$$H_{35}C_{17}-\overset{O}{C}-OH \quad + \quad NaOH \quad \longrightarrow \quad H_{35}C_{17}-\overset{O}{C}-\overset{\ominus}{O}Na^+ \quad + \quad H_2O$$

Außer der basischen und der neutralen Hydrolyse ist auch die saure Hydrolyse möglich (→ M 6, S. 83).

Seifen sind die Alkalisalze der Fettsäuren. Sie können über die basische, saure oder neutrale Hydrolyse der Fette erhalten werden.

**Vielfalt der Seifen.** Durch die Verwendung bestimmter Fette bei der Verseifung und der Zugabe verschiedener Zusätze (Parfüm, Farbstoffe, Konservierungsstoffe, usw.) wird eine große Vielfalt von Seifen hergestellt (Abb. 5). Aus fester Kernseife entstehen Feinseifen oder Zahnpasta, aus flüssiger Schmierseife werden Rasierseife oder Scheuermittel hergestellt.

**Aufgabe**

1 Seifen können aus Kokosfett oder Sonnenblumenöl hergestellt werden. Erläutern Sie das unterschiedliche Verhalten der beiden Seifen gegenüber Brom.

5 Verschiedene Seifen

# Methoden 83

## M 6 Mechanismen der Hydrolyse

### Basische Esterhydrolyse

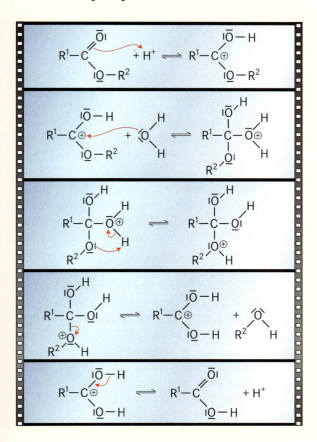

**1 Nukleophiler Angriff**
Ein Hydroxidion greift nukleophil das Kohlenstoffatom der Carbonylgruppe an.

**2 Abspaltung eines Alkoholations**
Es entstehen ein Carbonsäuremolekül und ein Alkoholation.

**3 Säure-Base-Reaktion**
Das Carbonsäuremolekül gibt ein Proton an das Alkoholation ab, man erhält ein Alkoholmolekül und ein Säureanion.
Dieser Reaktionsschritt läuft nahezu vollständig ab, da er praktisch irreversibel ist, weil die Alkoholationen viel stärkere Basen als die Carboxylationen sind.

### Saure Esterhydrolyse

**1 Protonierung**
An das Carbonylsauerstoffatom des Carbonsäuremoleküls lagert sich ein Proton an. Dabei bildet sich ein Carbokation.

**2 Nukleophiler Angriff**
Ein Wassermolekül greift das Carbokation nukleophil an, dabei bildet sich zwischen dem Sauerstoffatom und dem Kohlenstoffatom eine Atombindung aus.

**3 Intramolekulare Protonenwanderung**
Ein Proton des gebundenen Wassermoleküls wandert zum Alkoholsauerstoffatom, das dadurch eine positive Ladung erhält.

**4 Abspaltung eines Alkoholmoleküls**
Es entstehen ein Carbokation und ein Alkoholmolekül.

**5 Deprotonierung**
Das die Reaktion startende Proton wird wieder abgespalten, es hat die Funktion eines Katalysators. Zwischen den Edukten und Produkten hat sich ein Gleichgewicht eingestellt.

# 4.6 Waschwirkung von Tensiden

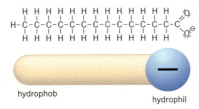

**1** Aufbau eines Tensidmoleküls am Beispiel einer Seife

**Was sind Tenside?** Tenside sind wasserlösliche organische Verbindungen, welche die Grenzflächenspannung (Oberflächenspannung) des Wassers herabsetzen. Man unterscheidet natürliche und im Labor hergestellte, synthetische Tenside.

Alle Tenside besitzen einen charakteristischen Aufbau: Sie weisen einen unpolaren, hydrophoben Teil und einen polaren, hydrophilen Teil auf. Aufgrund dieser zwei entgegengesetzten Eigenschaften handelt es sich um *amphiphile* Verbindungen. Zu ihnen gehören auch die Seifen; die Carboxylatgruppe ist der hydrophile und der Kohlenwasserstoffrest der hydrophobe Teil (Abb. 1).

Tenside sind amphiphile Moleküle, welche hydrophile und hydrophobe Eigenschaften besitzen.

**Grenzflächenspannung.** Zwischen den Wasserdipolmolekülen wirken starke Wasserstoffbrücken. Im Inneren der Flüssigkeit ist jedes Wassermolekül von Nachbarmolekülen umgeben, es wird von allen gleich angezogen. Dadurch heben sich die zwischenmolekularen Kräfte auf. Bei den Molekülen an der Flüssigkeitsoberfläche sind die resultierenden Kräfte nach innen gerichtet; diese Moleküle werden also ins Innere der Flüssigkeit gezogen (Abb. 2). Dadurch entsteht eine Oberflächenspannung.

Da sich nicht nur an der Oberfläche, sondern auch an allen Grenzflächen zu flüssigen oder festen Stoffen diese gespannte „Membran" ausbildet, spricht man allgemein von Grenzflächenspannung. Diese behindert die Benetzung von Oberflächen, wie z. B. von Textilfasern.

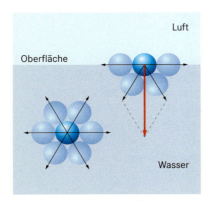

**2** Entstehung der Oberflächenspannung

**Grenzflächenaktivität.** Durch Zugabe von Tensiden wird die Oberflächenspannung stark vermindert: Die Tensidmoleküle richten sich auf der Wasseroberfläche aus, der hydrophile Teil bleibt mit dem Wasser in Kontakt, der hydrophobe Teil ragt in die Luft (Abb. 3).

Da zwischen den unpolaren Kohlenwasserstoffresten die im Vergleich zu den Wasserstoffbrücken wesentlich geringeren Van-der-Waals-Kräfte wirken und sich zudem die negativ geladenen hydrophilen Gruppen abstoßen, kommt es zu einer deutlichen Verringerung der Oberflächenspannung. In ähnlicher Weise wird auch an den anderen Grenzflächen die Grenzflächenspannung herabgesetzt, Textilfasern können dann besser benetzt werden. Tenside sind somit *grenzflächenaktive Substanzen*.

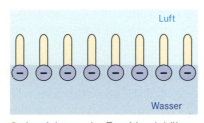

**3** Ausrichtung der Tensidmoleküle an der Wasseroberfläche

Wenn alle Grenzflächen von Tensidmolekülen belegt sind, bilden weitere Tensidmoleküle die *Micellen* (Abb. 4). Es handelt sich dabei um kugelförmige Aggregate aus einer größeren Anzahl von Tensidmolekülen. Die hydrophilen Molekülteile des Tensids bilden die Oberfläche, die hydrophoben Teile ragen in das Innere der Micelle. Wasserunlösliche Flüssigkeiten oder Feststoffe können ins Zentrum dieser Micellen eingelagert werden.

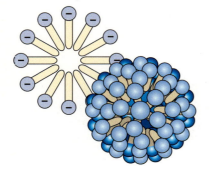

**4** Ausbildung von Micellen

Tenside sind grenzflächenaktive Verbindungen; sie können die Grenzflächenspannung zwischen Wasser und anderen Stoffen vermindern.

Fette und Tenside

**Der Waschvorgang.** Unpolare Schmutzstoffe wie Fett können sich nicht im polaren Wasser lösen; durch den Waschvorgang müssen also wasserunlösliche Verschmutzungen von den Textilfasern abgelöst werden. Abbildung 5 zeigt die verschiedenen Vorgänge, die beim Waschen ablaufen.
① Die Tenside lösen sich im Wasser; sie setzen dabei die Grenzflächenspannung herab und erhöhen so die Benetzbarkeit der Fasern.
② Tensidmoleküle lagern sich mit ihrem unpolaren Ende an den hydrophoben Schmutzteilchen an, die an der Faser haften; dabei weisen ihre hydrophilen Enden in Richtung umgebendes Wasser.
③ Anschließend wird die Schmutzhaftung an der Faser vermindert, indem sich weitere Tensidmoleküle zwischen Schmutzteilchen und Faser schieben.
④ Der Schmutz wird schließlich von der Faser abgetrennt, wobei die Schmutzteilchen von den Tensidmolekülen umhüllt werden.
⑤ Abgelöste Feststoffe oder Flüssigkeiten werden vollständig in Micellen eingelagert und in kleinere Partikel zerteilt.
⑥ Die so eingelagerten Schmutzteilchen werden mit der Waschlauge abtransportiert.
Da die Micellen und die Fasern negativ aufgeladen sind, stoßen sie sich gegenseitig ab; so wird eine Zusammenlagerung der Schmutzteilchen oder eine erneute Ablagerung auf der Faser verhindert. Diese Vorgänge werden durch die Bewegung der Waschlauge und die erhöhte Temperatur unterstützt.

Beim Waschvorgang wird die Faser benetzt, der Schmutz abgelöst, in Micellen eingeschleust, zerteilt und abtransportiert.

★ **Tenside und Umwelt.** Im relativ heißen Sommer 1959 türmten sich an Flüssen, Wehren und Schleusen gewaltige Schaumberge. Man erkannte schnell, dass es die Folge des verzweigten Aufbaus des Alkylrestes der Tensidmoleküle war, der eine unzureichende biologische Abbaubarkeit bedingte. Die Lösung war schnell gefunden, die Alkylreste der Tenside dürfen nicht verzweigt sein, damit sie durch Mikroorganismen in den biologischen Stufen der Kläranlagen gut abgebaut werden können. Gelangen Tenside ungeklärt in die Gewässer, kommt es zu Schaumbildungen und Wasserlebewesen werden geschädigt. Die gesetzliche Bestimmung legt fest, dass mindestens 80 % eines Tensids biologisch gut abbaubar sein müssen.

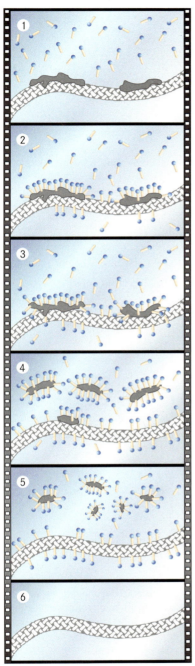

**5** Die verschiedenen Vorgänge beim Waschen (vgl. Text)

### Aufgaben
1 Erklären Sie, was man unter einem amphiphilen Molekül versteht.
2 Beschreiben Sie mit eigenen Worten, wie die Oberflächenspannung von Wasser entsteht.
3 Fasern mit polaren Gruppen sind nicht negativ aufgeladen. Diskutieren Sie, wie es trotzdem in der Waschlauge zu einer Abstoßung der negativ geladenen Schmutzteilchen und der Faser kommt.

1 Ein seifenfreies Waschstück enthält keine Natrium- oder Kaliumsalze längerkettiger Fettsäuren.

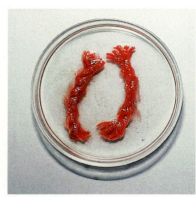

2 Die basische Lösung greift den Wollfaden an.

3 Die verschiedenen Tensidklassen: Neben anionischen gibt es auch kationische und nichtionische Tenside. Bei allen findet man den von den Seifenanionen bekannten amphiphilen Bau.

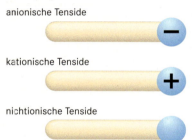

## 4.7 Seifen und synthetische Tenside

**Seifenstück ohne Seife?** Auf vielen hochwertigen „Seifen" oder auf Waschprodukten für Kinder ist heutzutage auf der Verpackung der Begriff „seifenfrei" aufgedruckt (Abb. 1). Sie enthalten also – ebenso wie moderne Waschmittel – keine Natrium- oder Kaliumsalze längerkettiger Fettsäuren (= Seifen). Die klassische Seife wurde durch andere, moderne Waschsubstanzen ersetzt, weil sie drei entscheidende Nachteile aufweist.

**Die drei Nachteile der Seifen.** In wässriger Lösung reagieren Seifen *basisch*:

$$C_{17}H_{35}COO^- Na^+ + H_2O \longrightarrow C_{17}H_{35}COOH + Na^+ + OH^-$$

Basische Lösungen reizen die Augen und greifen die Haut an, indem sie den natürlichen Säureschutzmantel zerstören. Fasern tierischen Ursprungs, also Wolle oder Seide, werden ebenfalls geschädigt (Abb. 2).
Außerdem reagieren Seifen in hartem, also kalkhaltigem Wasser mit den darin gelösten Calciumsalzen und bilden schwerlösliche *Kalkseifen*:

$$2\,C_{17}H_{35}COO^- Na^+ + Ca^{2+} \longrightarrow (C_{17}H_{35}COO)_2 Ca\downarrow + 2\,Na^+$$

Diese lagern sich an den Fasern ab, das Gewebe vergraut, verfilzt oder wird brüchig. Außerdem kann es auf der Haut zu allergischen Hautreizungen kommen.
Seifen sind zudem *säureempfindlich*, d. h. in saurem Milieu werden die wasserunlöslichen Fettsäuren ausgefällt, wodurch die Waschwirkung stark vermindert wird:

$$C_{17}H_{35}COO^- Na^+ + H_3O^+ \longrightarrow C_{17}H_{35}COOH\downarrow + Na^+ + H_2O$$

Seifen reagieren in wässriger Lösung basisch und greifen so Haut und Gewebe an. Durch die Bildung von Kalkseifen in hartem Wasser und die Ausfällung von Fettsäuren in saurem Milieu wird die Waschwirkung herabgesetzt.

Aufgrund dieser Nachteile hat die Seife ihre frühere Bedeutung als Wasch- und Spülmittel weitgehend eingebüßt, sie ist aber in der kosmetischen Reinigung (Rasierseifen, Feinseifen, usw.) das am häufigsten verwendete Tensid.

**Alkylbenzolsulfonate.** Im Haushalt und auch in der Industrie verwendet man heute meist andere Tenside, welche im Labor synthetisiert werden (Abb. 3). Die mengenmäßig wichtigste Gruppe ist die der *Alkylbenzolsulfonate*. Diese gehören wie die Seifen zu den anionischen Tensiden und sind Salze der Benzolsulfonsäure mit linearen Alkylresten:

$$H_3C-(CH_2)_n-\underset{}{\bigcirc}-SO_3^- Na^+,\ n = 8\ \text{bis}\ 16$$

Alkylbenzolsulfonat

Im Vergleich zu den Seifen reagieren wässrige Lösungen dieser Tenside neutral. Da es sich bei den Alkylbenzolsulfonsäuren um starke Säuren handelt, sind die Alkylbenzolsulfonate schwache korrespondierende Basen. Sie sind folglich nicht säureempfindlich und können in sauren Reinigern zum Einsatz kommen. Auch die Härteempfindlichkeit der Alkylbenzolsulfonate ist weitaus geringer als die der Seifen und kann problemlos durch Wasserenthärter, die dem Waschmittel zugesetzt werden, aufgehoben werden.

Alkylbenzolsulfonate sind synthetische Tenside, welche die wesentlichen Nachteile der Seifen nicht aufweisen.

**Tenside als Wasch- und Reinigungsmittel.** Abbildung 4 zeigt einen Überblick über die vielfältigen Einsatzmöglichkeiten der Tenside. Ein Großteil wird, wie erwartet, zum *Waschen und Reinigen von Textilien* verbraucht. Auch im Bereich der Körperpflege finden sie in *kosmetischen Produkten*, wie z. B. Schaumbäder oder Haarshampoos, als waschaktive Substanzen Verwendung.

**Tenside als Emulgatoren.** Durch ihre Grenzflächenaktivität (Abb. 5) können Tenside auch als Emulgatoren in verschiedensten Bereichen wirken. In *kosmetischen Pflegemitteln* wie Cremes oder Lotionen sind die Tenside Emulgatoren, mit deren Hilfe die Wirkstoffe unterschiedlichster Art in der Öl- oder in der Wasserphase verteilt und so auf die Haut aufgebracht werden können. Bei Sonnenschutzpräparaten lassen sich so die UV-Absorber in wirkungsgerechter Form auf der Haut verteilen.
In der *Lebensmittelindustrie* wirken sie z. B. in Mayonnaise, Soßen, Cremes, Schokoladenmassen, Margarinen und Eiscremes als Emulgatoren; sie begünstigen und stabilisieren deren Konsistenz. In der Margarine verbessern sie die Streichfähigkeit und bei der Keksherstellung fördern sie das Einbringen von Luft in den Teig; so wird das Gebäck lockerer.
In der *pharmazeutischen Industrie* sorgen Tenside dafür, dass die Arzneistoffe, von denen die meisten nicht in wässrigen Systemen löslich sind, in Salben bzw. Säften emulgiert oder suspendiert werden. Als *Bestandteile von Lacken und Farben* stabilisieren sie diese, indem sie das Absetzen der Pigmentteilchen zu einem harten Bodensatz verhindern.

Tenside dienen als Wasch- und Reinigungsmittel. Sie werden aber auch als Emulgatoren in den unterschiedlichsten Bereichen eingesetzt.

## Aufgaben

1. Einer Seifenlösung wird Essigsäure zur Kalkentfernung (Enthärtung) zugesetzt. Diskutieren Sie diese Maßnahme.
2. Vergleichen Sie tabellarisch Seifen und Alkylbenzolsulfonate.
3. Informieren Sie sich über die Inhaltsstoffe eines modernen Waschmittels und deren Bedeutung für den Waschvorgang.

### Info
Beim Waschen der Haut entfernen Tenside nicht nur den vorhandenen Schmutz, sondern auch einen Teil des natürlichen Fettmantels der Haut. Daher kann es bei häufigem Waschen zu rauer und rissiger Haut kommen.

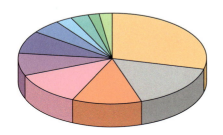

29 % Textilreinigung
16 % Verschiedenes
12 % Kosmetik
12 % Bergbau
8 % Lacke, Farben
8 % Nahrungsmittelsektor
5 % Metallbehandlung
3 % Papiersektor
3 % Pflanzenschutz
2 % Leder, Pelze
2 % Bauchemie

4 Verwendung von Tensiden

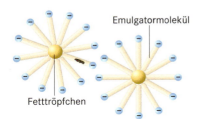

5 Emulgatorwirkung der Tenside: Die Tensidmoleküle umhüllen die Fetttröpfchen und hindern sie am Zusammenfließen.

### Info
Auch bei der *Brandbekämpfung* werden Tenside eingesetzt. Sie sorgen für eine verringerte Oberflächenspannung des Wassers, wodurch das Löschwasser besser in brennende Materialien wie Stoff oder Holz eindringen kann.

# Auf einen Blick

## Struktur

- Ester aus Glycerin und drei langkettigen Carbonsäuren (Fettsäuren)
- Fettsäuren können gesättigt oder ungesättigt sein
- natürliche Fettsäuren besitzen an den Doppelbindungen Z-Konfiguration

## Eigenschaften

- Schmelzbereich abhängig von der Kettenlänge der Fettsäurereste und der Anzahl der Doppelbindungen
- löslich in unpolaren Lösungsmitteln

## Fetthärtung

- = Umwandlung flüssiger Öle in feste Fette
- durch Hydrierung der in den Fettsäureresten enthaltenen Doppelbindungen

## Fette und Öle

## Verseifung

- **basische Verseifung:**
  Fett + Lauge → Fettsäuresalz + Glycerin
- **saure oder neutrale Hydrolyse:**
  Fett + Wasser → Fettsäure + Glycerin

## Bedeutung

### im Körper

- wichtiger Nährstoff
- Energielieferant
- Kälteschutz

### als nachwachsender Rohstoff

- Treibstoff
- Ausgangsstoff vieler chemischer Produkte, z. B. Schmieröl, Seifen, Kosmetika

## Auf einen Blick    89

### Waschwirkung
- Herabsetzen der Grenzflächenspannung
- Erhöhung der Benetzbarkeit
- Schmutzstoffe werden in Micellen eingelagert und mit der Waschlauge abtransportiert

### Verwendung
- als waschaktive Substanzen, z. B. als Waschmittel, Seifen
- als Emulgatoren, z. B. in der Lebensmittelindustrie, Pharmazie

### Seifen und synthetische Tenside

### Struktur
- amphiphiler Bau mit hydrophoben und hydrophilen Eigenschaften, z. B.

hydrophob     hydrophil

#### Eigenschaften
- Grenzflächenaktivität: Tenside vermindern die Grenzflächenspannung zwischen Wasser und anderen Stoffen

### Seifen
- = Alkalisalze der Fettsäuren
- können über basische, saure oder neutrale Hydrolyse von Fetten entstehen

#### Nachteile
- sind säureempfindlich
- reagieren in wässriger Lösung basisch
- sind empfindlich gegenüber der Wasserhärte

### Alkylbenzolsulfonate
- Salze von alkylierten Benzolsulfonsäuren

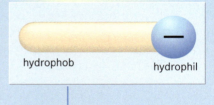

$H_3C - (CH_2)_n - C_6H_4 - SO_3^- \, Na^+$

#### Vorteile
- sind nicht säureempfindlich
- reagieren in wässriger Lösung neutral
- sind wenig empfindlich gegenüber der Wasserhärte

# Knobelecke

**1** Mit der Iodzahl kann der Gehalt an ungesättigten Fettsäuren eines Fettes charakterisiert werden. Sie gibt an, wie viel Gramm Iod von 100 Gramm Fett addiert werden.

Dabei wird eine genau definierte Fettmenge im Überschuss mit Brom versetzt. Hierbei wird an den Doppelbindungen der Fettsäurereste Brom addiert. Anschließend gibt man Kaliumiodid zu, das mit dem nicht verbrauchten Brom zu Iod und Kaliumbromid reagiert. Das dabei entstehende Iod kann nun mit Natriumthiosulfat ($Na_2S_2O_3$), das bei dieser Reaktion zu Natriumtetrathionat ($Na_2S_4O_6$) reagiert, quantitativ bestimmt werden.

a) Stellen Sie die der Bestimmung zugrundliegenden Redoxgleichungen auf.

b) Berechnen Sie die Anzahl an Doppelbindungen pro Fettmolekül in einem Fett der molaren Masse 878 g/mol, das eine Iodzahl von 173,7 aufweist.

c) Fertigen Sie zwei verschiedene Strukturformeln von möglichen Fettmolekülen an, die die gegebene molare Masse des Fettes und die berechnete Anzahl von Doppelbindungen berücksichtigt.

**2** Acrolein (Propenal) kann durch zu starkes Erhitzen von Fetten entstehen. Es handelt sich dabei um eine sehr giftige Flüssigkeit von stechendem Geruch, die aus Glycerin unter Wasserabspaltung entsteht.

Formulieren Sie eine Strukturformelgleichung für die Bildung von Acrolein ausgehend von Glycerin und begründen Sie dessen Bildung beim Überhitzen von Fetten.

**3** Ein Neutralfett der molaren Masse 884 g/mol besitzt eine exakte Schmelztemperatur. Im Labor werden 50 g dieses Neutralfettes vollständig hydriert. Für diese Reaktion benötigt man 3,8 l Wasserstoff (Normalbedingungen).

a) Berechnen Sie, wie viele Doppelbindungen in den Fettsäureresten eines Fettmoleküls enthalten sind.

b) Formulieren Sie die Strukturformel eines möglichen Fettmoleküls, bei dem die gegebene molare Masse des Fettes und die berechnete Anzahl von Doppelbindungen zu berücksichtigen ist. Das Fettmolekül soll dabei nur natürlich vorkommende Fettsäuren enthalten.

**4** Die Verseifungszahl ist, wie die Iodzahl, eine Kenngröße der Fette und ein Maß für die durchschnittliche Kettenlänge der im Fett veresterten Fettsäuren. Sie gibt die notwendige Menge an Kaliumhydroxid an (in Milligramm), die bei der vollständigen Hydrolyse („Verseifung") von einem Gramm Fett verbraucht wird.

In Tabelle 1 sind die Verseifungszahlen einiger Fette und Öle aus dem Lebensmittelbereich aufgelistet. Entscheiden und begründen Sie anhand dieser Werte,

a) welche Fette bzw. Öle durchschnittlich eine hohe Anzahl an langkettigen Fettsäuren besitzen bzw.

b) bei welchen Fetten bzw. Ölen mittlere Kettenlängen der Fettsäuren bevorzugt auftreten.

| Fett/Öl | Verseifungszahl |
|---|---|
| Kokosfett | 256 |
| Palmkernöl | 250 |
| Butter | 225 |
| Sojaöl | 191 |
| Erdnussöl | 191 |
| Olivenöl | 190 |
| Sonnenblumenöl | 190 |

**Tab. 1** Verseifungszahl einiger Fette und Öle

**5** Die folgenden Fette 1 bis 3, in denen jeweils verschiedene Fettsäuren gebunden sind, weisen deutlich unterschiedliche Kenngrößen auf:

| Fett 1 | 1x Palmitinsäure (Hexadecansäure)<br>1x Ölsäure (Z-Octadec-9-ensäure)<br>1x Linolsäure (Z,Z-Octadeca-9,12-diensäure) |
|---|---|
| Fett 2 | 1x Palmitinsäure (Hexadecansäure)<br>1x Stearinsäure (Octadecansäure)<br>1x Linolsäure (Z,Z-Octadeca-9,12-diensäure) |
| Fett 3 | 1x Buttersäure (Butansäure)<br>1x Palmitinsäure (Hexadecansäure)<br>1x Linolsäure (Z,Z-Octadeca-9,12-diensäure) |

a) Ordnen Sie diese Fette nach steigenden Schmelzbereichen.

b) Entscheiden Sie, welches der genannten Fette die größte Iodzahl aufweist.

c) Vergleichen Sie die drei Fette hinsichtlich ihrer Verseifungszahl.

Begründen Sie jeweils ihre Ergebnisse.

# Knobelecke 91

**6** Alkylbenzolsulfonate werden nach folgendem Reaktionsablauf hergestellt: Zunächst wird Undecan mit Chlor umgesetzt, es entsteht 1-Chlorundecan. Anschließend werden Benzol und der Katalysator Aluminiumchlorid zugegeben, dabei wird Wasserstoffchlorid freigesetzt. Die entstehende Verbindung wird mit Schwefeltrioxid umgesetzt, nach Neutralisation mit Natronlauge entsteht das gewünschte Alkylbenzolsulfonat. Geben Sie die Reaktionsgleichungen an und formulieren Sie die Strukturformel des Produktes.

**7** Ordnen Sie folgende Tensidmoleküle den einzelnen Tensidklassen zu und begründen Sie kurz ihre Zuordnung.

a) $H_3C-(CH_2)_5$ und $H_3C-(CH_2)_7$ an $CH$—⟨Benzolring⟩—$SO_3^-Na^+$

b) $H_3C-(CH_2)_5$ und $H_3C-(CH_2)_7$ an $CH-SO_3^-Na^+$

c) $H_3C-(CH_2)_{12}-\overline{O}-(CH_2-CH_2-O)_3-H$

d) $H_3C-(CH_2)_{16}$ und $H_3C-(CH_2)_{16}$ an $N^+$ mit $CH_3$ und $CH_3$, $Cl^-$

**8** Während des Essens gerät auf eine Bluse ein großer Fleck Salatsauce, die aus Kochsalz, Essig und Speiseöl besteht. Erläutern Sie die Vorgänge, welche beim Waschen der Bluse
a) mit Seifenlauge,
b) mit einem synthetischen Tensid ablaufen.

**9** Erläutern Sie, warum in Backofensprays meist stark basisch reagierende Substanzen enthalten sind.

**10** Diskutieren Sie, welche von den angegebenen Verbindungen Waschwirkung zeigen. Erläutern Sie, welche davon säureempfindlich sind oder eine basische Reaktion zeigen.

a) $H_3C-COO^-Na^+$

b) $H_3C-(CH_2)_{16}-COO^-Na^+$

c) $H_3C-(CH_2)_{16}-COOH$

d) $H_3C-(CH_2)_{16}-OH$

e) $H_2C-OH$
$HC-OH$
$H_2C-OH$

f) $H_3C-(CH_2)_{16}-\overset{O}{\overset{\|}{C}}-\overline{O}-CH$ mit $H_2C-OH$ und $H_2C-OH$

**11** Folgendes Tensid wird zur Reinigung und Körperpflege verwendet:

$H_3C-(CH_2)_{16}-\overline{O}-SO_3^-Na^+$

Nennen und erläutern Sie die Vorteile dieses Tensids im Vergleich zu den Seifen.

**12** Beim Ölfleckversuch wird ein Tropfen eines Gemisches aus Ölsäure und Leichtbenzin (im Volumenverhältnis 1 : 2000) auf eine mit Bärlappsporen (Lykopodium) bestreute Wasseroberfläche gegeben. Nach dem sehr schnellen Verdampfen des Leichtbenzins kann der Durchmesser des Ölflecks gemessen werden.
a) Berechnen Sie die Fläche des Ölflecks bei einem gemessenen Durchmesser von 12 cm.
b) Ermitteln Sie das Volumen der Ölsäure in einem Tropfen des Gemisches unter Berücksichtigung des o. a. Volumenverhältnisses sowie der Vorgabe, dass 60 Tropfen 1 cm³ des Gemisches ergeben.
c) Berechnen Sie mithilfe der Ergebnisse aus den Aufgaben a und b die „Länge" l eines Ölsäuremoleküls (unter Annahme einer monomolekularen Schicht).

## Fit fürs Seminar

### Grafische Auswertung von Experimenten

In den Naturwissenschaften sind exaktes Arbeiten und Beobachten die Voraussetzung für das Aufstellen von Gesetzmäßigkeiten. Bei vielen Experimenten werden dabei Messdaten quantitativ erfasst. Diese Versuchsergebnisse müssen anschließend grafisch dargestellt und ausgewertet werden.
Anhand eines Beispiels zur Verseifung von Essigsäureethylester wird der Weg vom Versuch bis zur grafischen Darstellung und Auswertung von Messdaten aufgezeigt.

### Vereinfachte Versuchsdurchführung

Eine mit Schwefelsäure angesäuerte Lösung von 1 mol Essigsäureethylester in Aceton wird bis zum Sieden erhitzt und dann mit 1 mol angewärmtem Wasser versetzt. Ab diesem Zeitpunkt werden in ganz bestimmten Zeitabschnitten Proben aus der Lösung entnommen und weiterverarbeitet. Dazu werden die Proben jeweils in ein Kältebad gebracht, um die Reaktion zu beenden. Anschließend werden jeweils 5 ml der Probe mit einer Natronlauge der Konzentration 1 mol/l titriert. Der beobachtete Verbrauch an Natronlauge muss dann noch um das Volumen der zugesetzten Schwefelsäure korrigiert werden (= tatsächlicher Verbrauch).

### Erfassen von Messwerten

Die aus den experimentellen Untersuchungen gewonnenen Ergebnisse werden in einer Tabelle übersichtlich zusammengefasst (Tab. 1). Um die Konzentrationsänderung der bei der Verseifung freigesetzten Essigsäure verfolgen zu können, müssen diese Werte mithilfe der bekannten Formel

$$c(X) = \frac{n(X)}{V(X)}$$

berechnet und ebenfalls in der Tabelle eingetragen werden.

### Grafische Auftragung der Messwerte

Für eine saubere und möglichst genaue Darstellung trägt man die Ergebnisse am besten auf Millimeterpapier auf.
Aus dieser grafischen Darstellung lassen sich direkt Aussagen über die Zunahme der Essigsäurekonzentration im Verlauf der Reaktion machen. In Kapitel 7 werden Sie auch erfahren, wie man mithilfe solcher Grafiken die Geschwindigkeit von Reaktionen ermitteln kann.

**Tab. 1** Experimentell ermittelte und berechnete Messwerte zur Verseifung von Essigsäureethylester

| Zeit in min | tatsächlicher Verbrauch an Natronlauge in ml | berechnete Konzentration der Essigsäure in mol/l |
|---|---|---|
| 10 | 1,5 | 0,3 |
| 20 | 2,5 | 0,5 |
| 30 | 3,4 | 0,68 |
| 40 | 4,2 | 0,84 |
| 50 | 5,0 | 1,00 |
| 60 | 5,6 | 1,12 |
| 80 | 6,7 | 1,34 |
| ⋮ | ⋮ | ⋮ |
| ∞ | 9,5 | 1,90 |

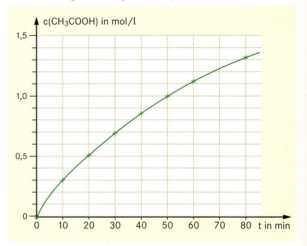

**1** Grafische Darstellung der Messwerte aus der Verseifung von Essigsäureethylester

# 5 Kohlenhydrate und Stereoisomerie

Die Kohlenhydrate sind nicht nur eine der wichtigsten Stoffgruppen in der Chemie, sondern auch ein wesentlicher Bestandteil für eine ausgewogene Ernährung.
In diesem Kapitel werden Aufbau, sowie physikalische und chemische Eigenschaften verschiedener Kohlenhydrate besprochen.

**1** Joghurt enthält linksdrehende oder rechtsdrehende Milchsäure.

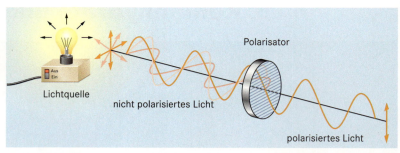

**2** Die Lichtwellen von linear polarisiertem Licht befinden sich alle in einer Schwingungsebene.

## 5.1 Optische Aktivität

In der Werbung werden Joghurtprodukte häufig mit den Attributen „rechtsdrehend" oder „linksdrehend" in Verbindung gebracht (Abb. 1). Dies bezieht sich aber eigentlich nur auf einen Inhaltsstoff, die enthaltene Milchsäure: Milchsäure gibt es in einer rechtsdrehenden und einer linksdrehenden Form. Die beiden Substanzen gleichen sich in den physikalischen Eigenschaften – mit einer Ausnahme: Sie unterscheiden sich in ihrer *optischen Aktivität*, also ihrer Wirkung auf linear polarisiertes Licht.

**Linear polarisiertes Licht.** Monochromatisches Licht, also Licht einer Wellenlänge, enthält Lichtwellen unterschiedlicher Ausrichtung (Abb. 2, links). Um linear polarisiertes Licht zu erhalten, müssen sich alle Lichtwellen in einer Schwingungsebene befinden; man könnte sagen, sie müssen parallel zueinander verlaufen. Dies wird durch einen Polarisationsfilter oder *Polarisator* gewährleistet, der alle anderen Lichtwellen absorbiert (Abb. 2, rechts). Die Lichtwellen des polarisierten Lichts bewegen sich weiter und behalten dabei ihre Schwingungsebene bei.

Unter linear polarisiertem Licht versteht man Licht, dessen Lichtwellen sich in einer Schwingungsebene bewegen.

**Das Polarimeter.** Trifft das linear polarisierte Licht auf einen weiteren Polarisationsfilter, der die gleiche Ausrichtung hat wie der Polarisator, tritt es ungehindert durch den Filter durch und belichtet einen dahinter liegenden Kontrollschirm. Wird der zweite Polarisationsfilter, der *Analysator* aber gedreht, werden die polarisierten Lichtwellen nun am Filter absorbiert und der Kontrollschirm bleibt dunkel (Abb. 3, oben).

**Was im Joghurt dreht sich eigentlich?** Auch wenn der Name den Anschein erweckt, als drehe sich das Milchsäuremolekül in zwei verschiedene Richtungen, ist die Erklärung doch eine andere: Optisch aktive Substanzen, wie die Milchsäure, beeinflussen das polarisierte Licht, indem sie dessen Schwingungsebene nach rechts oder nach links drehen. Dadurch können einige Lichtwellen den Analysator passieren und der Kontrollschirm wird beleuchtet. Dreht man den Analysator, bis der

**Info**
Rechtsdrehende Milchsäure wird durch körpereigene Stoffwechselvorgänge produziert und wieder abgebaut, linksdrehende hingegen nur über die Nahrung aufgenommen. Es gab deshalb Vermutungen, dass linksdrehende Milchsäure nicht vom Körper abgebaut werden und so zu einer Übersäuerung führen könne. Daraufhin wurden Joghurtsorten entwickelt und aufwendig beworben, die ausschließlich rechtsdrehende Milchsäure enthielten. Mittlerweile ist nachgewiesen, dass linksdrehende Milchsäure ebenso vom Körper abgebaut werden kann, wenn auch etwas langsamer.

# Kohlenhydrate und Stereoisomerie

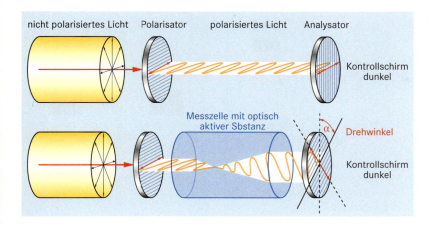

**3** Mit einem Polarimeter kann der Drehwinkel einer optisch aktiven Substanz bestimmt werden. Oben: Polarimeter ohne Substanz, unten: Polarimeter mit optisch aktiver Substanz.

Kontrollschirm wieder vollständig verdunkelt ist, kann man ablesen, wie stark die optisch aktive Substanz das polarisierte Licht gedreht hat (Abb. 3, unten). Man nennt diesen Winkel den *Drehwert* oder *Drehwinkel*.

Eine optisch aktive Substanz dreht die Schwingungsebene von linear polarisiertem Licht um einen bestimmten Winkel. Dieser wird Drehwinkel genannt und kann durch ein Polarimeter bestimmt werden.

**Optisch aktive Substanzen.** Führt man Milchsäure in ein Polarimeter ein, kann dies zu unterschiedlichen Effekten führen. Blickt der Betrachter in Richtung der Lichtquelle, dreht rechtsdrehende Milchsäure die Schwingungsebene des linear polarisierten Lichts im Uhrzeigersinn, linksdrehende Milchsäure gegen den Uhrzeigersinn. Der Betrag, um den die Schwingungsebene gedreht ist, ist jeweils der gleiche. Bei einem Gemisch, in dem beide Formen in gleicher Konzentration vorliegen, heben sich die Effekte auf und es ist keine Drehung zu beobachten. Dem Namen der rechtsdrehenden Milchsäure wird ein (+) vorgestellt, dem der linksdrehenden ein (−).

(+)-Milchsäure dreht die Schwingungsebene von linear polarisiertem Licht im Uhrzeigersinn, (−)-Milchsäure um den gleichen Wert gegen den Uhrzeigersinn.

★ **Der spezifische Drehwinkel.** Das Ergebnis einer polarimetrischen Messung hängt nicht nur vom Stoff ab, sondern auch von dessen Konzentration, der Wellenlänge des Lichts und der Temperatur, bei der die Messung durchgeführt wird. Außerdem wird der Wert durch die Länge des Gefäßes beeinflusst, in dem sich die optisch aktive Substanz befindet. Um vergleichbare Werte zu erhalten, wurden normierte Bedingungen eingeführt: Der *spezifische Drehwinkel* wird bei 20 °C bei einer Wellenlänge von 589 nm gemessen, die Massenkonzentration der Lösung beträgt 1 g/ml und sie wird in ein Gefäß der Länge 10 cm eingefüllt. In der Literatur sind die spezifischen Drehwinkel aller gängigen optisch aktiven Verbindungen nachzulesen (Tab. 1).

**4** Fotografiert man eine optisch aktive Substanz (hier: iso-Citronensäure) mit einem Polarisationsfilter, kann man erkennen, wie sie die Ebene des Lichts dreht.

**Tab. 1** Spezifische Drehwinkel verschiedener optisch aktiver Substanzen

| Name | spezifischer Drehwinkel |
|---|---|
| (+)-Milchsäure | + 2,6° |
| (−)-Milchsäure | − 2,6° |
| (+)-Ascorbinsäure | + 22° |
| (−)-Ascorbinsäure | − 22° |
| (+)-Glucose | + 112° |
| (−)-Glucose | − 112° |

96  Kohlenhydrate und Stereoisomerie

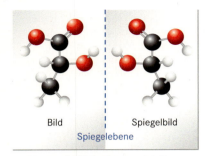

**1** Die zwei Milchsäuremoleküle verhalten sich wie Bild und Spiegelbild.

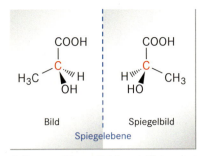

**2** Das markierte Kohlenstoffatom hat vier verschiedene Substituenten. Daraus ergeben sich zwei mögliche räumliche Anordnungen.

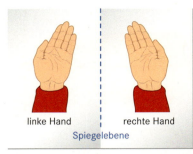

**3** Linke und rechte Hand können nicht zur Deckung gebracht werden.

## 5.2 Molekülchiralität

**So gleich wie Bild und Spiegelbild?** (+)-Milchsäure und (−)-Milchsäure haben die gleiche Summenformel $C_3H_6O_3$. Erst bei genauer Betrachtung erkennen wir, dass sich die Moleküle unterscheiden (Abb. 1).
Die beiden Moleküle gleichen sich wie Bild und Spiegelbild und sind doch nicht identisch. Zwar haben sie die gleiche Summenformel und die einzelnen Atome haben auch jeweils die gleichen Nachbaratome – ihre Konstitution ist also gleich. Sie unterscheiden sich allerdings in ihrer räumlichen Anordnung, der Konfiguration. Nur auf den ersten Blick scheint es so, als könnte man eine Form einfach durch Drehen mit der anderen zur Deckung bringen.

**Chirale Verbindungen.** Bei räumlicher Betrachtung der Moleküle ist das markierte mittlere Kohlenstoffatom von besonderem Interesse (Abb. 2). Man stellt fest, dass die beiden Moleküle nicht zur Deckung gebracht werden können, egal in welche Richtung man sie dreht. Es muss berücksichtigt werden, dass sich jeweils ein Atom vor der Papierebene (OH-Gruppe) und ein Atom hinter der Papierebene (H-Atom) befindet. Dies ist der gleiche Effekt wie bei einer linken und einer rechten Hand, die sich zwar gleichen wie Bild und Spiegelbild, aber nicht zur Deckung gebracht werden können (Abb. 3).
Man nennt eine derartige Verbindung *chiral* (griech. cheir = Hand). Sind an einem Kohlenstoffatom vier unterschiedliche Substituenten gebunden, bezeichnet man es als *asymmetrisches Kohlenstoffatom* oder *Chiralitätszentrum*. Die beiden existierenden Moleküle nennt man *Enantiomere*.

Besitzt ein Kohlenstoffatom vier unterschiedliche Substituenten, nennt man es ein asymmetrisches Atom oder Chiralitätszentrum. Verbindungen, die ein asymmetrisches Atom besitzen, sind chiral; die beiden Moleküle, die sich wie Bild und Spiegelbild verhalten, nennt man Enantiomere.

**Aufgabe**
**1** Fertigen Sie je ein Modell der beiden Enantiomere der Milchsäure an und überprüfen Sie, ob die beiden Modelle zur Deckung gebracht werden können.

# Methoden

## M 7 Die Fischer-Projektion

### Von der Raumstruktur zur Projektionsformel

In der Chemie der Biomoleküle ist häufig die räumliche Ausrichtung der Atome von wesentlicher Bedeutung. Stereoisomere mit einem Chiralitätszentrum (= asymmetrisches Kohlenstoffatom) lassen sich durch perspektivische Darstellung noch übersichtlich wiedergeben. Sobald ein Molekül allerdings mehrere asymmetrische Kohlenstoffatome enthält, wird es schwer, die dreidimensionale Anordnung des Moleküls auf Papier zu zeichnen. Man braucht also eine Konvention, die mit möglichst wenigen Regeln eine übersichtliche Darstellung erlaubt.

Wird ein Molekülmodell von einer Lampe angestrahlt, erzeugt es auf der dahinter liegenden Wand einen Schatten, der bereits viele Aussagen über das Molekül erlaubt (Abb. 1). Soll die Darstellung eindeutig sein, müssen aber einige Regeln beachtet werden.

Der deutsche Chemiker Emil Fischer entwickelte deshalb eine Form der Darstellung, die dies mittels einer einfachen Projektion ermöglicht.

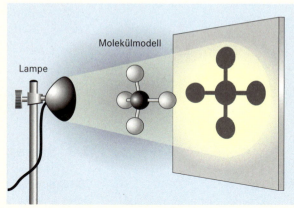

**1** Aus dem Schatten eines Molekülmodells können viele Informationen gewonnen werden.

Am Beispiel des chiralen Moleküls Milchsäure wird Schritt für Schritt beschrieben, wie die Fischer-Projektion zustande kommt.

| So wird's gemacht | rechtsdrehende Milchsäure | linksdrehende Milchsäure |
|---|---|---|
| 1 Das Molekül wird so ausgerichtet, dass die längste Kohlenstoffkette von oben nach unten zeigt. Dabei steht das Kohlenstoffatom mit der größten Oxidationszahl so weit oben, wie möglich. | | |
| 2 Nun wird das Molekül so gedreht, dass ausgehend vom asymmetrischen Kohlenstoffatom die CC-Bindungen nach hinten zeigen, die CH- und die CO-Bindung nach vorne. | | |
| 3 So wird das Molekül in die Ebene projiziert: Die Bindungen, die nach hinten zeigen, werden als senkrechte Linien gezeichnet, die nach vorne zeigen, als waagrechte. | HO−C=O<br>HO−C−H<br>CH₃ | HO−C=O<br>H−C−OH<br>CH₃ |
| 4 Das asymmetrische Kohlenstoffatom wird mit einem Sternchen versehen.<br>Durch die Lage der Hydroxygruppe am asymmetrischen Kohlenstoffatom kann das Enantiomer nun eindeutig bestimmt und benannt werden. Sitzt die Gruppe links, wird dem Molekülnamen ein L vorgestellt (lat. laevus = links), befindet sie sich rechts, wird ein D vorgestellt (lat. dexter = rechts). | HO−C=O<br>HO−C*−H<br>CH₃<br>L-Milchsäure | HO−C=O<br>H−C*−OH<br>CH₃<br>D-Milchsäure |

Kohlenhydrate und Stereoisomerie

a) (+)-Weinsäure
b) (−)-Weinsäure
c), d) meso-Weinsäure

**1** Die verschiedenen Isomere der Weinsäure

## 5.3 Stereoisomerie

**Aufgabe**

**1** Die Threose ist ein optisch aktiver Zucker. Zeichnen Sie die Strukturformel aller Stereoisomeren und geben Sie an, ob es sich um Enantiomere oder Diastereomere handelt.

Threose

**Verbindungen mit mehreren Chiralitätszentren.** Die Verbindung Weinsäure enthält zwei Kohlenstoffatome, die jeweils vier unterschiedliche Bindungspartner besitzen. Sie hat demnach zwei Chiralitätszentren. In Abbildung 1 sind alle Isomere dargestellt.

Die Moleküle a und b verhalten sich wie Bild und Spiegelbild, die Moleküle c und d können durch Drehung miteinander zur Deckung gebracht werden und sind daher identisch. Dies ist möglich, da dieses Isomer, die sogenannte meso-Weinsäure, eine Spiegelebene im Molekül aufweist. Da sich rechtsdrehender und linksdrehender Effekt gegenseitig aufheben, ist die meso-Weinsäure nicht optisch aktiv.

(+)-Weinsäure, (−)-Weinsäure und meso-Weinsäure besitzen jeweils die gleiche Summenformel und das gleiche Bindungsgefüge. Sie sind also *Stereoisomere*. Da sich (+)-Weinsäure und (−)-Weinsäure wie Bild und Spiegelbild verhalten, nennt man sie Enantiomere (→ S. 96). Die meso-Weinsäure als nicht spiegelbildliches Stereoisomer bezeichnet man als *Diastereomer*.

Unter Stereoisomeren versteht man zwei oder mehr Moleküle, die sich ausschließlich in der räumlichen Ausrichtung einzelner Atome unterscheiden. Das Bindungsgefüge ist jeweils identisch. Verhalten sich die beiden Stereoisomere wie Bild und Spiegelbild, nennt man sie Enantiomere, alle anderen nennt man Diastereomere.

**2** Enantiomere unterscheiden sich in ihrer biologischen Wirksamkeit: (+)-Carvon riecht nach Kümmel, (−)-Carvon nach Minze.

**Effekte der Stereoisomerie.** Die Auswirkungen der Stereoisomerie auf die chemischen und physikalischen Eigenschaften der Moleküle sind meist sehr gering. In ihrer biologischen Wirksamkeit können sich Enantiomere allerdings unterscheiden. Ein Beispiel davon ist der chirale Duftstoff Carvon (Abb. 2). Das rechtsdrehende Enantiomer bewirkt den charakteristischen Geruch von Kümmel, das linksdrehende ist für den Geruch von Minze verantwortlich. Die Geruchsrezeptoren in unserer Nase sind in der Lage, die beiden Isomere zu unterscheiden, was zu einer differenzierten Geruchsempfindung führt.

Derartige Effekte treten beispielsweise auch bei Medikamenten auf, bei denen nur ein Enantiomer die gewünschte Wirkung auf den menschlichen Körper zeigt.

Kohlenhydrate und Stereoisomerie 99

 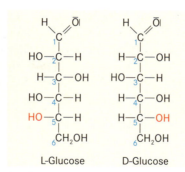 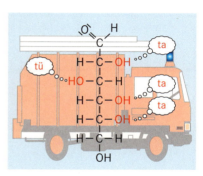

1 Emil Fischer (1852–1919) klärte die Struktur des Glucosemoleküls auf.

2 Die beiden Enantiomere der Glucose

3 Merkhilfe zur Strukturformel von D-Glucose

## 5.4 Die Glucose

**Die funktionellen Gruppen der Glucose.** Glucose, auch Traubenzucker genannt, ist das direkte Produkt der Fotosynthese. Der deutsche Chemiker Emil Fischer (Abb. 1) konnte bereits Ende des 19. Jahrhunderts die Struktur des Glucosemoleküls aufklären, wofür er 1902 den Nobelpreis für Chemie erhielt. Es handelt sich um eine Verbindung mit sechs Kohlenstoffatomen, die eine Aldehydgruppe und fünf Hydroxygruppen enthält. Glucose ist also eine *Polyhydroxycarbonylverbindung*.

Die Glucose besitzt ein Kohlenstoffgerüst mit fünf Hydroxygruppen und einer Aldehydgruppe. Sie gehört deshalb zu den Polyhydroxycarbonylverbindungen.

**Die Fischer-Projektion der Glucose.** Die Fischer-Projektion (→ M7, S. 97) ist für die Darstellung von Zuckermolekülen besonders geeignet. Die Kohlenstoffkette wird dabei von oben nach unten gezeichnet, das Kohlenstoffatom mit der größten Oxidationszahl, also die Aldehydgruppe, zeigt nach oben (Abb. 2). Die Kohlenstoffatome $C_2$ bis $C_4$ besitzen alle jeweils vier unterschiedliche Substituenten und sind damit Chiralitätszentren. Deshalb ist in der Fischer-Projektion die Anordnung dieser Substituenten von wesentlicher Bedeutung. Für die Kohlenstoffatome $C_1$ und $C_6$ ist die Ausrichtung belanglos, da diese keine asymmetrische Anordnung besitzen.

Um zwei Enantiomere zu erhalten, müssen alle Chiralitätszentren gespiegelt werden. Die D/L-Nomenklatur wird analog zum Beispiel Milchsäure angewandt. Zur Benennung wird die Hydroxygruppe herangezogen, die am untersten asymmetrischen Kohlenstoffatom sitzt. Sie ist unabhängig von der Drehrichtung der beiden Enantiomere. Deshalb wird häufig sowohl die Drehrichtung (+ oder –) als auch die D/L-Nomenklatur angegeben.

Da die Strukturformel des D-Glucosemoleküls in der Chemie besonders wichtig ist, hat sich eine Merkhilfe unter Chemikern verbreitet, die über die Anordnung der Hydroxygruppen Aufschluss gibt: Man denkt dabei an die Feuerwehr (Abb. 3).

**Info**
In der Natur tritt ausschließlich die D-Glucose auf; sie wird auch Traubenzucker genannt. L-Glucose ist nur synthetisch zugänglich.
Wird im Folgenden von Glucose gesprochen, ist stets die D-Glucose gemeint.

**100** Kohlenhydrate und Stereoisomerie

**4** Durch saure Katalyse entsteht an der Carbonylgruppe eine positive Ladung, die anschließend vom Nukleophil angegriffen wird. Schließlich wird das Proton wieder abgegeben.

### Info

Das Pyranmolekül besteht aus einem Sechsring aus fünf Kohlenstoffatomen und einem Sauerstoffatom:

**5** Haworth-Projektion der D-Glucopyranose

### Aufgabe

**1** Bauen Sie mithilfe eines Molekülbaukastens ein Glucosemolekül. Testen Sie den Ringschluss mit unterschiedlichen Hydroxygruppen und erklären Sie, warum nur die Ringbildung mit dem $C_5$-Atom von Bedeutung ist.

**Die Ringform der Glucose.** Glucosemoleküle liegen in wässriger Lösung aber selten in der gezeigten linearen Form vor. Sie bilden durch eine intramolekulare Reaktion zwischen der Carbonylgruppe am $C_1$-Atom und der Hydroxygruppe des $C_5$-Atoms einen Ring aus. Diese Reaktion verläuft nach dem Mechanismus einer nukleophilen Addition (Abb. 4):

Der so entstehende Sechsring ist nahezu spannungsfrei und deshalb sehr stabil. Man nennt eine derartige Struktur *Pyranosestruktur*, nach dem Molekül Pyran (s. Info), das ebenfalls einen Sechsring mit einem integrierten Sauerstoffatom besitzt. Das Traubenzuckermolekül wird in dieser Form als *Glucopyranose* bezeichnet.

Glucose bildet durch nukleophile Addition der Hydroxygruppe des $C_5$-Atoms an die Carbonylgruppe einen spannungsfreien Sechsring. Man bezeichnet dies als Pyranosestruktur.

**Neue Anforderungen an die Darstellung.** Wie in der Reaktionsgleichung der Ringbildung zu erkennen ist, ist die Fischer-Projektion nicht mehr geeignet, um ein derartiges Molekül anschaulich darzustellen. Die Bindung zwischen dem $C_1$-Atom und dem Sauerstoffatom am $C_5$-Atom ist unverhältnismäßig lang eingezeichnet, obwohl sie in der Realität nicht länger ausfällt als die anderen Bindungen. Es musste eine neue Projektion entwickelt werden, die weiterhin die Anordnung der Substituenten an den asymmetrischen Kohlenstoffatomen eindeutig beschreibt, aber auch die Darstellung von Molekülen mit komplexem dreidimensionalem Aufbau, z. B. die von Molekülringen, ermöglicht. Eine derartige Methode entwickelte der britische Chemiker und Nobelpreisträger Walter Haworth.

In der Haworth-Projektion wird das Kohlenstoffgerüst als planarer Ring dargestellt, in dem das integrierte Sauerstoffatom hinten rechts sitzt (Abb. 5). Die Kohlenstoffatome werden von dort beginnend im Uhrzeigersinn nummeriert. Die Bindungspartner, die in der Fischer-Projektion links vom Kohlenstoffatom sitzen, werden nach oben gezeichnet, diejenigen, die rechts sitzen, nach unten. Auch hier hat sich eine einfache Eselsbrücke eingebürgert – die FLOH-Regel: **F**ischer **l**inks – **o**ben **H**aworth.

Wie die Haworth-Projektion aus der Fischer-Projektion entwickelt werden kann, erläutert die Methodenseite M 8, S. 101.

Die Haworth-Projektion erlaubt die einfache Darstellung ringförmiger Moleküle unter Berücksichtigung der Anordnung der Substituenten an asymmetrischen Kohlenstoffatomen.

# M 8 Von der Fischer- zur Haworth-Projektion

Auf der Methodenseite M 7, S. 97 wurde mit der Fischer-Projektion bereits eine Möglichkeit vorgestellt, den dreidimensionalen Aufbau eines Moleküls vereinfacht aufzuzeichnen. Für ringförmige Moleküle, wie Kohlenhydrate, ist diese Darstellung aber ungünstig, da sie zu einer unrealistischen Darstellung der Bindungslängen führt (→ S. 100).
Wie die besser geeignete Haworth-Projektion direkt aus der Fischer-Projektion entwickelt werden kann, wird am Beispiel der D-Glucopyranose aufgezeigt.

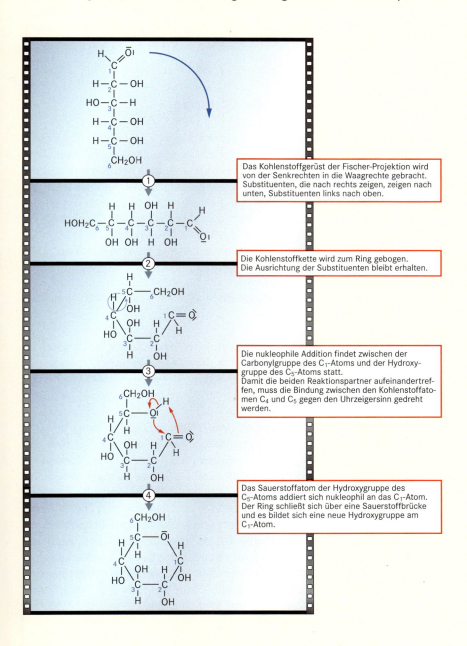

## 102 Kohlenhydrate und Stereoisomerie

**1** D-Glucose in der offenkettigen Form: Das $C_1$-Atom ist kein Chiralitätszentrum.

**2** D-Glucospyranose: In der α-Form zeigt die OH-Gruppe am $C_1$-Atom nach unten, in der β-Form nach oben.

## 5.5 Mutarotation der Glucose

**Ein neues Chiralitätszentrum.** Betrachten wir die offenkettige Form (Abb. 1) und die Ringform (Abb. 2) der Glucose genauer, fällt auf, dass sich das Kohlenstoffatom $C_1$ wesentlich verändert hat. Nach dem Ringschluss besitzt es vier unterschiedliche Substituenten und ist somit ein asymmetrisches Kohlenstoffatom. Es sollten also wieder zwei verschiedene Isomere existieren, die sich ausschließlich in der räumlichen Anordnung der Hydroxygruppe am $C_1$-Atom unterscheiden.

Das neue Chiralitätszentrum nennt man *anomeres Kohlenstoffatom*. Die Hydroxygruppe an diesem Kohlenstoffatom kann in der Haworth-Projektion nach unten (α-Glucose) oder nach oben (β-Glucose) orientiert sein, wodurch zwei verschiedene Isomere entstehen (Abb. 2). Man nennt diese beiden Isomere *Anomere*.

Ist die Hydroxygruppe am anomeren Kohlenstoffatom eines Glucosemoleküls in der Haworth-Projektion nach unten orientiert, spricht man von α-Glucose, ist sie nach oben orientiert, von β-Glucose. Die beiden Isomere nennt man Anomere.

**Zucker in Lösung.** Stellt man eine frische α-Glucoselösung her und untersucht sie mit einem Polarimeter, misst man einen Drehwinkel von +112°. Bestimmt man den Drehwinkel kontinuierlich über einen längeren Zeitraum, stellt man fest, dass der Betrag geringer wird, bis er einen Wert von +53° erreicht hat. Man nennt diesen Effekt *Mutarotation* (lat. mutare = verändern). Gewinnt man anschließend den Zucker durch Eindampfen aus der Lösung wieder zurück, handelt es sich nach wie vor um Glucose. Dieser Effekt tritt auf, da in einer wässrigen Lösung die Ringe der Glucosemoleküle jederzeit aufgespalten und wieder neu geknüpft werden können. Nach kurzer Zeit stellt sich so ein Gleichgewicht aus α-Form, offenkettiger Form und β-Form ein (→ M 9, S. 103). Da die drei Formen unterschiedlich stabil sind, liegen sie in unterschiedlichen Konzentrationen vor (Tab. 1).

| Form | Konzentration in Prozent |
|---|---|
| offenkettige Form | 0,1 % |
| α-Glucose | 36,0 % |
| β-Glucose | 63,9 % |

**Tab. 1** Konzentrationen der verschiedenen Formen in einer wässrigen Glucoselösung nach Einstellung des Gleichgewichts

Frische Glucoselösung verändert ihren Drehwert, bis sie einen konstanten Wert von +53° erreicht. Man nennt diesen Effekt Mutarotation.

### Aufgaben

**1** Der Drehwinkel der α-Glucose beträgt +112°. Recherchieren Sie den Drehwinkel der β-Glucose und erklären Sie, warum der Winkel im Gleichgewicht +53° beträgt.

**2** Begründen Sie, warum die α-Form der Glucose in deutlich geringerer Konzentration in einer wässrigen Lösung vorliegt als die β-Form.

## M9 Die Mutarotation: Mechanismus der Gleichgewichtseinstellung

Glucose kann in einer wässrigen Lösung in drei verschiedenen Formen vorliegen: offenkettig, als α-Glucose oder als β-Glucose. In wässriger Lösung werden die Ringformen immer wieder aufgetrennt und bilden sich anschließend neu, wodurch ein Gleichgewichtszustand eintritt. Folgende Reaktionen liegen diesem Gleichgewicht zugrunde:

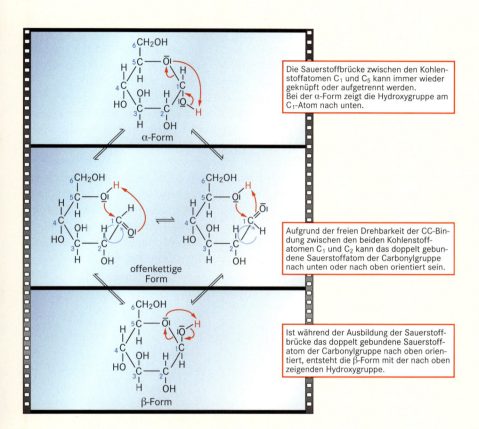

Die Sauerstoffbrücke zwischen den Kohlenstoffatomen $C_1$ und $C_5$ kann immer wieder geknüpft oder aufgetrennt werden. Bei der α-Form zeigt die Hydroxygruppe am $C_1$-Atom nach unten.

Aufgrund der freien Drehbarkeit der CC-Bindung zwischen den beiden Kohlenstoffatomen $C_1$ und $C_2$ kann das doppelt gebundene Sauerstoffatom der Carbonylgruppe nach unten oder nach oben orientiert sein.

Ist während der Ausbildung der Sauerstoffbrücke das doppelt gebundene Sauerstoffatom der Carbonylgruppe nach oben orientiert, entsteht die β-Form mit der nach oben zeigenden Hydroxygruppe.

**104**  Kohlenhydrate und Stereoisomerie

**1** Glucose und Fructose im Vergleich: Das Fructosemolekül enthält eine Ketogruppe.

### Info

Das Furanmolekül besteht aus einem Fünfring aus vier Kohlenstoffatomen und einem Sauerstoffatom:

**2** Die fünf Formen der Fructose in wässriger Lösung

## 5.6 Die Fructose

**Kaum Gemeinsamkeiten mit der Glucose.** Ein weiterer wichtiger Zucker, der vor allem in Früchten oder auch in Honig vorkommt, ist die *Fructose*, auch Fruchtzucker genannt.

Obwohl die Fructose die gleiche Summenformel $C_6H_{12}O_6$ hat wie die Glucose, zeigt sie doch aus physikalischer wie aus chemischer Sicht sehr unterschiedliche Eigenschaften. So hat sie eine deutlich niedrigere Schmelztemperatur (Fructose: 100 °C; Glucose: 146 °C) und in etwa die dreifache Süßkraft von Glucose.

Der Unterschied im Aufbau der beiden Moleküle besteht in der Lage der Carbonylgruppe (Abb. 1). Sie sitzt bei der Fructose am $C_2$-Atom; es handelt sich also nicht um einen Aldehyd, sondern um ein Keton.

**Die Furanosestruktur.** Auch die Fructose bildet in wässriger Lösung eine Sauerstoffbrücke aus und liegt dann als Ring vor. Neben dem schon von der Glucose bekannten Sechsring (Pyranosestruktur) tritt bei der Fructose auch ein Fünfring auf. Man bezeichnet diese Form nach dem Molekül Furan (s. Info) als *Furanosestruktur*. Die beiden Ringe entstehen analog durch eine nukleophile Addition zwischen der Carbonylgruppe und der Hydroxygruppe des $C_6$-Atoms (Fructopyranose) bzw. $C_5$-Atoms (Fructofuranose). In beiden Fällen wird das Kohlenstoffatom $C_2$ durch die Additionsreaktion zu einem Chiralitätszentrum, weshalb jeweils eine α- und eine β-Form der Fructose entstehen kann (Abb. 2).

Fructose kann sowohl einen Sechsring (Pyranosestruktur) als auch einen Fünfring (Furanosestruktur) ausbilden.

α-D-Fructose (Pyranosestruktur)

β-D-Fructose (Pyranosestruktur)

offenkettige Form

α-D-Fructose (Furanosestruktur)

β-D-Fructose (Furanosestruktur)

**Aldehyde und Ketone.** Um Aldehyde nachzuweisen, führt man Farbreaktionen durch, bei denen die Aldehydgruppe zu einer Carboxygruppe oxidiert wird:

$$R-\overset{+I}{C}HO + 2\,OH^- \longrightarrow R-\overset{+III}{C}OOH + H_2O + 2e^-$$

Die Nachweisreagenzien werden dabei jeweils reduziert und verändern dadurch ihre Farbe. Bei der *Fehlingprobe* bildet sich aus einer tiefblauen Kupfer(II)-Verbindung ein roter Niederschlag von Kupfer(I)-oxid (Abb. 3):

$$2\,Cu^{2+} + 2\,OH^- + 2\,e^- \longrightarrow Cu_2O + H_2O$$

Bei der *Silberspiegelprobe* wird Silbernitrat in ammoniakalischer Lösung zu Silber reduziert; es entsteht eine glänzende Silberschicht (Abb. 4):

$$Ag^+ + e^- \longrightarrow Ag$$

Führt man diese Nachweisreaktionen mit Fructose durch, verlaufen sie positiv, obwohl in der Fructose keine Aldehydgruppe vorliegt. Zu erklären ist dies nur mit einer Umwandelbarkeit des Ketons in einen Aldehyd.

**Die Keto-Enol-Tautomerie.** Durch basische Katalyse kann ein Proton am C$_1$-Atom abgespalten werden, zwischen dem C$_1$- und dem C$_2$-Atom bildet sich dann eine Doppelbindung. Das abgespaltene Proton kann nun an das Sauerstoffatom der Carbonylgruppe binden (Enolform):

**3** Mit der Fehlingprobe können Aldehydgruppen nachgewiesen werden. Die tiefblaue Kupfer(II)-Verbindung (links) wird dabei zu rötlichem Kupfer(I)-oxid (rechts) reduziert.

**4** Mit der Silberspiegelprobe können Aldehydgruppen nachgewiesen werden. Silber(I)-nitrat wird dabei zu elementarem Silber reduziert, welches sich als Silberspiegel auf der Oberfläche des Reaktionsgefäßes niederschlägt.

Die gebildete Enolform ist nicht sehr stabil. Eine Hydroxygruppe kann wieder deprotoniert und so eine Carbonylgruppe zurückgebildet werden. Wird das Proton der Hydroxygruppe am C$_2$-Atom abgespalten und an die Doppelbindung addiert, bildet sich wieder die Fructose zurück. Wird aber das Proton der Hydroxygruppe am C$_1$-Atom abgespalten, bildet sich die Carbonylgruppe am C$_1$-Atom. Es entsteht ein Aldehyd – die Glucose:

Da alle beteiligten Reaktionen Gleichgewichtsreaktionen sind, stellt sich im Lauf der Zeit ein Gleichgewicht zwischen der Ketoform (Fructose) und der Aldehydform (Glucose) ein, man spricht von *Keto-Enol-Tautomerie*.

*In basischen Lösungen kann das Keton Fructose über eine Keto-Enol-Tautomerie in den Aldehyd Glucose umgewandelt werden.*

## 5.7 Vom Monosaccharid zum Disaccharid

**Die Maltose.** Ein wichtiger Schritt des Bierbrauens ist das sogenannte Maischen. Geschrotetes Malz wird in riesigen Bottichen mit Wasser vermischt und erwärmt (Abb. 1). Durch den Abbau von Stärke wird dabei Zucker freigesetzt, den man Malzzucker oder *Maltose* nennt. Er ist in vielen Eigenschaften der Glucose sehr ähnlich. Es handelt sich um einen weißen, kristallinen Feststoff, der sehr süß schmeckt und sich gut in Wasser lösen lässt. Betrachtet man allerdings die molaren Massen oder die Summenformeln, stellt man fest, dass sich die Maltose von der Glucose stark unterscheidet (Tab. 1).

1 In der Maische wird Stärke zu Maltose abgebaut.

**Aus zwei Bausteinen zusammengesetzt.** Es fällt auf, dass die beteiligten Atome in einem Maltosemolekül etwa doppelt so oft vorkommen wie in einem Glucosemolekül und das Maltosemolekül deshalb auch fast die doppelte molare Masse besitzt. Die fehlenden Atome und die Differenz bei der molaren Masse entsprechen jeweils einem Wassermolekül. Dies legt den Schluss nahe, dass zwei Glucosemoleküle unter Wasserabspaltung, also einer Kondensationsreaktion, zu einem Maltosemolekül reagiert haben.

|  | molare Masse | Summenformel |
|---|---|---|
| Glucose | 180 g/mol | $C_6H_{12}O_6$ |
| Maltose | 342 g/mol | $C_{12}H_{22}O_{11}$ |

Tab. 1 Vergleich Glucose – Maltose

**Die glykosidische Bindung.** Bei der Verknüpfung reagieren zwei Hydroxygruppen (eine am anomeren C-Atom) miteinander und bilden eine Sauerstoffbrücke aus, die die beiden Zuckerbausteine miteinander verbindet (Abb. 2). Man nennt eine derartige Bindung zwischen zwei Zuckermolekülen *glykosidische Bindung*. Aus dem Monosaccharid Glucose ist das *Disaccharid* Maltose entstanden. Da die Bindung zwischen einem $C_4$-Atom und einem $C_1$-Atom, dessen Hydroxygruppe in der α-Form vorliegt, geknüpft wurde, bezeichnet man sie als α-1,4-glykosidische Bindung.

Maltose ist ein Disaccharid, das durch eine Kondensationsreaktion zwischen zwei Glucosemolekülen entstanden ist. Diese sind über eine glykosidische Bindung miteinander verbunden.

**Positive Fehling-Probe.** Führt man mit der Maltose die Fehling- oder die Silberspiegelprobe durch, fällt sie positiv aus. Wie bei der Glucose wird auch bei der Maltose einer der beiden Ringe durch Mutarotation immer wieder geöffnet und neu geknüpft; im Gleichgewicht liegen daher auch Moleküle in der offenkettigen Form mit einer freien Aldehydgruppe vor.

### Aufgabe

1 Überlegen Sie, welcher Ring der Maltose (Abb. 2) an der Mutarotation beteiligt ist und begründen Sie Ihre Entscheidung.

2 Zwei Glucosemoleküle kondensieren zu einem Maltosemolekül.

α-Glucose + Glucose → Maltose (α-1,4-glykosidisch verknüpft) + $H_2O$

Kohlenhydrate und Stereoisomerie **107**

**3** Gerste, Hopfen und Hefe sind die Rohstoffe, aus denen Bier hergestellt wird.

★**Bierbrauen.** Die wichtigsten Rohstoffe beim Bierbrauen sind Getreide, Hopfen, Wasser und Hefe (Abb. 3). Im ersten Schritt, dem *Mälzen*, werden die Getreidekörner zum Keimen gebracht (Abb. 4). Das gebildete Malz wird anschließend getrocknet, geschrotet, also zerkleinert und in heißes Wasser gegeben. Bei diesem Vorgang werden Maltose und verschiedene Aminosäuren aus dem Malz freigesetzt; es entsteht die sogenannte Maische (Abb. 1). In der Maische wird Stärke (→ S. 110) durch Enzyme zu Maltose abgebaut; Maltose lässt sich im Gegensatz zu Stärke vergären.

Anschließend wird die Maische geläutert, d. h. das Malz wird abgetrennt und es verbleibt die sogenannte *Bierwürze*. Diese wird in großen Kesseln aus Edelstahl oder Kupfer (Abb. 5) mit Hopfen gekocht und nach dem Abkühlen mit Hefe versetzt. In der nun einsetzenden Gärung entsteht Alkohol.

Das so gebildete Jungbier wird vor dem Abfüllen (Abb. 6) noch gelagert und filtriert, um die Hefe und andere Schwebstoffe abzutrennen. Die eigentliche Kunst des Bierbrauens besteht in den kleinen Abwandlungen der Vorgehensweise. So entsteht eine Vielfalt an Produkten, die sich allesamt im Geschmack unterscheiden.

### Info

Im Jahr 1516 erließ Herzog Wilhelm IV das sogenannte „Bayerische Reinheitsgebot". Es hatte sich nämlich eingebürgert, dass die Brauer verschiedenste Zutaten testeten, um dem Bier spezielle Eigenschaften zu verleihen. Herzog Wilhelm legte deshalb generell fest, dass „zu keinem Bier mehr Stücke als Gersten, Hopfen und Wasser verwendet und gebraucht werden sollen." Dies sollte auch gewährleisten, dass die wertvollen Getreidesorten Weizen und Roggen ausschließlich zur Nahrungsmittelproduktion verwendet wurden. Nach heutigem Gesetz sind nicht nur andere Getreidearten, sondern auch eine Vielzahl an Zusatzstoffen erlaubt.

**4** Das Mälzen ist der erste Schritt beim Bierbrauen.

**5** In den Kupferkesseln wird das Bier mit Hopfen gekocht.

**6** Vor der Abfüllung wird das Bier zunächst noch gelagert und filtriert.

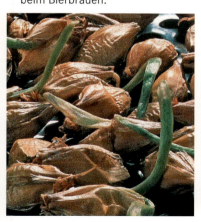

**108** Kohlenhydrate und Stereoisomerie

| Disaccharid | beteiligte Monosaccharide | | Verknüpfungsstellen |
|---|---|---|---|
| Maltose | $\alpha$-Glucose | Glucose | 1 und 4 |
| Cellobiose | $\beta$-Glucose | Glucose | 1 und 4 |
| Trehalose | $\alpha$-Glucose | $\alpha$-Glucose | 1 und 1 |
| Saccharose | $\alpha$-Glucose | $\beta$-Fructose | 1 und 2 |
| Isomaltulose | $\alpha$-Glucose | Fructose | 1 und 6 |

**Tab. 1** Ausgewählte Disaccharide, beteiligte Monosaccharide und Verknüpfungsstellen

## 5.8 Wichtige Disaccharide

### Aufgabe

1 Im Trehalosemolekül sind zwei Glucosemoleküle $\alpha$-1,1-glykosidisch verbunden (Tab. 1). Zeichnen Sie ein Trehalosemolekül in der Haworth-Projektion.

### Info

Im Unterschied zur Maltose kann die Cellobiose vom menschlichen Körper nicht verdaut werden, während Maltose ein wichtiger Energielieferant ist. Cellobiose kann generell von Tieren nur dann verwertet werden, wenn sie von Bakterienkulturen im Darm aufbereitet wird, wie dies bei Wiederkäuern der Fall ist.

**Vielfalt der Disaccharide.** Bei der Bildung des Disaccharids Maltose werden zwei Glucosemoleküle $\alpha$-1,4-glykosidisch verbunden ($\rightarrow$ S. 106). Durch die Verknüpfung der Monosaccharide an anderen Stellen und durch die Kombination unterschiedlicher Monosaccharide miteinander ergibt sich eine Vielzahl weiterer Möglichkeiten. Tabelle 1 zeigt eine Auswahl an Disacchariden, die durch die Kombination der beiden Monosaccharide Glucose und Fructose entstehen.

**Die Cellobiose.** Die Wände pflanzlicher Zellen bestehen zum größten Teil aus einem Makromolekül, der Cellulose (früher auch Zellulose, $\rightarrow$ S. 112). Durch Säuren oder Laugen kann man dieses Makromolekül in Disaccharide zerlegen, die man *Cellobiose* nennt.

Das Cellobiosemolekül besteht wie das Maltosemolekül aus zwei Glucosemolekülen; diese sind ebenfalls zwischen dem $C_1$-Atom des einen Moleküls und dem $C_4$-Atom des zweiten Moleküls verknüpft (Abb. 1). Der Unterschied ist die Orientierung der Hydroxygruppe am $C_1$-Atom des linken Glucosemoleküls: Im Gegensatz zur Maltose befindet sie sich in $\beta$-Position, sie zeigt also in der Haworth-Projektion nach oben. Die Verknüpfung wird deshalb $\beta$-1,4-glykosidisch genannt.

Da bei einem der beiden beteiligten Glucosemoleküle das $C_1$-Atom nicht an der glykosidischen Bindung beteiligt ist, kann dieser Ring geöffnet werden; die Cellobiose zeigt deshalb eine positive Fehling- oder Silberspiegelprobe.

1 Zwei Glucosemoleküle kondensieren zu einem Cellobiosemolekül (das rechte Glucosemolekül wurde vertikal um 180° um die eigene Achse gedreht).

β-Glucose    Glucose    Cellobiose (β-1,4-glykosidisch verknüpft)

Kohlenhydrate und Stereoisomerie 109

**Die Saccharose.** Weil Zucker nicht nur süß ist und damit gut schmeckt, sondern auch für die Ernährung der Menschheit sehr wichtig ist, haben Landwirte schon immer versucht, Pflanzen anzubauen, die besonders zuckerhaltig sind. Auch heute werden weltweit Zuckerrüben, Zuckerrohr oder Zuckerhirse angebaut (Abb. 2). Aus diesen drei Pflanzen wird hauptsächlich eine Zuckerart gewonnen, die *Saccharose* – unser „normaler" Haushaltszucker.

Saccharose ist ein Disaccharid, bestehend aus den beiden Einfachzuckern α-Glucose und β-Fructose. Die Verknüpfung findet dabei über das $C_1$-Atom der Glucose und das $C_2$-Atom der Fructose statt (Abb. 3). Man nennt sie deshalb eine α-1,2-glykosidische Bindung.

Da in diesem Fall jeweils das Atom, das ursprünglich die Carbonylgruppe besessen hat, an der Ausbildung der glykosidischen Bindung beteiligt ist, kann bei der Saccharose keiner der beiden Ringe geöffnet werden. Fehling- und Silberspiegelprobe verlaufen deshalb negativ.

*Disaccharide können sich in ihrer Zusammensetzung und der Art der Verknüpfung unterscheiden. Diese Unterschiede wirken sich besonders auf ihre biologische Wirksamkeit aus.*

★**Zuckerproduktion aus Zuckerrüben.** Zunächst werden die gereinigten Zuckerrüben zerkleinert und die Schnitzel in 70 °C heißes Wasser gegeben. In diesem Brühtrog löst sich die Saccharose aus den Rüben; es entsteht der *Rohsaft*. Diesem werden nun Kalk und Kohlenstoffdioxid zugesetzt, wodurch die Nichtzuckerbestandteile ausgefällt werden und zu Boden sinken. Oben bleibt eine klare Zuckerlösung, der *Dünnsaft*.

In mehreren Durchgängen wird dieser Dünnsaft durch Eindampfen eingedickt, bis ein brauner *Dicksaft* mit sehr hoher Zuckerkonzentration entsteht. Durch Kochen des Dicksafts bilden sich goldgelbe Kristalle, die durch mehrfaches Spülen mit Wasser und anschließendes Zentrifugieren gereinigt werden. Nach der Reinigung sind die Kristalle weiß, man nennt sie *Raffinade*. Die zähflüssigen Reste des Dicksafts (Melasse) werden zur Alkoholproduktion oder als Futterzusatz in der Landwirtschaft eingesetzt.

**2** Viele Kulturpflanzen enthalten Zucker, oben: Zuckerrüben, Mitte: Zuckerrohr, unten: Zuckerhirse.

**3** Ein α-Glucosemolekül und ein β-Fructosemolekül kondensieren zu einem Saccharosemolekül (das Fructosemolekül wurde horizontal um 180° um die eigene Achse gedreht).

α-Glucose + β-Fructose → Saccharose (α-1,2-glykosidisch verknüpft) + $H_2O$

**1** Ausschnitt aus einem Stärkemolekül: Die Glucosemoleküle sind $\alpha$-1,4-glykosidisch verknüpft.

## 5.9 Ein Polysaccharid: Stärke

**Die Polykondensation.** Zwei Monosaccharide bilden durch eine Kondensationsreaktion ein Disaccharid. Da der entstehende Zweifachzucker aber ebenfalls endständige Hydroxygruppen besitzt, können auch an diese Enden weitere Monosaccharidmoleküle gebunden werden. So entstehen schließlich große Makromoleküle, die *Polysaccharide*. Die zugrunde liegende Reaktion bezeichnet man entsprechend als *Polykondensation*.

**2** Stärkekörnchen unter dem Mikroskop

**Stärke – ein Speicherstoff.** Während der Fotosynthese fixieren Pflanzen die Energie des Sonnenlichts in Glucosemolekülen, deren chemische Energie später wieder abgerufen werden kann. Damit der Wasserhaushalt der Pflanzen durch die hohen Konzentrationen an Glucose nicht gestört wird, werden Glucosemoleküle durch Polykondensationsreaktionen zu makromolekularen Stärkeketten (Abb. 1) verknüpft, die unproblematisch gespeichert werden können. Beim Betrachten des Makromoleküls fällt auf, dass ausschließlich $\alpha$-Glucosemoleküle miteinander verknüpft sind. In den pflanzlichen Zellen befinden sich diese Makromoleküle größtenteils in kleinen Stärkekörnchen (Abb. 2), die als Energiespeicher dienen.

Stärke besteht aus $\alpha$-Glucosemolekülen, die durch Polykondensationsreaktionen miteinander zu langkettigen Makromolekülen verknüpft wurden.

**Die zwei Bestandteile der Stärke.** Versucht man Stärke in Wasser zu lösen, stellt man fest, dass sie das Wasser zwar aufnimmt und quillt, aber nicht gelöst werden kann. Erst beim Erhitzen des Wassers löst sich ein geringer Teil, während der Großteil ungelöst bleibt. Dies lässt nach dem Struktur-Eigenschafts-Konzept den Schluss zu, dass Stärke aus zwei Bestandteilen besteht, die sich in ihrem Aufbau unterscheiden.

**Die Amylose.** Der geringere Anteil der Stärke (ca. 20 %), der sich beim Erwärmen in Wasser löst, ist die sogenannte *Amylose*. Sie besteht aus einfachen, über das $C_1$- und das $C_4$-Atom verknüpften $\alpha$-Glucoseketten mit bis zu 500 Untereinheiten (Abb. 1). Aufgrund zahlreicher Wasserstoffbrücken, die zwischen den einzelnen Bausteinen bestehen, bilden die Makromoleküle eine spiralige Raumstruktur aus, bei der sechs Glucosebausteine jeweils eine Windung ergeben.

**Aufgabe**

**1** Finden Sie heraus, welches Disaccharid sich als Baustein in den Amyloseketten findet.

Diese Raumstruktur erklärt nicht nur das starke Quellen von Stärke, sondern auch den spezifischen Stärkenachweis durch Iod, der zu einer Blaufärbung führt. In die Hohlräume der Stärkespiralen können während der Quellung Wassermoleküle bzw. während der Nachweisreaktion Iodmoleküle eingelagert werden (Abb. 3).

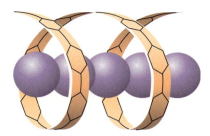

**Das Amylopektin.** Der unlösliche Bestandteil, der etwa 80 % der Stärke ausmacht, besteht ebenfalls aus α-Glucosebestandteilen, die über die $C_1$- und $C_4$-Atome miteinander verknüpft sind. Bei diesen Makromolekülen gibt es aber noch zusätzliche Querverbindungen zwischen den Strängen (Abb. 4). Diese Bindungen befinden sich jeweils zwischen einem $C_1$- und einem $C_6$-Atom. Aufgrund dieser veränderten Molekülstruktur kann Amylopektin keine gleichmäßige Spiralstruktur ausbilden, sondern liegt in meist unregelmäßigen Knäueln vor. Ein Amylopektinmolekül kann aus bis zu 10 000 Glucosebausteinen bestehen, jeweils nach 20 bis 25 Einheiten liegt wieder eine Querverbindung vor.

**3** In die Hohlräume der spiralförmigen Amylosemoleküle können sich Iodmoleküle einlagern. Diese bilden mit Iodionen Polyiodidketten.

Stärke besteht aus der spiralförmigen Amylose, die für die Quellung und den Iod-Stärke-Nachweis verantwortlich ist, und dem Amylopektin, das mehrere querverbundene Molekülketten besitzt.

**Pudding, Soßen und Gebäck.** In der Küche kann Stärke vielfältig eingesetzt werden, insbesondere, wenn etwas verdickt oder verfestigt werden soll. In Puddingpulver oder Soßenbinder ist beispielsweise Maisstärke enthalten, die dazu führt, dass der Pudding fest und die Soße dickflüssiger wird, ohne dass der Geschmack dabei verändert wird. Beim Kochen wird ein Teil der Wasserstoffbrücken gelöst, wodurch vermehrt Hohlräume entstehen, in die sich andere Moleküle einlagern können. Beim Abkühlen bilden sich neue Wasserstoffbrücken, die zu einem Gel führen, in das diese Moleküle „eingeklemmt" sind. Je nach Menge der benutzten Stärke kann eine dickflüssige Soße oder ein fester Pudding entstehen. Auch die Konsistenz von Gebäck beruht zum Teil auf dem Verfestigen von Stärke zu sogenanntem Stärkeleim während des Backens.

**Aufgabe**

**2** Um Soßen dicker zu machen, kann man auch Mehlschwitze verwenden. Beschreiben Sie, was man darunter versteht, und erklären Sie, warum gerade Mehl notwendig ist.

**4** Bei Amylopektin sind die Molekülketten zusätzlich untereinander verknüpft: Ausschnitt aus einem Amylopektinmolekül mit Verzweigungsstelle.

**1** Die Samenhaare der Baumwollpflanze enthalten besonders viel Cellulose.

**2** Die Cellulosefasern von Zellwänden sind aus einer Vielzahl einzelner Fibrillen zusammengesetzt.

**3** β-Glucosemoleküle kondensieren zum Cellulosemolekül (jedes zweite Glucosemolekül wurde horizontal um 180° um die eigene Achse gedreht).

## 5.10 Ein Polysaccharid: Cellulose

**Ein weiteres Polysaccharid.** Untersucht man Pflanzen auf ihre Inhaltsstoffe, erhält man neben Amylose und Amylopektin noch ein weiteres Polysaccharid: die *Cellulose*. Die höchsten Cellulosekonzentrationen findet man in den Samenhaaren der Baumwollpflanzen (Abb. 1). Diese sind aus bis zu 90 % Cellulose aufgebaut und dienen der weiten Verbreitung der Samen durch den Wind. Aber auch in allen anderen Pflanzen, wie Bäumen, Sträuchern oder Gräsern, ist der Stoff in großen Mengen enthalten; insbesondere die stabilen Zellwände bestehen aus dem Polysaccharid.

**Der Baustein Glucose.** Der molekulare Aufbau der Cellulose zeigt uns, dass wieder die Glucose der Grundbaustein des Polysaccharids ist. Wie bei der Stärke sind die Bausteine über glykosidische Bindungen miteinander verknüpft. In der Cellulose befinden sich aber nur β-Glucosemoleküle, die miteinander verbunden sind (Abb. 3).
Die entstehenden Makromoleküle, die aus bis zu 20 000 Bausteinen bestehen, haben keine Spiralform, sondern eine lineare Struktur, die man als Fibrillen bezeichnet. Viele dieser Fibrillen lagern sich zusammen und verdrillen sich ineinander (Abb. 2). Aufgrund dieser kompakten Struktur zeigen Cellulosefasern spezielle Eigenschaften wie Stabilität und Reißfestigkeit.

Cellulose besteht aus β-Glucosemolekülen, die durch eine Polykondensationsreaktion verknüpft wurden. Viele dieser linearen Fibrillen lagern sich zusammen und bilden eine Cellulosefaser.

**Cellulose sorgt für Stabilität.** Cellulose ist die chemische Verbindung, die am häufigsten in Lebewesen anzutreffen ist. Sie ist in hohen Konzentrationen in die Zellwände der Pflanzen eingebaut, insbesondere, wenn die Zellen starker mechanischer Beanspruchung ausgesetzt sind. Die zu Beginn angesprochenen Samenhaare der Baumwollpflanze müssen den Transport der Samen über weite Strecken garantieren und deshalb einen stabilen Bau aufweisen.

**Die wirtschaftliche Bedeutung der Cellulose.** Auch in den Produkten des Alltags treffen wir häufig auf Cellulose, wenn auch in ganz unterschiedlichen Erscheinungsformen. Papier, Cellophanfolie und Viskosefasern scheinen äußerlich betrachtet keine Gemeinsamkeiten zu haben. Ihr molekularer Aufbau ist aber sehr ähnlich; ihr Hauptbestandteil ist jeweils Cellulose.

Cellulose ist nicht nur die häufigste Verbindung aller lebenden Organismen, sondern auch ein wichtiger Grundstoff der chemischen Industrie.

★ **Holz als Grundstoff der Papierherstellung.** Auch wenn die ursprüngliche Papierherstellung, die in China entwickelt wurde, auf den Rohstoff Baumwolle ausgelegt war (Abb. 4), hat sich aufgrund des enormen Papierbedarfs die Industrie heute weitgehend auf Holz als Ausgangsstoff spezialisiert. Dessen Cellulosegehalt liegt mit knapp 50 % deutlich niedriger als der der Baumwolle, die Gewinnung ist vor allem in Europa aber wesentlich einfacher.

Um verwertbares Papier produzieren zu können, müssen die anderen im Holz enthaltenen Substanzen entfernt werden. Diese werden nach einem Aufschlussverfahren mit Wasser ausgewaschen. Die wasserunlösliche Cellulose bleibt zurück. Die Rückstände, die nicht ausgewaschen werden können, würden das Papier braun färben und müssen deshalb gebleicht werden. Dies geschah lange Zeit mit Chlor bzw. Chlorverbindungen, was aber zu einer Anreicherung der giftigen Verbindungen in Gewässern geführt hat. Heute wird deshalb meist mit weniger problematischen Verbindungen, wie Sauerstoff oder Wasserstoffperoxid, gebleicht.

Der so erhaltene weiße Zellstoff wird mit Wasser zu einem Brei verrührt. Je nach qualitativem Anspruch werden noch Zusatzstoffe, wie Farbstoffe oder Leimungsstoffe, beigefügt. Anschließend wird der Brei in die gewünschte Form gebracht und getrocknet (Abb. 5).

★ **Das Verpackungsmaterial Cellophan.** Auch die knisternde Verpackung von Lebkuchen oder Süßigkeiten (Abb. 6) besteht häufig aus Cellulose. Man nennt sie Cellophan (früher auch Zellglas). Die Gewinnung der Cellulose aus Holz verläuft ähnlich der bei der Papierherstellung. Durch eine weitere chemische Behandlung des Grundstoffes entsteht eine durchsichtige, knisternde Folie. Cellophan ist einer der wenigen Kunststoffe, die ausschließlich aus nachwachsenden Rohstoffen produziert werden können. Aufgrund der relativ hohen Produktionskosten wird es aber von neuartigen Kunststoffen immer mehr verdrängt.

4 In China wurde bereits vor 2000 Jahren Papier hergestellt.

5 Moderne Papiermaschinen können Papierbahnen von bis zu 60 km Länge erzeugen.

6 Viele Lebensmittel werden mit Cellophanfolie verpackt.

## Aufgaben

1 Finden Sie heraus, welches Disaccharid sich als Baustein in den Celluloseketten findet.
2 Erklären Sie, warum die für Stärke spezifische Iodprobe bei Cellulose nicht funktioniert, obwohl beide Polysaccharide aus den gleichen Monosacchariden aufgebaut sind.
3 Recherchieren Sie, welche Funktion Leimungsstoffe in der Papierindustrie erfüllen.

# Auf einen Blick

### Definition
- enthalten Kohlenstoffatom mit vier verschiedenen Substituenten
- die vier Substituenten können unterschiedlich ausgerichtet sein
- Beispiel: Milchsäure

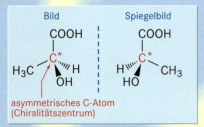

### Fischer-Projektion
- Darstellung dreidimensionaler Moleküle in der Ebene
- Beispiel: Milchsäure

L-Milchsäure    D-Milchsäure

## Chirale Verbindungen

### Eigenschaften
- sind optisch aktiv
- optische Aktivität = Fähigkeit, die Schwingungsebene von polarisiertem Licht zu drehen
- Winkel, um den die Ebene gedreht wird = Drehwinkel
- Messung mit Polarimeter

### Stereoisomere
- Verbindungen mit gleicher Struktur, aber unterschiedlicher räumlicher Anordnung

#### Enantiomere
- verhalten sich wie Bild und Spiegelbild
- Beispiel:

(+)-Weinsäure    (−)-Weinsäure

#### Diastereomere
- verhalten sich nicht wie Bild und Spiegelbild
- Beispiel:

(+)-Weinsäure    meso-Weinsäure

## Auf einen Blick 115

### Monosaccharide
- Polyhydroxycarbonylverbindungen
- durch nukleophile Addition Bildung einer Ringform
- Mutarotation zwischen α- und β-Form

### Haworth-Projektion
- Darstellung ringförmiger Moleküle durch planaren Ring
- Substituenten, die in der Fischer-Projektion links stehen, sind oben

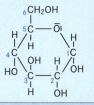
Glucose

## Kohlenhydrate

### Glucose
- Traubenzucker
- Produkt der Fotosynthese
- enthält Aldehydgruppe
- bildet Sechsring (Pyranosestruktur)

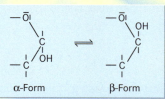

### Fructose
- Fruchtzucker
- kommt in Früchten vor
- enthält Ketogruppe
- bildet Sechsring (Pyranosestruktur) und Fünfring (Furanosestruktur)

**Keto-Enol-Tautomerie**
Glucose und Fructose können in Lösung ineinander umgewandelt werden

### Polysaccharide
- viele Monosaccharide kondensieren zu langen Ketten

#### Stärke
- pflanzlicher Speicherstoff
- Amylose: spiralförmige Makromoleküle aus α-Glucosemolekülen
- Amylopektin: zusätzliche Verzweigung zwischen $C_1$- und $C_6$-Atom

#### Cellulose
- pflanzlicher Baustoff
- lineare Makromoleküle aus β-Glucosemolekülen

Amylose

### Disaccharide
- zwei Monosaccharide kondensieren
- Vielfalt ergibt sich durch Variation der Monosaccharide, der Verknüpfungsstellen und der Orientierung der Verknüpfung
- wichtige Disaccharide: Maltose, Cellobiose, Saccharose

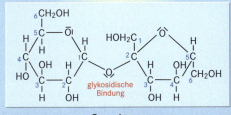
Saccharose

# Knobelecke

**1** Fertigen Sie die Strukturformeln aller Enantiomere der folgenden Verbindungen an und markieren Sie jeweils die Chiralitätszentren.

a)
```
      CH₂OH
       |
      C=O
       |
   H—C—OH
       |
      CH₂OH
```

b)
```
       H   O|
        \\ //
         C
         |
     H—C—OH
         |
    HO—C—H
         |
    HO—C—H
         |
     H—C—OH
         |
         C
        // \
      HO   O|
```

**2** Erstellen Sie jeweils die Haworth-Projektionsformel folgender Moleküle:

a) Pyranoseform:
```
       H   O|
        \\ //
         C
         |
    HO—C—H
         |
    HO—C—H
         |
     H—C—OH
         |
     H—C—OH
         |
        CH₃
```

b) Furanose- und Pyranoseform:
```
       H   O|
        \\ //
         C
         |
    HO—C—H
         |
     H—C—OH
         |
     H—C—OH
         |
     H—C—OH
         |
        CH₂OH
```

**3** Bei der Hydrolyse eines Mols eines Fettes unbekannter Struktur, das als Reinstoff vorliegt, entstehen zwei Mol Palmitinsäure, ein Mol Ölsäure und ein Mol Glycerin. Das Fett ist optisch aktiv. Formulieren Sie die Strukturformel des Triacylglycerins und begründen Sie dessen Chiralität.

**4** Der Milchzucker Lactose ist ein Disaccharid aus den beiden Bausteinen β-Galactose (in der Pyranoseform) und β-Glucose. Skizzieren Sie die vollständige Strukturformel des Disaccharids.

```
       H   O|
        \\ //
         C
         |
     H—C—OH
         |
    HO—C—H
         |
    HO—C—H
         |
     H—C—OH
         |
        CH₂OH
```
Galactose

**5** Das Enzym Amylase tritt in fast allen Lebewesen auf und ist in der Lage, Polysaccharidketten in Disaccharide zu spalten. Während das Enzym Stärke ausgesprochen schnell zerlegt, wird Cellulose von dem Enzym nicht angegriffen. Entwickeln Sie eine Hypothese, die diese Beobachtung begründet.

**6** Der Panzer von Insekten (Abb. 1) besteht ebenfalls aus einem Polysaccharid, dem Chitin. Es ähnelt in seinem Aufbau sehr der Cellulose, die Hydroxygruppe am $C_2$-Atom ist aber durch eine größere funktionelle Gruppe ersetzt:

Ausschnitt aus einem Chitinmolekül

Erklären Sie, warum Chitin viel härter und stabiler ist als Cellulose.

**1** Hauptbestandteil von Insektenpanzern (hier: Goldlaufkäfer) ist Chitin.

# Knobelecke

**7** Für Sportler ist die Ernährung vor und während eines Wettkampfes von besonderer Bedeutung. So ist häufig zu beobachten, dass ein Tennisspieler in der Pause zwischen zwei Spielen eine Banane isst, die Radrennfahrer der Tour de France nehmen am Abend zwischen zwei Etappen unglaubliche Mengen an Nudeln zu sich. Man sieht auch immer wieder, dass Marathonläufer auf den letzten Kilometern ein Gel aufnehmen, das ihnen genügend Energie für den Schlussspurt geben soll.
Um herauszufinden, was diese Sportler mit der jeweiligen Form der Nahrungsaufnahme beabsichtigen, sehen wir uns die Inhaltsstoffe genauer an (Tab. 1 bis Tab. 3)

a) Geben Sie den prozentualen Anteil von Monosacchariden, Disacchariden und Polysacchariden in den unterschiedlichen Nahrungsmitteln an.

b) Erläutern Sie, warum die Sportler unterschiedlicher Sportarten häufig auf diese drei Nahrungsmittel zurückgreifen.

c) Bei falscher Ernährung während eines Langstreckenwettkampfes (z. B. Marathon oder Triathlon) kann es zu einem „Hungerast" kommen. Recherchieren Sie, was man unter diesem Begriff versteht. Erklären Sie, wie ein Hungerast zustande kommt und welche Auswirkungen er auf den Athleten hat.

d) Bei der Verdauung werden Di- und Polysaccharide in ihre Bausteine zerlegt. Berechnen Sie die Stoffmengen der Monosaccharide von jeweils 100 g der drei angesprochenen Nahrungsmittel, wenn alle Kohlenhydrate in Monosaccharide zerlegt worden sind.

*Tipps:*
- Näherungswert für die molare Masse aller Disaccharide: 350 g/mol
- Die Stärke soll als Makromolekül der Formel $(C_6H_{10}O_5)_n$ mit n = 5000 für 5000 Monosaccharid-Bausteine angenommen werden.

**Tab. 1** Inhaltsstoffe einer Banane (100 g)

| | |
|---|---|
| Glucose (Traubenzucker) | 3800 mg |
| Fructose (Fruchtzucker) | 3600 mg |
| andere Monosaccharide | 7400 mg |
| Saccharose | 11 000 mg |
| andere Disaccharide | 11 000 mg |
| Stärke | 3000 mg |

**Tab. 2** Inhaltsstoffe einer Portion Nudeln (200 g)

| | |
|---|---|
| Glucose (Traubenzucker) | 135 mg |
| Fructose (Fruchtzucker) | 135 mg |
| andere Monosaccharide | 270 mg |
| Saccharose | 450 mg |
| andere Disaccharide | 450 mg |
| Stärke | 135 000 mg |

**Tab. 3** Inhaltsstoffe eines Energieriegels (40 g)

| | |
|---|---|
| Glucose (Traubenzucker) | 6000 mg |
| Fructose (Fruchtzucker) | 6000 mg |
| andere Monosaccharide | 0 mg |
| Saccharose | 0 mg |
| andere Disaccharide | 20 000 mg |
| Stärke | 0 mg |

**118 Fit fürs Seminar**

**m (X):** **Masse eines Stoffes X**
(Einheit: g)

**V (X):** **Volumen eines Stoffes X**
(Einheit: $cm^3$ oder l)

**c (X):** **Konzentration eines Stoffes X**
(Einheit: mol/l)

**n (X):** **Stoffmenge eines Stoffes X**
(Einheit: mol)
ist proportional zur Teilchenzahl in einer Stoffportion

**M (X):** **molare Masse eines Stoffes X**
(Einheit: g/mol)
wird berechnet durch Addition der atomaren Massen der in einem Molekül enthaltenen Atome

**$V_m$:** **molares Volumen**
(Einheit: l/mol)
ist für alle Gase gleich; bei Normbedingungen 22,4 l/mol

**1** Wichtige Größen

$$m (X) = n (X) \cdot M (X)$$
$$n (X) = c (X) \cdot V (X)$$
$$V (X) = n (X) \cdot V_m$$

**2** Wichtige Formeln

# Rechnen in der Chemie

**Die Praxis der Chemie.** Zum Bestätigen naturwissenschaftlicher Thesen ist eine praktische Überprüfung in einem Experiment unerlässlich. Bei fast allen Ansätzen sind die Konzentrationen der eingesetzten Verbindungen von wesentlicher Bedeutung, um ein aussagekräftiges Ergebnis zu erhalten. Häufig sind die benötigten Stoffe aber nicht in der gewünschten Konzentration verfügbar oder die Angaben sind auf andere Größen bezogen und müssen deshalb umgerechnet werden.

**Stoffmenge und Masse.** Zu Beginn des Kapitels wird die Bestimmung des Drehwerts einer chiralen Substanz mittels eines Polarimeters beschrieben. Die Drehwerte, die in der Literatur zu finden sind, sind meist genormt und beziehen sich auf eine Probe, bei der 1 g der Probensubstanz in 100 ml Lösungsmittel gelöst sind. In der Praxis werden aber oft Konzentrationen oder Stoffmengen angegeben. Diese kann man einfach durch Umrechnen erhalten.

*Gegeben:* $\quad m (C_6H_{12}O_6) = 1$ g; $\quad V$ (Lösung) $= 100$ ml $= 0,1$ l
*Gesucht:* $\quad n (C_6H_{12}O_6)$; $\quad c (C_6H_{12}O_6)$

$\Rightarrow$ Umrechnen von Massen in Stoffmengen: $\quad m (X) = n (X) \cdot M (X)$
$\quad m (C_6H_{12}O_6) = n (C_6H_{12}O_6) \cdot M (C_6H_{12}O_6)$
$\quad M (C_6H_{12}O_6) = 6 \cdot M(C) + 12 \cdot M(H) + 6 \cdot M(O) =$
$\qquad\qquad\qquad = 6 \cdot 12$ g/mol $+ 12 \cdot 1$ g/mol $+ 6 \cdot 16$ g/mol $=$
$\qquad\qquad\qquad = 180$ g/mol

$\quad n (C_6H_{12}O_6) = \dfrac{m (C_6H_{12}O_6)}{M (C_6H_{12}O_6)} = \dfrac{1 \text{ g}}{180 \text{ g/mol}} = 5,56 \cdot 10^{-3}$ mol

$\Rightarrow$ Umrechnen von Stoffmengen in Konzentrationen: $\quad n (X) = c (X) \cdot V (X)$

$\quad c (C_6H_{12}O_6) = \dfrac{n (C_6H_{12}O_6)}{V \text{ (Lösung)}} = \dfrac{5,56 \cdot 10^{-3} \text{ mol}}{0,1 \text{ l}} =$
$\qquad\qquad\qquad = 55,56 \cdot 10^{-3}$ mol/l

**Stoffmenge und Volumen.** Wird der Stoff während einer Reaktion umgesetzt, ist natürlich auch die Menge des entstehenden Stoffes von Interesse. Wird dieser Stoff als Gas frei, wird eine weitere Formel benötigt. Als Beispiel dient die Umsetzung der Glucose während der Zellatmung unter Freisetzung von Kohlenstoffdioxid:

$$C_6H_{12}O_6 + 6\,O_2 \longrightarrow 6\,CO_2 + 6\,H_2O$$

*Gegeben:* $\quad n (C_6H_{12}O_6) = 5,56 \cdot 10^{-3}$ mol
*Gesucht:* $\quad V (CO_2)$

$\Rightarrow$ Umrechnen von Stoffmengen in Volumina: $\quad V (X) = n (X) \cdot V_m$
$\quad n (CO_2) = 6 \cdot n (C_6H_{12}O_6) = 6 \cdot 5,56 \cdot 10^{-3}$ mol $=$
$\qquad\qquad = 33,33 \cdot 10^{-3}$ mol
$\quad V (CO_2) = n (CO_2) \cdot V_M = 33,33 \cdot 10^{-3}$ mol $\cdot 22,4$ l/mol $=$
$\qquad\qquad = 1,49 \cdot 10^{-3}$ l $= 1,49$ ml

# 6 Aminosäuren und Proteine

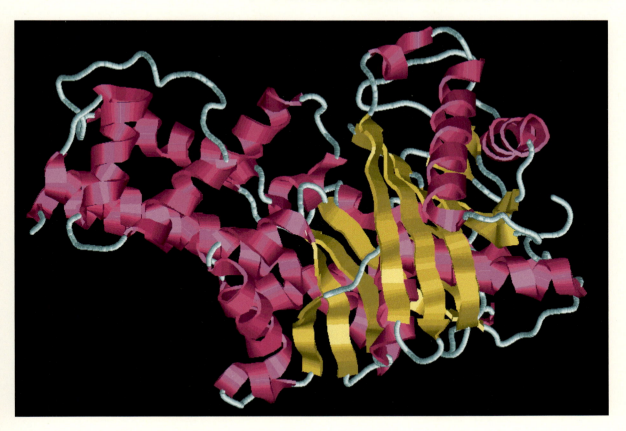

Proteine zeigen einen *komplexen, dreidimensionalen Bau*, der sich aus der Abfolge der Aminosäuren ergibt, aus denen sie aufgebaut sind.
Die *molekulare Struktur* eines Proteins und seine *Funktion* hängen eng zusammen. Durch ihre enorme Variabilität treffen wir Proteine in allen Bereichen der Biologie an, wo sie als *Bestandteile aller Lebewesen* wichtige Aufgaben übernehmen.

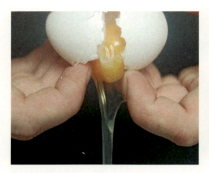

1 Hühnereiweiß besteht zu großen Teilen aus Proteinen.

2 Hauptbestandteile von Muskeln sind Proteine.

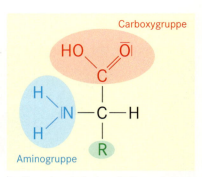

3 Charakteristischer Aufbau einer α-Aminosäure

## 6.1 Aminosäuren – Bausteine der Proteine

**Bauprinzip der Aminosäuren.** Es erscheint bei dem Vergleich von rohem, flüssigem Hühnereiweiß und dem kontrahierten, harten Oberarmmuskel eines Bodybuilders unmöglich, dass beide aus dem gleichen oder auch nur einem ähnlichen Material bestehen sollen (Abb. 1, 2). Trotzdem wissen wir, dass sie zu großen Teilen aus *Proteinen* bestehen.

Zerlegt man die Proteinmoleküle, erhält man kleinere Einheiten mit charakteristischem Bau, die Aminosäuren. Die Grundstruktur der Aminosäuren ist aus dem letzten Jahr bekannt: An einem Kohlenstoffatom sitzen jeweils eine Aminogruppe (–NH$_2$) und eine Carboxygruppe (–COOH). Daher kommt auch ihr Name *Aminocarbonsäuren* oder kurz *Aminosäuren* (Abb. 3).

Sitzt die Aminogruppe am ersten Kohlenstoffatom neben der Carboxygruppe (dem sogenannten α-Kohlenstoffatom), wird das Molekül als α-Aminosäure bezeichnet, sitzt sie am nächsten Kohlenstoffatom (β-Kohlenstoffatom) als β-Aminosäure, usw. In Proteinen treten ausschließlich α-Aminosäuren auf.

Die beiden übrigen Bindungen am α-Kohlenstoffatom werden stets durch ein Wasserstoffatom und einen variablen Rest R besetzt.

Alle α-Aminosäuren besitzen ein Kohlenstoffatom, an das eine Aminogruppe, eine Carboxygruppe, ein Wasserstoffatom und ein variabler Rest gebunden sind.

**Der Rest macht den Unterschied.** Die einfachste Aminosäure ist die 2-Aminoethansäure (Glycin), bei der der Rest R nur aus einem Wasserstoffatom besteht. Bei allen anderen Aminosäuren sind die Reste größer; sie können Kohlenstoff-, Stickstoff-, Schwefel-, Sauerstoff- und Wasserstoffatome enthalten (Abb. 4).

Im menschlichen Körper finden wir 20 verschiedene α-Aminosäuren. Unser Körper ist – genau wie bei den Fettsäuren – nicht in der Lage, alle notwendigen Aminosäuren selbst herzustellen. Diese sogenannten *essenziellen Aminosäuren*, von denen es acht gibt, müssen über die Nahrung aufgenommen werden.

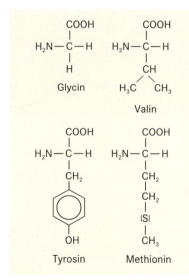

4 Beispiele für Aminosäuren

**Info**
Für den Menschen sind folgende Aminosäuren essenziell: Isoleucin, Leucin, Lysin, Methionin, Phenylalanin, Threonin, Tryptophan, Valin.

Aminosäuren und Proteine  **121**

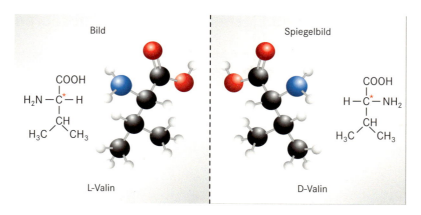

**5** Die zwei Enantiomere der Aminosäure Valin verhalten sich wie Bild und Spiegelbild.

**Chiralität bei Aminosäuren.** Bei allen Aminosäuren mit Ausnahme von Glycin ist das α-Kohlenstoffatom ein Chiralitätszentrum (→ S. 96), da es vier verschiedene Substituenten besitzt. Es existieren deshalb von jeder Aminosäure zwei spiegelbildliche Enantiomere.
Diese werden, wie die Kohlenhydrate, meist in der Fischer-Projektionsformel dargestellt; auch die bei den Zuckern gebräuchliche D/L-Nomenklatur findet hier wieder Anwendung (Abb. 5): Das Molekül wird so ausgerichtet, dass das Kohlenstoffatom mit der größten Oxidationszahl, also die Carboxygruppe, nach oben zeigt. Bei den Kohlenhydraten wird nun die Kohlenstoffkette nach unten gezeichnet. Bei den Aminosäuren tritt an diese Stelle der Rest, der stets nach unten ausgerichtet wird. Ausschlaggebend ist nun die Position der Aminogruppe. Sitzt sie links, handelt es sich um eine L-Aminosäure, zeigt sie nach rechts, spricht man von einer D-Aminosäure. In der Natur sind überwiegend L-Aminosäuren zu finden.

In den Proteinen lebender Organismen treten ausschließlich α-L-Aminosäuren auf. In der Fischer-Projektion dieser Aminosäuren zeigt die Aminogruppe daher nach links.

★ **Die Namen der Aminosäuren.** Alle in der Natur vorkommenden Aminosäuren besitzen Trivialnamen, unter denen sie in der Wissenschaft bekannt sind. Diese Namen erhielten die meisten Aminosäuren schon bei ihrer Entdeckung.
1806 beispielsweise isolierten die beiden französischen Chemiker Louis Nicolas Vauquelin und Pierre Jean Robiquet die erste Aminosäure aus Spargelpflanzen (lat. Spargel = asparagus). Sie nannten die Substanz deshalb Asparagin. Der deutsche Chemiker Justus von Liebig (Abb. 6) gewann 1846 eine Aminosäure aus Käse, die er Tyrosin (griech. tyros = Käse) nannte. Arginin erhielt seinen Namen vom lateinischen Ausdruck argentum für Silber, da es mit Silber schwerlösliche Salze bildet, und die Aminosäuren Glutamin und Glutaminsäure wurden aus Klebstoffen gewonnen, die aus Weizenkörnern hergestellt worden waren (lat. gluten = Klebstoff).

**Aufgaben**
**1** Zeichnen Sie für die Beispiele aus Abb. 4 die Strukturformeln der zugehörigen β-Aminosäuren.
**2** Benennen Sie die Aminosäure Valin (Abb. 4) nach der IUPAC-Nomenklatur.
**3** Zeichnen Sie die Fischer-Projektion der Aminosäure Serin (2-Amino-3-hydroxypropansäure).

**6** Justus von Liebig (1803–1873) gewann aus Käse die Aminosäure Tyrosin.

**122** Aminosäuren und Proteine

## 6.2 Struktur und Eigenschaften der Aminosäuren

**Aufgaben**

1 Auch bei den Kohlenhydraten haben Sie bereits eine intramolekulare Reaktion kennengelernt. Formulieren Sie die Strukturformelgleichung dazu.

2 Nennen Sie weitere Ampholyte.

**Säure-Base-Eigenschaften von Aminosäuren.** Da in einer Aminosäure ein Protonenakzeptor (Aminogruppe) und ein Protonendonator (Carboxygruppe) vorliegen, kann durch eine intramolekulare Donator-Akzeptor-Reaktion ein *Zwitterion* entstehen:

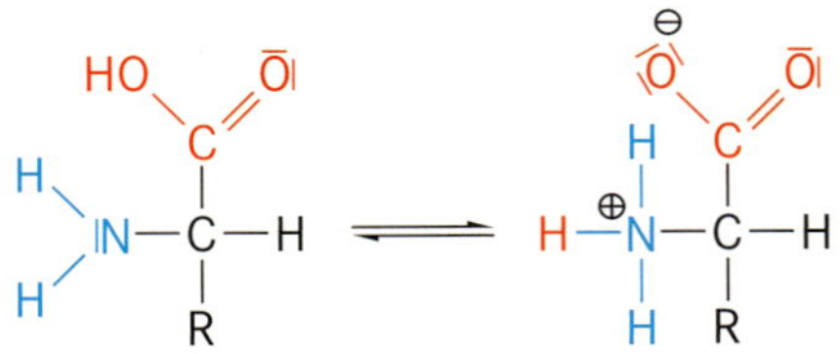

Aminosäuren liegen sowohl in Lösung als auch im Feststoff überwiegend als Zwitterionen vor. Diese Form bestimmt daher die physikalischen und chemischen Eigenschaften der Aminosäuren wesentlich (Struktur-Eigenschafts-Konzept).

Das Zwitterion besitzt nun mit der Carboxylatgruppe einen Protonenakzeptor und mit der Ammoniumgruppe einen Protonendonator. In wässriger Lösung kann es als Base, aber auch als Säure reagieren; es ist also ein *Ampholyt*:

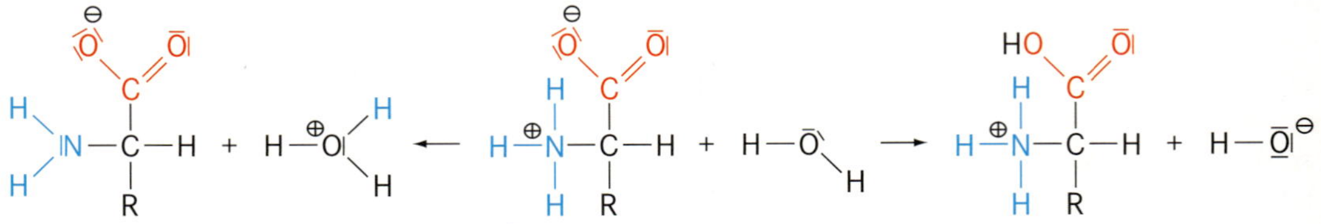

Aminosäuren liegen als Zwitterionen vor. Sie können als Säuren und als Basen reagieren und sind deshalb Ampholyte.

**Tab. 1** Schmelztemperaturen ausgewählter Aminosäuren

| Aminosäure | Schmelztemperatur (meist Zersetzung) |
|---|---|
| Alanin | 297 °C |
| Asparaginsäure | 251 °C |
| Cystein | 220 °C |
| Glycin | 233 °C |
| Lysin | 224 °C |
| Tryptophan | 290 °C |
| Valin | 300 °C |

**Die Schmelztemperatur.** Auch in reiner Form liegen Aminosäuren als Zwitterionen vor. Sie sind daher Feststoffe mit hohen Schmelztemperaturen. Meist zersetzen sie sich, bevor sie in den flüssigen Zustand übergehen (Tab. 1).

Dies ist durch die starken Anziehungskräfte zu erklären, die die Zwitterionen aufeinander ausüben. Zum Aufbrechen dieser Ion-Ion-Anziehungskräfte muss so viel Energie aufgewendet werden, dass dabei bereits Atombindungen in den Aminosäuremolekülen zerstört werden. Für viele Aminosäuren gibt es deshalb keinen flüssigen Zustand.

**Die Löslichkeit von Aminosäuren.** Die Ladungen des Zwitterions verursachen einen stark polaren Charakter; deshalb sind alle Aminosäuren wasserlöslich. Der Einfluss der ionischen Gruppen auf die Löslichkeit nimmt ab, je größer und unpolarer der variable Rest ist.

Aminosäuren und Proteine **123**

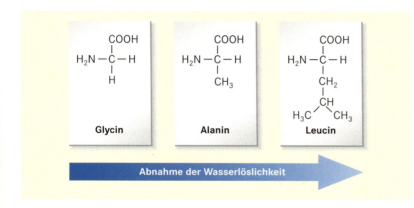

**1** Abnahme der Wasserlöslichkeit verschiedener Aminosäuren

Daher sind Aminosäuren mit einem großen unpolaren Rest, wie Leucin, in polaren Lösungsmitteln schlechter löslich als Glycin oder Alanin (Abb. 1).

Der stark polare Charakter der Zwitterionenstruktur bestimmt die physikalischen Eigenschaften der Aminosäuren: Sie haben hohe Schmelztemperaturen und lösen sich meist gut in polaren Lösungsmitteln, wie Wasser.

**Aminosäuren und Salze zeigen ähnliche Eigenschaften.** Bei der Betrachtung der Eigenschaften der Aminosäuren fällt auf, dass sie denen der Salze sehr ähnlich sind, obwohl sie sich vom Aufbau her stark unterscheiden. Salze, die aus einzelnen, meist kleinen Ionen aufgebaut sind, haben auf den ersten Blick mit den teilweise sehr großen Molekülen der Aminosäuren wenig gemeinsam. Ausschlaggebend ist aber die Tatsache, dass beide Stoffe aus Ionen bestehen. Diese Gemeinsamkeit ihrer Struktur führt zu einer starken Ähnlichkeit der Eigenschaften.

**2** Das Glutamation

★ **Glutamat – Aminosäure mit Geschmack.** Das Natriumsalz der Glutaminsäure – Natriumglutamat – wird vielen Lebensmitteln als Geschmacksverstärker zugesetzt. Es macht insbesondere Fleischgerichte herzhafter und verleiht ihnen einen intensiveren Geschmack. Manche Wissenschaftler sind der Meinung, dass es nicht nur den bestehenden Geschmack verstärken kann, sondern als eigene Geschmacksrichtung angesehen werden muss. In der asiatischen Küche ist diese Geschmacksrichtung schon lange als *umami* (japanisch umami = Wohlgeschmack) bekannt.
Da man davon ausgeht, dass Glutamat in zu hohen Konzentrationen gesundheitsschädigend sein kann (z. B. allergische Reaktionen, Einfluss auf Neuronen), muss der Zusatz von Geschmacksverstärkern in Lebensmitteln deklariert werden. So zeigt zum Beispiel der Vermerk E 621 bei den Inhaltsstoffen von Kartoffelchips Natriumglutamat an.

**3** Zahlreichen Lebensmitteln wird Glutamat als Geschmacksverstärker zugesetzt.

124 Aminosäuren und Proteine

## 6.3 Elektrophorese

**Mal sauer – mal basisch.** Alle Aminosäuren sind Ampholyte (→ S. 122), sie können also als Säuren oder als Basen reagieren. Welchen pH-Wert die wässrige Lösung einer Aminosäure hat, hängt vom jeweiligen variablen Rest ab. Er beeinflusst zum einen die Reaktivität der Carboxy- bzw. der Aminogruppe; von noch wesentlicherer Bedeutung ist er aber, wenn er selbst eine weitere saure oder basische Gruppe enthält.

Asparaginsäure zum Beispiel besitzt noch eine zweite Carboxygruppe, die in wässriger Lösung ebenfalls als Säure reagieren kann und damit den pH-Wert senkt (Abb. 1a). Der gegenteilige Effekt zeigt sich beim Lysin, das eine weitere Aminogruppe beinhaltet: Diese kann in wässriger Lösung als Base reagieren und hebt so den pH-Wert an (Abb. 1b).

**Der isoelektrische Punkt.** Gibt man zu einer wässrigen Aminosäurelösung in ausreichendem Maße Säure zu, so wird die Carboxylatgruppe protoniert, gibt man genügend Lauge zu, wird durch Deprotonierung die Aminogruppe wiederhergestellt. So kann je nach pH-Wert jede Aminosäure als Kation, Zwitterion oder Anion vorliegen:

1 Lackmus zeigt den pH-Wert verschiedener Aminosäurelösungen an: Wässrige Asparaginsäurelösung ist sauer (a), Lysinlösung basisch (b).

Bei unterschiedlichen pH-Werten sind demnach die Konzentrationen von Kation, Zwitterion und Anion unterschiedlich. Von besonderer Bedeutung ist der pH-Wert, bei dem nahezu ausschließlich die Zwitterionenform vorliegt. Dieser pH-Wert – *der isoelektrische Punkt (IEP)* – ist abhängig vom jeweiligen Rest und damit charakteristisch für jede Aminosäure (Abb. 2).

2 Die isoelektrischen Punkte ausgewählter Aminosäuren

Der isoelektrische Punkt (IEP) ist der pH-Wert, bei dem eine Aminosäure nahezu ausschließlich als Zwitterion vorliegt.

Da die Umwandlungen von Kation, Zwitterion und Anion jeweils durch Gleichgewichtsreaktionen verlaufen, sind auch am isoelektrischen Punkt noch geringe Konzentrationen der positiv bzw. negativ geladenen Form vorhanden. Diese sind aber gleich groß und verschwindend gering.

**Die Trennung eines Aminosäuregemisches.** Den isoelektrischen Punkt macht man sich in einem Trennverfahren zunutze, der *Elektrophorese*. Ein Gemisch aus Aminosäuren wird auf einem gelartigen Trägermaterial aufgetragen, an das eine Gleichspannung angelegt wird (Abb. 3). Alle Kationen wandern nun zum Minuspol, alle Anionen zum Pluspol, während sich ungeladene Teilchen nicht von der Stelle bewegen. Kleinere Teilchen wandern außerdem schneller auf dem Gel als große Teilchen.

Aminosäuren und Proteine **125**

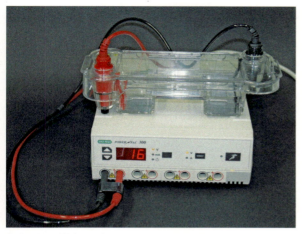

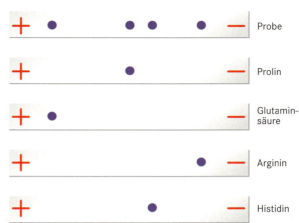

**3** In einer Elektrophorese-Apparatur können Aminosäuregemische getrennt werden.

**4** Durch Vergleichsproben können die Bestandteile eines Aminosäuregemisches identifiziert werden.

Nach der Versuchsdurchführung können die Aminosäuren auf dem Gel durch das Besprühen mit dem Nachweisreagenz Ninhydrin sichtbar gemacht werden (→ S. 127). Je nach Größe und Ladung befinden sie sich an unterschiedlichen Stellen.

**Analyse der getrennten Stoffe.** Aufgrund der unterschiedlichen Geschwindigkeit, mit der sich die einzelnen Aminosäuren auf dem Gel bewegen, kann man sie nicht nur trennen, sondern sogar identifizieren. Lässt man beispielsweise reine Aminosäurelösungen parallel zum zu untersuchenden Gemisch laufen, kann man die entstehenden Banden anhand der Vergleichsproben zuordnen (Abb. 4). Hält man die Bedingungen, insbesondere pH-Wert und Spannung, konstant, kann man die einmal bestimmten Laufstrecken für weitere Versuche verwenden.

Elektrophorese ist ein Trennverfahren, bei dem durch Anlegen einer Gleichspannung Aminosäuren aufgrund ihrer unterschiedlichen Ladung und Größe getrennt werden können.

### Info
Die Entwicklung von effektiven Elektrophorese-Apparaturen geht zurück auf den schwedischen Chemiker Arne Tiselius (Abb. 5). Er verbesserte die seinerzeit noch sehr einfache Technologie und erreichte damit eine Trennung der Serumproteine des menschlichen Bluts. Für diese Arbeiten wurde er 1948 mit dem Nobelpreis für Chemie ausgezeichnet.

**5** Arne Tiselius (1902–1971)

### Aufgaben
**1** Die drei Aminosäuren Alanin, Lysin und Asparaginsäure werden durch Elektrophorese bei einem pH-Wert von 6 getrennt. Welches Ergebnis erwarten Sie? Skizzieren Sie, wo sich die Aminosäuren auf der Gelplatte relativ zueinander befinden.

**2** Die beiden Aminosäuren Alanin und Lysin sollen durch Elektrophorese getrennt werden. Geben Sie an, welche pH-Bereiche für eine Trennung geeignet sind und begründen Sie Ihre Antwort.

# 6.4 Verknüpfung von Aminosäuren

**Die Peptidbindung.** In einem Protein sind viele Aminosäuren miteinander verknüpft. Durch eine Kondensationsreaktion, bei der jeweils ein Molekül Wasser freigesetzt wird, entsteht zwischen zwei Aminosäuren eine *Peptidbindung,* die charakteristisch für Proteine ist.

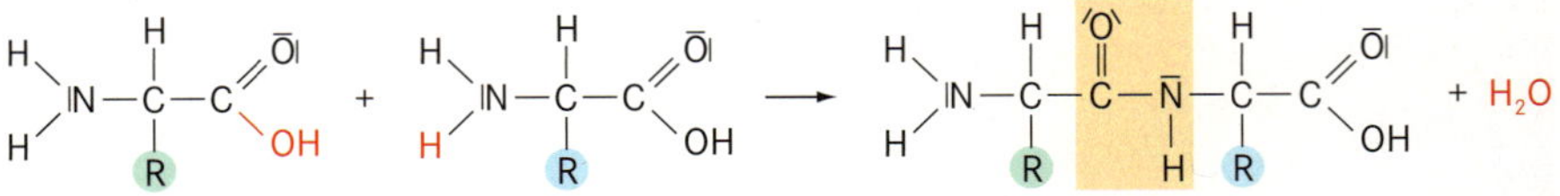

Peptidbindung

## Aufgabe

**1** Zeichnen Sie die möglichen Strukturformeln eines Dipeptids bestehend aus den Aminosäuren Valin (2-Amino-3-methylbutansäure) und Tyrosin (2-Amino-3-(4-hydroxyphenyl)-propansäure).

Da das entstehende Dipeptid wiederum endständig eine Amino- und eine Carboxygruppe besitzt, kann es mit weiteren Aminosäuren reagieren:

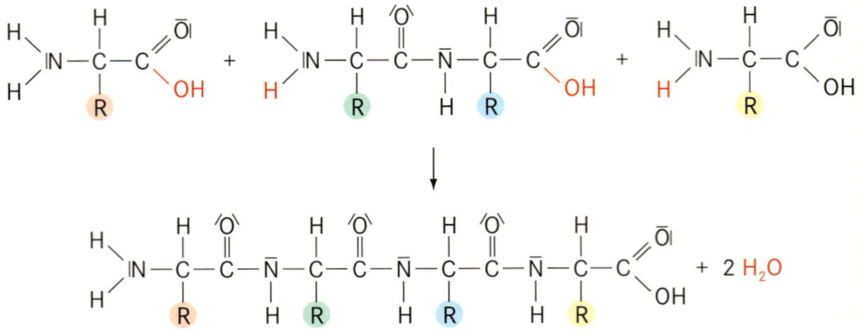

In einer *Polykondensationsreaktion* ($\rightarrow$ S. 56) entstehen so immer längere Ketten und schließlich Proteine.

Proteine bestehen aus einer Vielzahl von Aminosäuren, die über Peptidbindungen miteinander verknüpft sind. Dies geschieht durch eine Polykondensationsreaktion.

**Mesomerie bei Proteinen.** Einige Merkmale der Peptidbindung, die man aus Strukturanalysen gewinnen kann, sind schwer zu erklären. Man stellt fest, dass der Abstand zwischen dem Kohlenstoff- und dem Stickstoffatom kleiner ist als beispielsweise bei einem Amin. Außerdem ist die Bindung zwischen den beiden Atomen nicht frei beweglich, wie dies zu erwarten wäre. Betrachtet man die Strukturformel der Peptidbindung, stellt man fest, dass man durch „Umklappen" des freien Elektronenpaares am Stickstoffatom und eines Elektronenpaares der CO-Doppelbindung eine weitere mesomere Grenzstruktur erhält ($\rightarrow$ M 1, S. 18), die diese Beobachtungen erklärt (Abb. 1). Dies ist auch der Grund, warum Peptidbindungen außergewöhnlich stabil sind.

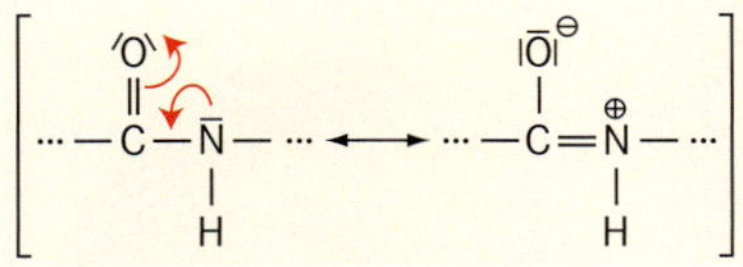

Peptidbindungen weisen keine freie Drehbarkeit auf. Alle beteiligten Atome befinden sich in einer Ebene.

**1** Mesomere Grenzstrukturen einer Peptidbindung

Aminosäuren und Proteine **127**

## 6.5 Nachweisreaktionen

Für Proteine gibt es verschiedene Nachweisreaktionen, die alle zur Bildung farbiger Produkte führen.

**Die Biuret-Reaktion.** Bei der Biuretreaktion werden der Probe in basischem Milieu $Cu^{2+}$-Ionen zugesetzt. In der Praxis werden dazu meist Natronlauge und Kupfer(II)-sulfatlösung benutzt. Die Kupferionen lagern sich dabei zwischen Peptidketten ein und erzeugen so eine Violettfärbung der Probe (Abb. 1).

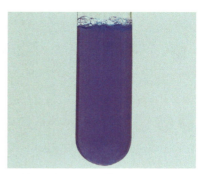

**1** Biuret-Reaktion: Eine proteinhaltige Lösung färbt sich nach Zugabe von Natronlauge und Kupfer(II)-sulfatlösung violett.

**Die Ninhydrin-Reaktion.** Ninhydrin wird nicht nur zum Nachweis von Proteinen, sondern auch für einzelne Aminosäuren verwendet (→ S. 125). Das Reagenz greift endständige Aminogruppen der Polypeptidketten an, beim Erwärmen färbt sich die Probe blau-violett (Abb. 2). Da die Nachweisreaktion sehr bereitwillig abläuft, reichen bereits wenige endständige Aminogruppen in einem Proteinmolekül aus, um einen zuverlässigen Nachweis zu erhalten.

**Die Xanthoprotein-Reaktion.** Auch durch Zugabe von konzentrierter Salpetersäure lassen sich Proteine nachweisen. Bei dieser Reaktion – man nennt sie Xanthoprotein-Reaktion (griech. xanthos = gelb) – werden die aromatischen Reste der Aminosäuren Tyrosin, Tryptophan und Phenylalanin nitriert.
Die Nitrogruppen sind Elektronenakzeptoren; sie erweitern das delokalisierte Elektronensystem und verändern so die Farbigkeit des Moleküls (→ S. 35): Die Probe wird gelb (Abb. 3). Da in allen Proteinen aromatische Aminosäuren enthalten sind, ist der Nachweis sehr zuverlässig.

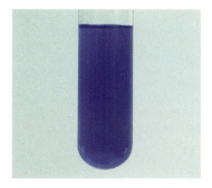

**2** Ninhydrin-Reaktion: Eine proteinhaltige Lösung färbt sich mit Ninhydrin blau-violett.

Phenylalanin + $2 H_3O^+$ + $2 NO_3^-$ ⟶ gelbes Produkt + $4 H_2O$

Proteine können durch Farbreaktionen nachgewiesen werden:
Biuret-Reaktion: Protein + NaOH + $CuSO_4$ ⇒ Probe violett
Ninhydrin-Reaktion: Protein + Ninhydrin ⇒ Probe blau-violett
Xanthoprotein-Reaktion: Protein + konz. $HNO_3$ ⇒ Probe gelb

**Aufgabe**
1 Zeichnen Sie die Strukturformel des entstehenden Produktes beim Nachweis des Dipeptids aus Aufgabe 1, S. 126 durch die Xanthoprotein-Reaktion.

**3** Xanthoprotein-Reaktion: Eine proteinhaltige Lösung färbt sich nach Zugabe von konzentrierter Salpetersäure gelb.

# 128 Aminosäuren und Proteine

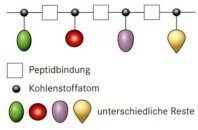

□ Peptidbindung
● Kohlenstoffatom
🟢🔴🟣🟡 unterschiedliche Reste

**1** Ausschnitt aus einem Proteinmolekül (Modell)

## 6.6 Die Strukturebenen der Proteine

**Primärstruktur – auf die Reihenfolge kommt es an.** Ein Protein kann seine Aufgabe nur dann erfüllen, wenn die Aminosäuren genau in der richtigen Reihenfolge aneinandergereiht sind. Da das Grundgerüst der Kette stets gleich ist, zeigt sich die korrekte Reihenfolge in der Abfolge der unterschiedlichen Reste (Abb. 1). Ist nur eine Aminosäure ausgetauscht, kann die Funktionsfähigkeit des Proteins beeinträchtigt oder sogar vollständig zerstört sein. Man nennt diese Reihenfolge *Aminosäuresequenz*, sie stellt die *Primärstruktur* eines Proteins dar.

Die Reihenfolge der Aminosäuren (Aminosäuresequenz) stellt die Primärstruktur eines Proteins dar.

**Sekundärstruktur – zwischenmolekulare Kräfte.** Wasserstoffbrücken treten in der Regel zwischen einzelnen Molekülen auf und führen so zu einer räumlichen Anordnung der Teilchen nebeneinander. Sind die Moleküle allerdings so groß wie ein Proteinmolekül, das aus Hunderten von Aminosäuremolekülen bestehen kann, können zwischenmolekulare Kräfte auch zwischen verschiedenen Regionen desselben Moleküls auftreten.
So bilden in Proteinmolekülen die NH- und CO-Gruppen verschiedener Peptidbindungen Wasserstoffbrücken aus (Abb. 2). Dies führt dazu, dass Proteinmoleküle keinen linearen Aufbau zeigen. Diese charakteristische räumliche Gestalt nennt man die *Sekundärstruktur*. Zwei Anordnungen findet man sehr häufig: Die Faltblattstruktur und die Helixstruktur.

Durch Wasserstoffbrücken zwischen den NH- und CO-Gruppen verschiedener Peptidbindungen erhält das Proteinmolekül eine Sekundärstruktur.

Bei der *Faltblattstruktur* ordnen sich zwei Regionen einer Aminosäurekette parallel zueinander an. Der Aminosäurestrang sieht aus wie ein Blatt Papier, das mehrfach gefaltet wurde. Diese Form kommt zustande, weil alle Peptidbindungen im Strang stets planar sind (→ S. 126). Zwischen zwei Peptidbindungen befindet sich ein Kohlenstoffatom, um das sich seine vier Bindungspartner tetraedrisch gruppieren (Abb. 3). Daher befinden sich die Reste immer abwechselnd über bzw. unter der „Papierebene".

### Info
Die Primärstruktur eines Proteins ist bei allen Lebewesen in der DNS festgeschrieben. Bei der Krankheit Muskelschwund wird durch die Mutation der DNS an nur einer Stelle die Primärstruktur eines Proteins verändert, das für den Aufbau von Muskelzellen mitverantwortlich ist, es funktioniert nicht mehr. Dies führt zu einem starken Muskelabbau, der lebensbedrohend sein kann.

**2** Zwischen NH- und CO-Gruppen verschiedener Peptidbindungen bilden sich Wasserstoffbrücken.

**3** Die Faltblattstruktur

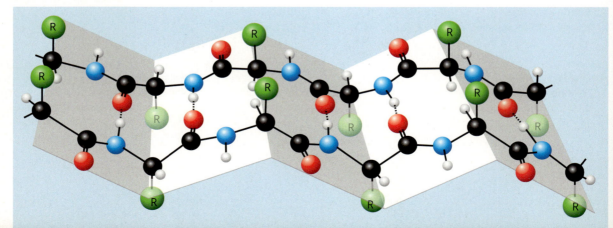

Aminosäuren und Proteine **129**

Bei der *Helixstruktur* werden die Wasserstoffbrücken nicht zwischen zwei weit auseinanderliegenden Regionen des Proteinstrangs ausgebildet, sondern die Aminosäurekette wird so eingedreht, dass eine Wasserstoffbrücke zur drittnächsten Peptidbindung ausgebildet werden kann (Abb. 4). Dadurch ergibt sich eine regelmäßige, geschraubte Struktur, bei der die Reste nach außen stehen.

Die häufigsten Sekundärstrukturen, die Proteine ausbilden, sind die Faltblatt- und die Helixstruktur.

**Tertiärstruktur – die Funktionsform eines Proteinmoleküls.** Abhängig von den Resten, die sich an einem Proteinstrang befinden, kommt es noch zu weiteren zwischenmolekularen Kräften. Diese führen unabhängig von den Sekundärstrukturen zu einer weiteren Verwindung des Proteins. Dadurch tritt ein charakteristisches äußeres Erscheinungsbild des Proteinmoleküls auf, das die Funktion des Proteins erst ermöglicht: die *Tertiärstruktur*. In Abbildung 5 ist neben der Tertiärstruktur in vielen Bereichen des Moleküls auch noch die Sekundärstruktur zu erkennen.
Die Tertiärstruktur kann durch verschiedene Kräfte hervorgerufen werden (Abb. 6):
– Disulfidbindungen (Atombindungen zwischen den Schwefelatomen zweier Cystein-Reste)
– Ionenbindungen
– Wasserstoffbrücken
– Dipol-Dipol-Wechselwirkungen
– Van-der-Waals-Kräfte

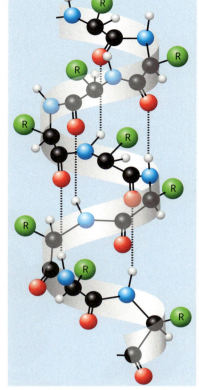

**4** Die Helixstruktur

**5** Dreidimensionale Tertiärstruktur des Enzyms Hexokinase, dargestellt ist ein Bändermodell („ribbon structure"): rot: α-Helices; gelb: β-Faltblätter; grau: Übergänge zwischen zwei Sekundärstrukturen

**6** Verschiedene Kräfte können zur Ausbildung einer Tertiärstruktur beitragen.

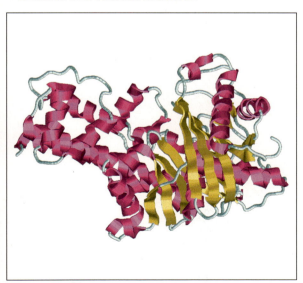
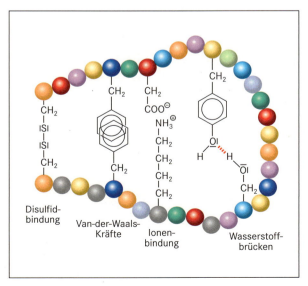

**Quartärstruktur – mehrere Moleküle bilden eine Einheit.** Bei vielen Proteinen, wie beispielsweise dem roten Blutfarbstoff Hämoglobin, bilden mehrere Proteinstränge eine funktionelle Einheit. Die einzelnen Proteinmoleküle werden durch die gleichen zwischenmolekularen Kräfte stabilisiert wie bei der Tertiärstruktur. Sie bilden die räumliche Gestalt aus, die für die Funktion des gesamten Proteins wichtig ist. Hämoglobin besteht beispielsweise aus vier verschiedenen Proteinmolekülen; die entstehende räumliche Struktur nennt man *Quartärstruktur* (Abb. 7).

Durch die Tertiär- und Quartärstrukturen erhalten Proteine ihren räumlichen Bau, der für ihre Funktion wichtig ist.

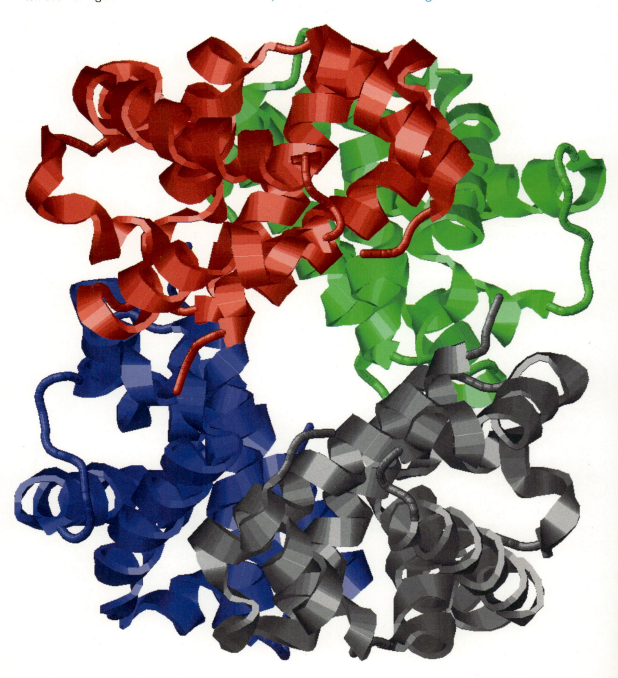

**7** Quartärstruktur des Hämoglobinmoleküls ohne eisenhaltige Porphyrinringe, dargestellt ist ein Bändermodell („ribbon structure"). Die unterschiedlichen Farben kennzeichnen die vier Untereinheiten des Hämoglobinmoleküls.

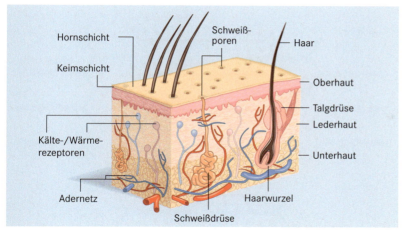

1 Der Aufbau der Haut

## 6.7 Biologische Bedeutung der Proteine

**Der Aufbau bestimmt die Funktion.** Proteine sind in den unterschiedlichsten Funktionen in unserem Körper und dem aller Lebewesen auf dieser Erde zu finden. Sie sorgen für Schutz und Stabilität, ermöglichen Bewegung oder steuern höchst komplexe biochemische Vorgänge. Diese verschiedenen Funktionen ergeben sich aus den verschiedenen räumlichen Strukturen der Proteinmoleküle, die letztlich durch die Primärstruktur bestimmt werden.

In jedem Lebewesen sind viele verschiedene Proteine zu finden. Ihrem Aufbau entsprechend erfüllen sie unterschiedliche Funktionen.

**Schutzfunktion.** Die Haut schützt unseren Körper sehr zuverlässig vor allen schädlichen Einflüssen, wie Krankheitserreger, Chemikalien, UV-Strahlung, usw. Sie ist ein sehr kompliziert aufgebautes Organ, das aus vielen Schichten besteht (Abb. 1). Den größten Teil der *Schutzfunktion* erfüllt die oberste Schicht. Diese Schicht besteht aus Zellen, die das Protein Keratin in großen Mengen produzieren.
Keratin bildet eine Helixstruktur aus (Abb. 2). Mehrere Keratinmoleküle verdrillen sich zusätzlich umeinander und erhöhen so die Stabilität des Proteins. Verschiedene Protein-Modifikationen, die sich nur geringfügig voneinander unterscheiden, können zur *Stabilisierung* von Körperzellen führen. In weichen Hautstrukturen finden sich Keratinfasern, die nur durch wenige zwischenmolekulare Kräfte miteinander vernetzt sind. In abgewandelten, harten Hautstrukturen, wie Fingernägeln oder Krallen, liegen stark vernetzte Keratinfasern vor, die zusätzlich durch Disulfidbrücken verstärkt sind.

Unsere Haut besteht zu einem großen Teil aus Stützproteinen, die eine Schutzhülle um den Körper bilden.

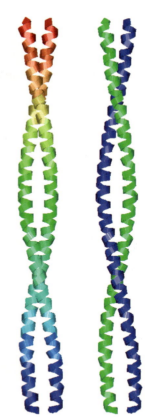

2 Keratin ist ein Faserprotein, das in der Haut, in Nägeln und Krallen vorkommt. Es besteht aus umeinander gewundenen α-Helices.

### Aufgabe
1 In Keratin ist die Aminosäure Cystein ungewöhnlich häufig vertreten. Erklären Sie, warum dies zur besonderen Stabilität von Keratin beiträgt.

## 132 Aminosäuren und Proteine

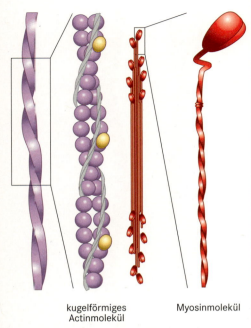

**3** Actin- und Myosinmoleküle bilden lange Fäden.

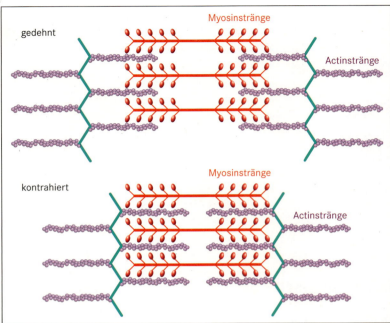

**4** Actin- und Myosinstränge gleiten unter Energieverbrauch aneinander vorbei. Dabei wird die Muskelfaser verkürzt.

**Motorische Funktion.** Für die Bewegungen unseres Körpers sind Muskeln verantwortlich, die ebenfalls zum größten Teil aus Proteinen aufgebaut sind. Im Wesentlichen sind zwei Proteinmoleküle von Bedeutung: Actin und Myosin.

Das Actin bildet ähnlich wie das Keratin lange Fadenstrukturen, in denen mehrere Actinmoleküle miteinander verwoben sind (Abb. 3, links). Myosin bildet ebenfalls Stränge, allerdings mit dem wesentlichen Unterschied, dass am Ende jedes Myosinstrangs ein Köpfchen sitzt (Abb. 3, rechts). Ein solcher Myosinstrang besteht insgesamt aus etwa 200 Myosinmolekülen.

In einem Muskel sind Actin- und Myosinstränge abwechselnd nebeneinander gelagert. Unter Energieverbrauch können sie sich mithilfe der Myosinköpfchen gegeneinander bewegen und so die Länge des gesamten Muskels verkleinern (Abb. 4). Auf diesem Vorgang, der sogenannten Kontraktion, beruhen alle unsere Bewegungen.

**5** Quartärstruktur eines Antikörpers

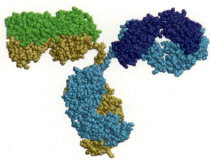

Bei Muskelbewegungen gleiten die Proteine Actin und Myosin unter Energieverbrauch aneinander vorbei.

**Abwehrfunktion.** Eine weitere wichtige Gruppe von Proteinen in unserem Körper, die *Antikörper*, steht im Dienste der Immunabwehr. Bei diesen Proteinen kommt es ebenfalls auf ihre spezielle Raumstruktur an. Antikörper bestehen meist aus mehreren Proteinketten, die eine Y-förmige Quartärstruktur bilden (Abb. 5).

Aminosäuren und Proteine  **133**

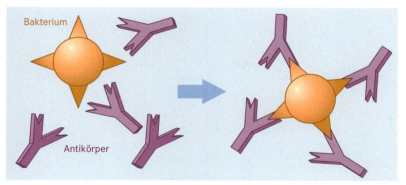

**6** Antikörper binden nach dem Schlüssel-Schloss-Prinzip an ein Bakterium, das anschließend von Fresszellen abgebaut wird.

Trotz des ähnlichen Grundaufbaus gibt es kleine Unterschiede zwischen den verschiedenen Antikörpern. Der variable Teil ist jeweils so gebaut, dass er nach dem Schlüssel-Schloss-Prinzip z.B. an die Oberflächenstruktur eines Bakteriums binden kann (Abb. 6).
Treffen Fremdkörper und Antikörper aufeinander, gehen sie über zwischenmolekulare Kräfte eine Bindung ein. Der so markierte Fremdkörper kann nun abgebaut werden.

Antikörper sind Proteine, die im Rahmen der Immunabwehr spezifisch an die Antigene von körperfremden Stoffen binden.

**Steuerfunktion.** An nahezu allen *biochemischen Vorgängen* in Lebewesen sind Proteine, wie Enzyme (→ S. 152) oder Hormone, beteiligt. Enzyme können Reaktionen wie ein anorganischer Katalysator beschleunigen, man nennt sie deshalb auch Biokatalysatoren. Durch komplexe Mechanismen können sie ihr „Verhalten" ändern und einen eben noch blockierten Stoffwechselweg freigeben, wenn ein Stoff benötigt wird oder aber ein anderer Stoff im Überfluss vorliegt.
Viele Enzyme sind Proteine, deren Tertiärstruktur durch geschickte Manipulation verändert werden kann. So kann auf ihre Funktionsfähigkeit Einfluss genommen werden.

Enzyme sind Proteine, die chemische Reaktionen beschleunigen und so Stoffwechselvorgänge steuern können.

**Ein Nobelpreis für Proteine.** Im Jahr 2003 ging der Nobelpreis für Chemie an die amerikanischen Wissenschaftler Peter Agre und Roderick MacKinnen. Sie erforschten unter anderem den Aufbau von Kanälen, die das Ein- bzw. Austreten von Wasser aus lebenden Zellen regulieren, den sogenannten Aquaporinen.
Die Primärstruktur des aus 269 Aminosäuren bestehenden Proteins führt zu einem räumlichen Bau, der einem Tunnel durch die Zellmembran ähnelt (Abb. 7).

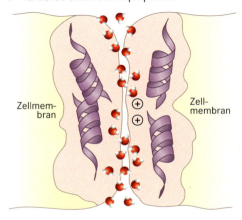

**7** Tertiärstruktur der Aquaporine

## 134 Auf einen Blick

### Aufbau

- typischer Aufbau

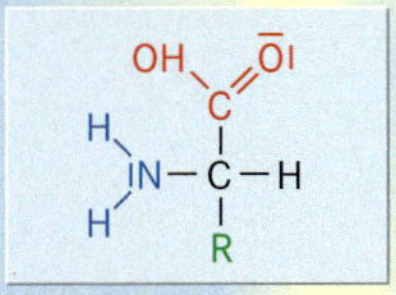

OH—C=O / H₂N—C—H / R

- in den Proteinen lebender Organismen treten ausschließlich α-Aminosäuren in L-Konfiguration auf

### Eigenschaften

- liegen als Zwitterionen vor
- isoelektrischer Punkt: pH-Wert, bei dem Aminosäure als Zwitterion vorliegt
- sind Ampholyte
- sind meist gut wasserlöslich
- haben hohe Schmelztemperaturen (meist Zersetzung)

## Aminosäuren

### Verknüpfung

- Aminosäuren sind in einem Protein über Peptidbindungen verknüpft
- Peptidbindungen sind planar und weisen keine freie Drehbarkeit auf

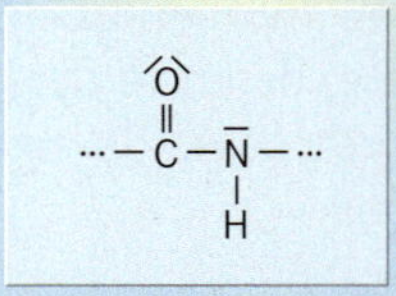

—C(=O)—N(H)—

### Elektrophorese

- = Trennverfahren zur Trennung von Aminosäuregemischen
- durch Gleichspannung
- bei bestimmtem pH-Wert
- Teilchen wandern umso schneller, je höher geladen und kleiner sie sind

## Auf einen Blick 135

### Bedeutung
- abhängig von ihrer Struktur übernehmen Proteine unterschiedlichste Aufgaben
- in der Haut: Schutz und Festigkeit
- in der Immunabwehr: Antikörper
- in der Muskulatur: ermöglichen Bewegungen

### Proteine

### Strukturebenen

#### Primärstruktur
- Reihenfolge der Aminosäuren (Aminosäuresequenz)
- bestimmt alle weiteren Strukturebenen

#### Sekundärstruktur
- Faltblattstruktur
- Helixstruktur
- entsteht durch Wasserstoffbrücken zwischen Peptidbindungen

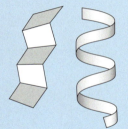

#### Tertiärstruktur
- räumlicher Bau des Proteinmoleküls
- ist wesentlich für die Funktionsfähigkeit des Proteins
- wird über Ionenbindungen, zwischenmolekulare Kräfte und Disulfidbrücken stabilisiert

#### Quartärstruktur
- Zusammenschluss mehrerer Proteinmoleküle
- wird über zwischenmolekulare Kräfte und Disulfidbrücken stabilisiert

# Knobelecke

**1** Die Ninhydrin-Reaktion weist Proteine durch Farbumschlag nach.

**1** Zeichnen Sie die Fischer-Projektion der Aminosäure L-3,6-Diaminohexansäure. Erklären Sie, um welche Art von Aminosäure es sich handelt.

**2** Die Ninhydrinreaktion weist durch eine Farbreaktion Proteine nach. Erklären Sie mithilfe von Abbildung 1, warum es während der Reaktion zu einer Farbänderung kommt.

**3** Die Sichelzellanämie ist eine Krankheit, bei der die roten Blutkörperchen der Patienten ihre Funktion nicht vollständig erfüllen können. Recherchieren Sie, wodurch diese Krankheit hervorgerufen wird und erläutern Sie die Folgen.

**4** In den Zellen von Lebewesen treten Proteinmoleküle häufig als globuläre Proteine auf. Diese nehmen eine kugelrunde Gestalt ein (Abb. 2). Dabei ragen die unpolaren Reste größtenteils ins Innere der Kugel, während die polaren Reste außen sitzen. Begründen Sie, warum diese Moleküle einen derartigen Aufbau haben.

**5** Die Aminosäuren Alanin (L-Aminopropansäure) und Threonin (L-Amino-3-hydroxybutansäure) sind chiral. Zeichnen Sie die Strukturformeln der möglichen Enantiomere.

**6** Haare bestehen wie die Haut größtenteils aus dem Protein Keratin. Bei Fönfrisuren oder Dauerwellen werden diese Proteine in einer bestimmten Position fixiert, damit die Frisur ihren Halt behält. Dies wird durch die gleichen Kräfte stabilisiert wie die Tertiär- oder Quartärstruktur eines Proteins. Entwickeln Sie eine Hypothese, warum Dauerwellen sehr lange ihre Form behalten, während Fönfrisuren nach einem Regenguss oder einmal Waschen ihre Form wieder verlieren.

**7** Bei Krafttraining und Bodybuilding wird durch intensive Beanspruchung die Körpermuskulatur trainiert und aufgebaut. Der Körper baut dabei neue Muskelfasern in den bestehenden Muskel ein, wodurch dieser im Umfang zunimmt. Diese Muskelfasern bestehen aus zwei unterschiedlichen Proteinfilamenten, die bei der Muskelkontraktion (also beim Zusammenziehen des Muskels) aneinander vorbeigleiten (→ S. 132).
Da zur Herstellung dieser Proteine Aminosäuren nötig sind, werden in manchen Fitnessstudios Aminosäure-Drinks verkauft, die den Muskelaufbau fördern sollen. Abbildung 3 zeigt ein Etikett eines derartigen Drinks. Durch richtige Ernährung kann aber der Aminosäurebedarf auch ohne Zusatzpräparate gedeckt werden. In einem Fischgericht beispielsweise stecken jede Menge Aminosäuren.
Die Tabelle 1 enthält Informationen über die Zusammensetzung verschiedener Lebensmittel.

**2** Globuläre Proteine haben eine kugelige Form.

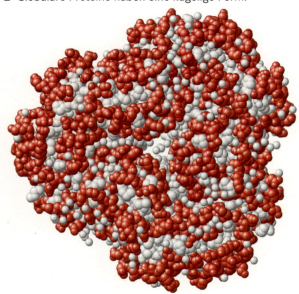

# Knobelecke

a) Die Weltgesundheitsorganisation WHO gibt eine Empfehlung für den Konsum von acht Aminosäuren (Tab. 2). Erklären Sie, warum nur acht Aminosäuren von der WHO berücksichtigt werden.
b) Stellen Sie den durchschnittlichen Aminosäurebedarf eines 80 kg schweren Menschen dem Gehalt von Aminosäure-Drinks und einem typischen Fischgericht wie in Abbildung 4 in einem Säulendiagramm gegenüber.
c) Diskutieren Sie Vor- und Nachteile der Verwendung von Aminosäure-Drinks gegenüber einer Ernährung mit „normalen" Lebensmitteln.
d) Recherchieren Sie im Internet, welche Lebensmittel den Muskelaufbau besonders unterstützen.

**4** Fischgericht, bestehend aus 200 g Karpfen, 100 g Blumenkohl und 100 g Kartoffeln

| Aminosäure | Karpfen | Blumenkohl | Kartoffeln |
|---|---|---|---|
| Isoleucin | 1009 | 117 | 81 |
| Leucin | 1640 | 173 | 113 |
| Lysin | 1932 | 149 | 113 |
| Methionin | 547 | 125 | 30 |
| Cystein | 210 | 30 | 19 |
| Phenylalanin | 799 | 95 | 85 |
| Tyrosin | 694 | 54 | 59 |
| Threonin | 946 | 108 | 68 |
| Tryptophan | 210 | 35 | 28 |
| Valin | 1114 | 149 | 104 |
| Arginin | 1261 | 125 | 104 |
| Histidin | 547 | 52 | 30 |
| Alanin | 1345 | 141 | 75 |
| Asparaginsäure | 2060 | 299 | 302 |
| Glutaminsäure | 2985 | 353 | 324 |
| Glycin | 904 | 95 | 66 |
| Prolin | 799 | 117 | 70 |
| Serin | 967 | 141 | 75 |

**Tab. 1** Aminosäuregehalt verschiedener Lebensmittel (in mg/100 g)

**Tab. 2** Täglicher Aminosäurebedarf nach Angaben der Weltgesundheitsorganisation WHO

| Aminosäure | Aminosäurebedarf (in mg pro kg Körpergewicht) |
|---|---|
| Isoleucin | 10 |
| Leucin | 14 |
| Lysin | 12 |
| Methionin | 13 |
| Phenylalanin | 14 |
| Threonin | 7 |
| Tryptophan | 3,5 |
| Valin | 10 |

**3** Etikett eines Aminosäure-Drinks

| Nährwerte | pro Portion (25 ml Konzentrat) | % RDA* | pro 100 ml | % RDA* |
|---|---|---|---|---|
| Brennwert | 241 kJ / 57 kcal | | 966 kJ / 228 kcal | |
| Eiweiß | 13,75 g | | 55,00 g | |
| Kohlenhydrate | 0,0 g | | 0,0 g | |
| Fett | 0,0 g | | 0,0 g | |
| Vitamin B6 | 2 mg | 100 % | 8 mg | 400 % |

* % = prozentualer Anteil an empfohlener Tagesverzehrmenge

**Zutaten**

Wasser, Eiweißhydrolysat (45 % kollagenes Eiweißhydrolysat, Molkeneiweißhydrolysat), Vitamin B6-Hydrochlorid, Säuerungsmittel Citronensäure, Konservierungsmittel Kaliumsorbat, Aromastoffe, Süßstoffe (Saccharin-Natrium, Natriumcyclamat, Acesulfam K)

**Verzehrempfehlung**

Amino-Mix deckt schnell und zuverlässig einen erhöhten Bedarf an Aminosäuren, z. B. bei Krafttraining oder Leistungssport. Täglich 2 Esslöffel (25 ml) des Konzentrats, eingerührt in etwas Flüssigkeit, einnehmen.

**Aminosäurespektrum**

| | mg in 100 ml | mg in 25 ml | | mg in 100 ml | mg in 25 ml |
|---|---|---|---|---|---|
| L-Alanin | 4994 | 1249 | L-Leucin | 1540 | 385 |
| L-Arginin | 4256 | 1062 | L-Lysin | 1914 | 479 |
| L-Asparaginsäure | 3124 | 781 | L-Methionin | 418 | 105 |
| L-Glutaminsäure | 5267 | 1317 | L-Phenylalanin | 1218 | 305 |
| L-Glycin | 12311 | 3078 | L-Prolin | 7557 | 1889 |
| L-Histidin | 471 | 118 | L-Serin | 1913 | 478 |
| L-Hydroxylysin | 466 | 117 | L-Threonin | 1026 | 257 |
| L-Hydroxyprolin | 6296 | 1574 | L-Tyrosin | 280 | 70 |
| L-Isoleucin | 660 | 165 | L-Valin | 1306 | 327 |

Die Analysewerte sind Durchschnittswerte und unterliegen den natürlichen Schwankungen der Rohstoffe.

# Fit fürs Seminar

## Moleküldarstellungen am Computer

**Die richtige Software.** Computer können die Darstellung von großen Molekülen deutlich erleichtern, da zum einen eine sehr saubere Darstellung gewährleistet wird und zweitens durch das Kopieren identischer Abschnitte viel Zeit gespart werden kann. Es werden zahlreiche Produkte zum Kauf angeboten, allerdings wird auch sehr leistungsfähige Software im Internet zum kostenlosen Download zur Verfügung gestellt.

**Die Strukturformel.** Mit der richtigen Software können die *Strukturformeln* großer Moleküle schnell und übersichtlich erzeugt werden (Abb. 1). Die Schaltflächen am linken und oberen Bildschirmrand ermöglichen das Erzeugen von Elementsymbolen, Bindungen, Ladungen, usw.
Die Strukturformeln wichtiger Moleküle, wie beispielsweise der Aminosäure Tyrosin, sind häufig in den Anwendungen bereits abgespeichert.

**Die räumliche Darstellung.** Viele Anwendungen sind in der Lage, aus dieser Strukturformel ein räumliches Abbild des Moleküls zu erzeugen. Häufig werden erst dadurch die Größenverhältnisse und die räumliche Ausdehnung eines Moleküls deutlich (Abb. 2). Diese Darstellung entspricht einem *Kugel-Stab-Modell*. Die dreidimensionale Struktur kann besonders gut erkannt werden, wenn das Molekülmodell gedreht wird.
Derartige Darstellungen erzeugen oft die Vorstellung, dass zwischen den Atomen große Zwischenräume wären. Dass dies falsch ist, kann durch eine andere Projektion veranschaulicht werden (Abb. 3). Hier ist die tatsächliche räumliche Ausdehnung der Atome dargestellt, was einem *Kalottenmodell* entspricht.

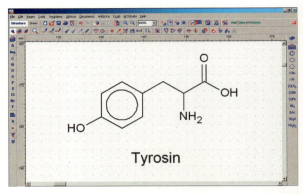

**1** Strukturformel der Aminosäure Tyrosin

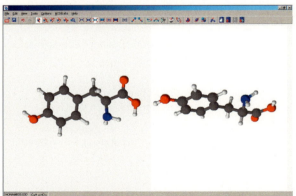

**2** Räumliche Darstellung der Aminosäure Tyrosin im Kugel-Stab-Modell (verschiedene Ansichten)

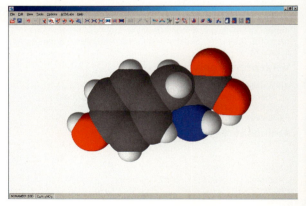

**3** Darstellung der räumlichen Ausdehnung der beteiligten Atome (Kalottenmodell)

# 7 Reaktionsgeschwindigkeit und Enzymkatalyse

Chemische Reaktionen laufen unterschiedlich schnell ab. Durch verschiedene Faktoren kann die *Geschwindigkeit* einer Reaktion entscheidend beeinflusst werden. Auch in der Natur werden Reaktionen durch sogenannte *Enzyme* beschleunigt.

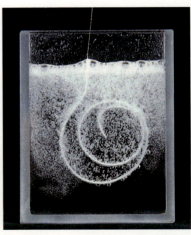

**1** Ein mit Wasserstoffgas gefüllter Ballon wird entzündet; die dabei ablaufende Knallgasreaktion verläuft explosionsartig.

**2** Rosten ist eine extrem langsam verlaufende Reaktion.

**3** Reaktion eines Magnesiumbandes mit Salzsäure

## 7.1 Reaktionsgeschwindigkeit

**Reaktionen verlaufen unterschiedlich schnell.** In den letzten Jahren haben wir bereits zahlreiche chemische Reaktionen kennengelernt, die sich in ihrer Geschwindigkeit deutlich voneinander unterschieden haben. Ein enorm schnell verlaufender Vorgang ist beispielsweise die Bildungsreaktion von Wasser bei der Knallgasreaktion (Abb. 1). Aber auch die aus dem Alltag bekannte explosionsartige Verbrennung des Benzins im Otto-Motor oder die schlagartige Reaktion von Explosivstoffen wie Trinitrotoluol (TNT) und Nitroglycerin gehören zu den rasch verlaufenden Umsetzungen. Sehr viel langsamer laufen dagegen stille Oxidationen ab, wie das Verrosten von stillgelegten Industrieanlagen, das Monate und sogar Jahre dauern kann (Abb. 2).

**Die Geschwindigkeit einer Reaktion.** Gibt man zu einem Magnesiumband bekannter Masse ein bestimmtes Volumen verdünnte Salzsäure (Abb. 3), so reagiert das Metall innerhalb kurzer Zeit vollständig mit der Säure nach folgender Gleichung:

$$Mg + 2\,H_3O^+ \longrightarrow Mg^{2+} + H_2\uparrow + 2\,H_2O$$

Die Dauer der kompletten Reaktion bis zum „Verschwinden" des Magnesiums lässt sich durch Zeitmessung sehr einfach ermitteln. Daraus kann man nun die Geschwindigkeit dieser vollständig ablaufenden Reaktion ableiten.
Aus der Physik ist die Definition der Geschwindigkeit v eines Körpers bekannt:

$$\text{Geschwindigkeit } v = \frac{\text{Wegstrecke } \Delta s}{\text{benötigte Zeit } \Delta t}; \quad \left(\text{Einheit } \frac{m}{s}\right)$$

Anstelle der Wegstrecke kann bei einer chemischen Reaktion die Veränderung der beobachtbaren Größe Masse und damit der Teilchenzahl in einem bestimmten Zeitabschnitt als Maßstab herangezogen werden.

Reaktionsgeschwindigkeit und Enzymkatalyse **141**

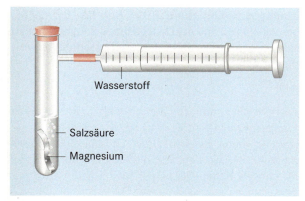

4 Versuchsaufbau zur Volumenbestimmung des entstehenden Wasserstoffgases aus der Reaktion eines Magnesiumbandes mit Salzsäure

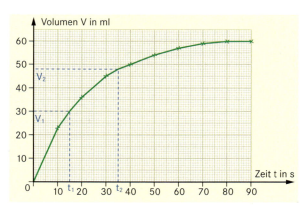

5 Reaktion von Magnesium und Salzsäure: Aus dem Volumen-Zeit-Diagramm lassen sich zu jedem Zeitpunkt die entsprechenden Volumina ablesen.

Da die Masse m eines Stoffes X direkt proportional zu seiner Teilchenzahl N und damit zur Stoffmenge n(X) ist, gilt deshalb für die Reaktionsgeschwindigkeit allgemein:

$$v_R = \frac{\Delta n(X)}{\Delta t}; \quad \left(\text{Einheit } \frac{mol}{s}\right).$$

Die *Reaktionsgeschwindigkeit* $v_R$ bei chemischen Reaktionen beschreibt die Änderung der Stoffmenge in einer bestimmten Zeit.

**Ermittlung der Reaktionsgeschwindigkeit.** Experimente, bei denen Gase freigesetzt werden, eignen sich hervorragend zur genauen Betrachtung des Reaktionsverlaufs und zur Ermittlung der Reaktionsgeschwindigkeit.
Wird ein Magnesiumband in einem geschlossenen Reaktionsgefäß mit verdünnter Salzsäure versetzt, so kann das Volumen des entstehenden Wasserstoffs mithilfe eines Kolbenprobers ermittelt werden (Abb. 4). Während der gesamten Reaktion kann das Volumen in regelmäßigen Abständen bestimmt und in einer Tabelle festgehalten werden (Tab. 1).
Trägt man nun in einem Diagramm das Wasserstoffvolumen gegen die Zeit auf, so steigt die Kurve zunächst steil an und nähert sich dann einem Grenzwert. Am Ende wird kein Wasserstoff mehr gebildet, weil das Magnesiumband vollständig reagiert hat (Abb. 5).
Wählt man jetzt bestimmte Zeitpunkte aus, so kann man die Zunahme des Wasserstoffvolumens $\Delta V(H_2)$ mithilfe der aus dem Diagramm abgelesenen Volumenwerte für diesen Zeitabschnitt berechnen. Für $t_1 = 15$ s und $t_2 = 35$ liest man $V_1 = 30$ ml und $V_2 = 48$ ml ab. Daraus ergibt sich:

$\Delta V(H_2) = V_2(H_2) - V_1(H_2) =$
$= 48 \text{ ml} - 30 \text{ ml} = 18 \text{ ml}$

Tab. 1 Reaktion von Magnesium und Salzsäure: Reaktionszeit und Wasserstoffvolumen

| Zeit in s | Volumen in ml |
|---|---|
| 0 | 0 |
| 10 | 23 |
| 20 | 36 |
| 30 | 45 |
| 40 | 50 |
| 50 | 54 |
| 60 | 57 |
| 70 | 59 |
| 80 | 60 |
| 90 | 60 |

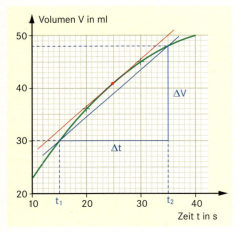

**6** Reaktion von Magnesium und Salzsäure: Grafische Ermittlung der mittleren sowie der momentanen Reaktionsgeschwindigkeit

**Die mittlere Reaktionsgeschwindigkeit.** Bildet man den Quotienten aus der Volumenänderung $\Delta V(H_2)$ und dem betreffenden Zeitabschnitt $\Delta t$ zu den verschiedenen Zeitpunkten $t_1$ und $t_2$, so erhält man die *mittlere Reaktionsgeschwindigkeit* $\bar{v}_R$ (Abb. 6):

$$\bar{v}_R = \frac{\Delta V(H_2)}{\Delta t}; \quad \left(\text{Einheit } \frac{ml}{s}\right)$$

Bei diesem Beispiel ergibt sich somit für den gewählten Zeitabschnitt eine mittlere Reaktionsgeschwindigkeit $\bar{v}_R = 0,9$ ml/s.

Die Volumina, die praktisch unter *gleichem Druck* und bei *gleicher Temperatur* (p, T = konst.) gemessen werden, sind direkt proportional zu den entsprechenden Stoffmengen; daher gilt auch für die mittlere Reaktionsgeschwindigkeit allgemein:

$$\bar{v}_R = \frac{\Delta n(X)}{\Delta t}; \quad \left(\text{Einheit } \frac{mol}{s}\right)$$

**Die momentane Reaktionsgeschwindigkeit.** Verkleinert man das Zeitintervall $\Delta t$ und nähert die zwei Zeitpunkte aneinander an (Abb. 6), so kommt man immer dichter an die *Momentangeschwindigkeit* der Reaktion heran. Die Momentangeschwindigkeit entspricht somit der mittleren Geschwindigkeit für den kleinstmöglichen Zeitabschnitt.

Die *mittlere Reaktionsgeschwindigkeit* beschreibt die Reaktionsgeschwindigkeit für ein bestimmtes Zeitintervall $\Delta t$ während der Reaktion, während die *momentane Reaktionsgeschwindigkeit* ausschließlich für einen ganz bestimmten Zeitpunkt der Reaktion zutrifft.

**Auf das Vorzeichen kommt es an.** Zur Bestimmung der Reaktionsgeschwindigkeit wird je nach Reaktion das Edukt oder das Produkt herangezogen, das sich bei der Reaktion am einfachsten quantitativ bestimmen lässt (→ M 10, S. 143). Da sowohl Masse als auch Volumen direkt proportional zur Stoffmenge n sind, kann die Reaktionsgeschwindigkeit einerseits durch die Zunahme der Stoffmenge an Produkt und andererseits durch die Abnahme der Eduktmenge (negatives Vorzeichen!) beschrieben werden (vgl. auch Abb. 7):

$$\bar{v}_R = \frac{\Delta n(\text{Produkt})}{\Delta t} = -\frac{\Delta n(\text{Edukt})}{\Delta t}; \quad \left(\text{Einheit } \frac{mol}{s}\right)$$

Die Reaktionsgeschwindigkeit lässt sich durch die Eduktabnahme oder die Produktzunahme beschreiben.

### Info
Laufen Reaktionen in wässriger Lösung ab, so wird die Änderung der Stoffmenge auf das Volumen der Lösung bezogen; dies entspricht der Angabe der Stoffmengenkonzentration oder kurz *Konzentration c* (Einheit mol/l).

**7** Stoffmenge-Zeit-Diagramm zur Abnahme der Edukt- bzw. Zunahme der Produktmenge

### Aufgaben
**1** Bei einer Reaktion von Magnesium mit Salzsäure wird nach 20 s ein Wasserstoffvolumen von 50 ml gemessen (Normzustand!). Berechnen Sie die mittlere Reaktionsgeschwindigkeit in mol/s für den betreffenden Zeitabschnitt.

**2** Bei der Zersetzung von Calciumcarbonat mit Salzsäure wird nach 4 min eine Massenabnahme von 0,5 g gemessen. Berechnen Sie die (mittlere) Änderung der Stoffmenge des Kohlenstoffdioxids sowie die mittlere Reaktionsgeschwindigkeit (in mol/s) im betreffenden Zeitabschnitt.

# Methoden

## M 10 Ermittlung der Reaktionsgeschwindigkeit

Zur Ermittlung der Reaktionsgeschwindigkeit bei chemischen Reaktionen wird das Edukt oder Produkt zur Messung herangezogen, das sich am einfachsten quantitativ bestimmen lässt. Verhältnismäßig leicht messbare Größen sind das *Volumen V*, das z. B. bei der Bildung von Gasen auftritt (→ S. 141), oder die *Masse m* eines Stoffes, die z. B. beim Entweichen von Gasen bei Reaktionen in einem offenen System abnimmt. Da beide Größen direkt proportional zur *Stoffmenge n* sind, wird zur Berechnung häufig die Stoffmenge als die sich ändernde Größe verwendet. Daraus kann man die Reaktionsgeschwindigkeit ermitteln:

$$\bar{v}_R = \frac{\Delta n(X)}{\Delta t}$$

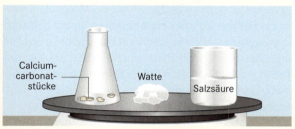
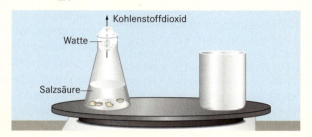

**1** Versuchsaufbau zur Massenbestimmung

**Reaktion mit Massenänderung.** Ein Beispiel für eine solche Reaktion ist die Zersetzung von Calciumcarbonat in Salzsäure in einem offenen System. Sie läuft nach folgender Gleichung ab:

$$CaCO_3 + 2\,H_3O^+ \longrightarrow Ca^{2+} + CO_2\uparrow + 3\,H_2O$$

In einem Erlenmeyerkolben werden ca. 10 g $CaCO_3$ verteilt. Das Reaktionsgefäß wird zusammen mit dem Becherglas, in dem sich ca. 50 ml verdünnte Salzsäure befinden, und einem Wattebausch, der ein Herausspritzen von Flüssigkeit verhindern soll, auf eine Waage gestellt (Abb. 1, links). Um die Massenabnahme einfach verfolgen zu können, wird die Waage auf Null zurückgestellt. Dann wird die Salzsäure zugesetzt und der Erlenmeyerkolben mit dem Wattebausch locker verschlossen (Abb. 1, rechts). Nun werden in regelmäßigen Zeitabständen die Werte an der Waage abgelesen.
Da die Waage auf Null zurückgestellt wurde, erhalten wir durch das Entweichen des Kohlenstoffdioxidgases negative Werte. Um die tatsächliche Massenänderung in Bezug auf die eingesetzte Menge an $CaCO_3$ zu erhalten, müssen wir diese Werte hinzurechnen:

| Zeit in s | 0 | 60 | 120 | 180 | 240 | 300 |
|---|---|---|---|---|---|---|
| abgelesene Werte in g | 0 | −1,12 | −1,90 | −2,36 | −2,55 | −2,59 |
| Masse in g | 10,00 | 8,88 | 8,10 | 7,64 | 7,45 | 7,41 |

Mit diesen Werten lässt sich ein Masse-Zeit-Diagramm anfertigen (Abb. 2). Die *mittlere Reaktionsgeschwindigkeit* $\bar{v}_R$ entspricht der Abnahme der Masse des Stoffes Calciumcarbonat in einem bestimmten Zeitabschnitt:

$$\bar{v}_R = -\frac{\Delta m(CaCO_3)}{\Delta t}; \quad \left(\text{Einheit: } \frac{g}{s}\right)$$

Da die Masse m eines Stoffes direkt proportional zur Stoffmenge ist, gilt analog:

$$\bar{v}_R = -\frac{\Delta n(CaCO_3)}{\Delta t}; \quad \left(\text{Einheit: } \frac{mol}{s}\right)$$

Entsprechend der Reaktionsgleichung werden bei der Zersetzung von einem Mol Calciumcarbonat zwei Mol Oxoniumionen verbraucht bzw. ein Mol Kohlenstoffdioxid freigesetzt:

$$\bar{v}_R = -\frac{\Delta n(CaCO_3)}{\Delta t} = -\frac{1}{2}\frac{\Delta n(H_3O^+)}{\Delta t} = \frac{\Delta n(CO_2)}{\Delta t}$$

**2** Aus dem Masse-Zeit-Diagramm kann $\bar{v}_R$ für jeden Zeitabschnitt errechnet werden.

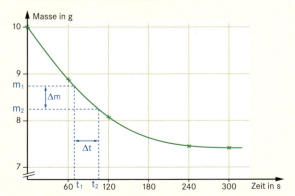

## 7.2 Die Vorgänge auf Teilchenebene

**Modellvorstellung zur Stoßtheorie.** Man geht davon aus, dass die an einer chemischen Reaktion beteiligten Teilchen, egal ob Atome, Moleküle oder Ionen, winzige, massive Kügelchen darstellen. Diese Teilchen besitzen jeweils eine bestimmte Masse und weisen eine gewisse Geschwindigkeit und Bewegungsrichtung auf. Um miteinander reagieren zu können, müssen diese kleinsten Teilchen zusammenstoßen.

Die Zahl der Zusammenstöße (= Stoßzahl) ist bei gasförmigen oder gelösten Teilchen enorm hoch und kann insbesondere durch die Eigenbeweglichkeit der Teilchen aufgrund der Brown'schen Molekularbewegung erklärt werden. Je häufiger Kollisionen stattfinden, umso höher ist dann auch die Reaktionsgeschwindigkeit. Dennoch kann es bei manchen Reaktionen sehr lange dauern, bis ein merklicher Teil der Edukte verbraucht und ein Produkt zu beobachten ist. Beispielsweise kann es bei eisenhaltigen Gegenständen oft mehrere Monate dauern, bis ein Rostvorgang deutlich sichtbar wird (→ S. 140).

Dies führt zu der Annahme, dass nicht alle Zusammenstöße erfolgreich sind und somit zu einer Reaktion führen. Offenbar spielen weitere Faktoren eine Rolle.

Nach der Stoßtheorie ist der Zusammenstoß der Teilchen der beteiligten Reaktionspartner eine Grundvoraussetzung für eine erfolgreiche Reaktion.

**Die Mindestenergie.** Gleichartige Teilchen eines Gases besitzen bei einer bestimmten Temperatur keinesfalls die gleiche Geschwindigkeit und damit den gleichen Energieinhalt. Sie unterscheiden sich deutlich in Geschwindigkeit und kinetischer Energie (Abb. 1). Die Mehrzahl der Teilchen besitzt demzufolge eine relativ geringe kinetische Energie. Lediglich wenige Teilchen sind besonders schnell und damit energiereich. Dadurch lässt sich erklären, warum nicht jeder Zusammenstoß zu einer Reaktion führt. Es spielt folglich ein für eine bestimmte Reaktion typischer Energieinhalt der Teilchen eine mitentscheidende Rolle. Nur wenn die Teilchen diese bestimmte Mindestenergie $E_{min}$ erreichen oder sogar übertreffen, d.h. der Zusammenstoß also mit genügend großer Wucht erfolgt, kann es zur Reaktion kommen.

Ein Zusammenstoß zweier geeigneter Teilchen kann nur dann zu einer erfolgreichen Reaktion führen, wenn die (kinetische) Energie der Teilchen die für diese Reaktion charakteristische Mindestenergie $E_{min}$ erreicht oder übersteigt.

### Info

Im Jahre 1827 beobachtete der englische Botaniker Robert Brown unter dem Mikroskop die spontanen Bewegungen von Teilchen, die in Flüssigkeit suspendiert waren. Die Bewegung großer Teilchen verläuft langsamer als die kleiner, außerdem erfolgt sie bei hohen Temperaturen schneller als bei niedrigen.

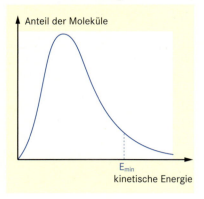

**1** Gleichartige Teilchen variieren in ihrer kinetischen Energie und damit in ihrer Geschwindigkeit.

# Reaktionsgeschwindigkeit und Enzymkatalyse 145

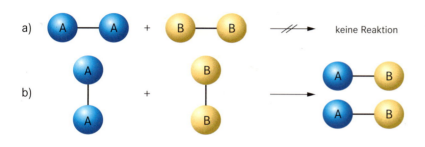

**2** Für eine erfolgreiche Reaktion ist auch die richtige Orientierung der Teilchen zueinander von Bedeutung:
a) unwirksame Kollision,
b) wirksame Kollision.

**Die räumliche Orientierung.** Selbst wenn die reagierenden Teilchen die erforderliche Mindestenergie $E_{min}$ überschreiten, ist es nicht gewiss, ob die Reaktion überhaupt abläuft. Liegen die Reaktionspartner nämlich in einer ungünstigen räumlichen Position zueinander vor, so unterbleibt die Reaktion, auch wenn eine Kollision mit genügend großer kinetischer Energie erfolgt (Abb. 2 a). Eine wirksame Kollision ist nur möglich, wenn die beiden Reaktionspartner eine bestimmte räumliche Orientierung zueinander einnehmen (Abb. 2 b).

Je höher die Energie der Stoßpartner und je günstiger ihre räumliche Orientierung beim Stoßvorgang ist, umso wahrscheinlicher ist eine chemische Reaktion.

★ **Die Theorie des Übergangszustandes.** Nur ein wirksamer Zusammenstoß führt zur Bildung der entsprechenden Produkte, dabei wird ein nicht fassbarer Übergangszustand (ÜZ) erzeugt (Abb. 3). In diesem Übergangszustand sind die Bindungen der beiden Ausgangsstoffe schon etwas gelockert, es sind aber auch bereits Wechselwirkungen zwischen den Atomen der späteren Produkte vorhanden.
Der Übergangszustand wird durch das Maximum eines Energieverlaufsdiagramms beschrieben (Abb. 4). In diesem Zustand kann alternativ die Rückreaktion zu den Edukten oder die Bildung der Produkte stattfinden. Die Geschwindigkeit der gesamten Reaktion wird damit letztendlich auch durch die Bildung dieses Übergangszustands sowie seinen Zerfall in die Produkte bestimmt.

**4** Energieverlaufsdiagramm für eine exotherme Reaktion mit Übergangszustand

**3** Die Bildung der Produkte führt nach einer wirksamen Kollision über einen Übergangszustand.

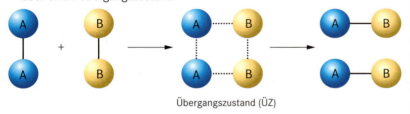

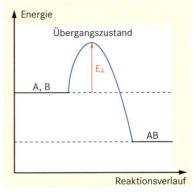

146 Reaktionsgeschwindigkeit und Enzymkatalyse

**1** Magnesiumband (oben) und Magnesiumpulver (unten) reagieren unterschiedlich heftig mit verdünnter Salzsäure.

### Info
Liegen die Reaktionspartner in verschiedenen Phasen vor, spricht man von einer heterogenen Reaktion. Verlaufen Reaktionen nur in einer Phase ab, z. B. in einer wässrigen Lösung, handelt es sich um eine homogene Reaktion.

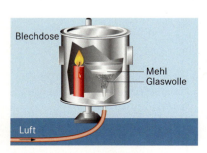

**2** Modellversuch zur Mehlstaubexplosion: Der Mehlstaub wird durch die eingeblasene Luft fein verteilt und kann explosionsartig reagieren.

### Aufgabe
**1** Führen Sie das Gedankenmodell zur Würfelzerlegung bis zu einer Kantenlänge von 0,1 nm (= $10^{-10}$ m) weiter.

**3** Durch die Zerlegung eines Würfels in immer kleinere Würfel wird die Gesamtoberfläche deutlich erhöht.

## 7.3 Einfluss des Zerteilungsgrades

**Abhängigkeit von der Oberfläche.** Bei der Reaktion von verdünnter Salzsäure (V bzw. c = konst.) mit einem Magnesiumband bzw. mit Magnesiumpulver gleicher Masse reagiert das Magnesiumpulver wesentlich schneller. Dies ist an der deutlich stärkeren Wasserstoffentwicklung und an dem früheren Ende der Reaktion zu erkennen (Abb. 1).

$$Mg + 2 H_3O^+ \longrightarrow Mg^{2+} + H_2\uparrow + 2 H_2O$$

Der einzige Unterschied ist der größere Zerteilungsgrad beim Magnesiumpulver, dadurch erhöht sich entsprechend die Metalloberfläche. Daher bestehen mehr Angriffsmöglichkeiten für die Oxoniumionen und die heterogene Reaktion verläuft um so schneller, je feiner verteilt das Magnesium vorliegt.

Ähnlich verhält es sich bei Mehlstaubexplosionen. Tritt aufgewirbelter Mehlstaub in geeigneter Konzentration in Kontakt mit Luftsauerstoff („Staub/Luft-Gemisch"), so genügt ein kleiner Funke, um dieses Gemisch zu zünden (Abb. 2). Durch solche blitzartigen Reaktionen, die durch den hohen Zerteilungsgrad des Mehlstaubs ermöglicht werden, kam es früher des Öfteren zur kompletten Zerstörung von Backstuben in den Bäckereien.

Die Reaktionsgeschwindigkeit wird bei heterogenen Reaktionen mit zunehmender Oberfläche (Zerteilungsgrad) des entsprechenden Edukts größer.

**Gedankenmodell zum Zerteilungsgrad.** Mit einem Gedankenmodell kann die Vergrößerung der Oberfläche eines Stoffes durch Erhöhung des Zerteilungsgrades verdeutlicht werden (vgl. Abb. 3): Ein Würfel von 1 cm Kantenlänge soll an jeder Kante in 10 gleiche Teile eingeteilt und dann in kleine Würfelchen zerlegt werden. Man erhält 1000 Würfelchen mit der Kantenlänge 1 mm. Alleine dabei erhöht sich die ursprüngliche Oberfläche von 6 cm$^2$ auf 60 cm$^2$. Werden diese Würfelchen mit 1 mm Kantenlänge erneut in 10 gleiche Teile gespalten, so würde man 1 000 000 Würfel (Kantenlänge 0,1 mm) und einer Oberfläche von 600 cm$^2$ erhalten.

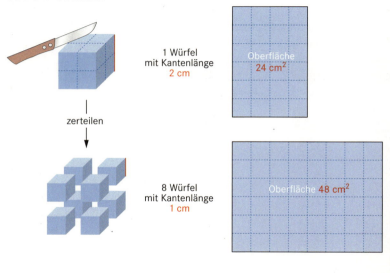

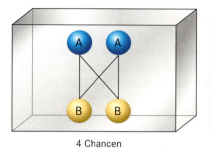 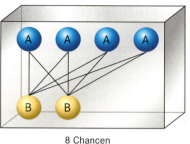 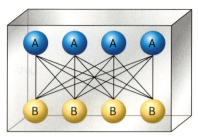

4 Chancen    8 Chancen    16 Chancen

**1** Modellvorstellung zum Einfluss der Teilchenzahl auf die Zahl möglicher Kollisionen zwischen den Teilchen A und B und damit auf die Reaktionsgeschwindigkeit

## 7.4 Einfluss der Konzentration

**Abhängigkeit von der Konzentration der Edukte.** Die bisherigen Untersuchungen bei der Reaktion von Magnesium und Salzsäure haben gezeigt, dass ein höherer Zerteilungsgrad die Reaktion beschleunigt (→ S. 146) und damit zu einer Erhöhung der Reaktionsgeschwindigkeit führt.
Wird im Falle dieser heterogenen Reaktion die Konzentration der Salzsäure erhöht, so stellt man fest, dass bei gleichbleibender Größe des Magnesiumbandes, d.h. bei gleicher Masse, eine deutlich stärkere Wasserstoffentwicklung zu beobachten ist. Die Geschwindigkeit der Reaktion wird also deutlich gesteigert.

Die mittlere Reaktionsgeschwindigkeit nimmt bei Erhöhung der Konzentration eines Reaktionspartners zu.

**Konzentration und Teilchenmodell.** Eine plausible Erklärung kann über das Teilchenmodell gegeben werden: Bei der Reaktion zwischen einem Teilchen A und einem Teilchen B entsteht im einfachsten Fall nach einem Zusammenstoß ein Teilchen AB. Durch Erhöhen der Teilchenzahl (= Erhöhung der Konzentration) eines oder beider Reaktionspartner lässt sich bei dieser Reaktion die Stoßzahl erhöhen. Mit der Zahl der Teilchen steigt auch die Chance, dass sie zusammenstoßen (Abb. 1).

Bei der Erhöhung der Teilchenzahl eines oder beider Reaktionsteilnehmer steigt die Wahrscheinlichkeit eines Zusammenstoßes zweier Teilchen.

### Aufgabe
**1** Informieren Sie sich über die Landolt'sche Zeitreaktion. Durch welche Maßnahme wird die unterschiedliche Reaktionsdauer erzielt?

## 7.5 Einfluss der Temperatur

1 Im sehr heißen Steinofen braucht eine Pizza nur halb so lang wie im Elektroherd.

**Höhere Temperatur – kürzere Reaktionsdauer.** Aus dem Alltag sind viele chemische Prozesse bekannt, die durch Temperaturerhöhung beschleunigt werden, wie beispielsweise das Backen einer Pizza im Steinofen (Abb. 1) oder auch enzymatisch gesteuerte Stoffwechselvorgänge (→ S. 156), wie der anaerobe und aerobe Abbau von energiereichen, organischen Stoffen, sowie die Fotosynthese.

Versetzt man eine Natriumthiosulfatlösung mit verdünnter Salzsäure, so zersetzt sich das Thiosulfation nach kurzer Zeit, wobei eine Trübung der Lösung durch Bildung von elementarem Schwefel zu beobachten ist:

$$S_2O_3^{2-} + 2\,H_3O^+ \longrightarrow S\downarrow + SO_2 + 3\,H_2O$$

Führt man nun diese Reaktion bei verschiedenen Temperaturen durch, kann man je nach Temperatur eine mehr oder weniger schnelle Trübung der Lösung durch die Schwefelausscheidung beobachten. Eine Erhöhung der Temperatur bewirkt demnach eine Abnahme der Reaktionsdauer. Gleichzeitig ist bei kürzerer Reaktionszeit die Geschwindigkeit der Reaktion und damit auch die mittlere Reaktionsgeschwindigkeit höher.

**Die RGT-Regel.** In einem Experiment werden die Zeitwerte bis zum erkennbaren Eintritt einer Trübung der Thiosulfatlösungen bei bestimmten Temperaturen gemessen (Tab. 1).

Trägt man die Zeiten nun in einem Diagramm gegen die Temperatur auf, so erhält man eine Kurve, die steil abfällt (Abb. 3). Mit steigender Temperatur nimmt die Reaktionsdauer ab. Aus dem Diagramm wird ersichtlich, dass die Zunahme der Reaktionsgeschwindigkeit nicht linear erfolgt, sondern exponentiell mit der Zunahme der Temperatur ansteigt.

2 Eine Thiosulfatlösung wird bei Zugabe von Säure durch die Ausscheidung von Schwefel getrübt.

**Tab. 1** Temperatur und Reaktionszeit bei der Reaktion einer Thiosulfatlösung mit Salzsäure

| Temperatur in °C | Zeit in s |
|---|---|
| 20 | 100 |
| 30 | 48 |
| 40 | 23 |
| 50 | 12 |

3 Mit steigender Temperatur wird die Trübung durch die Schwefelausscheidung deutlich früher erreicht.

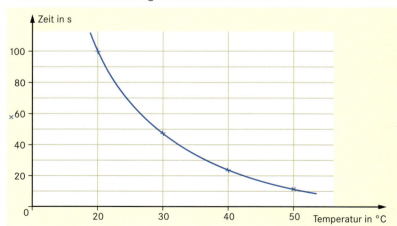

Reaktionsgeschwindigkeit und Enzymkatalyse 149

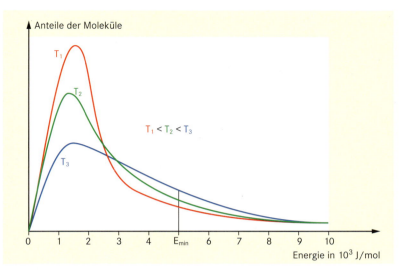

4 Die Anzahl der Teilchen mit der erforderlichen Mindestenergie $E_{min}$ hängt von der Temperatur ab.

5 Der niederländische Chemiker Jacobus Henricus van't Hoff (1852–1911) entdeckte den Zusammenhang zwischen Reaktionsgeschwindigkeit und Temperatur.

Eine Analyse der Messergebnisse zeigt, dass eine Erhöhung der Temperatur um 10 °C in etwa eine Verdopplung der Reaktionsgeschwindigkeit bewirkt. Der niederländische Chemiker van't Hoff (Abb. 5) erkannte diesen Zusammenhang bereits im Jahre 1884 und formulierte die Reaktionsgeschwindigkeits-Temperatur-Regel (RGT-Regel).

RGT-Regel (Reaktionsgeschwindigkeits-Temperatur-Regel): Eine Temperaturerhöhung um 10 °C bewirkt in etwa eine Verdopplung der Reaktionsgeschwindigkeit.

Bei einer Temperaturerhöhung von 20 °C auf 40 °C steigt die Reaktionsgeschwindigkeit demzufolge mindestens auf das 4-fache, bei einer Temperaturerhöhung um 30 °C sogar auf mehr als das 8-fache an.

**Temperatur und Teilchenmodell.** Damit eine Reaktion erfolgreich abläuft, müssen nach der Stoßtheorie reaktionsbereite Teilchen zusammenstoßen (→ S. 144). Durch eine Temperaturerhöhung wird die Anzahl der Zusammenstöße jedoch nur geringfügig gesteigert. Allerdings wird die Bewegung der Teilchen durch die Temperaturerhöhung beschleunigt (→ S. 144) – sie haben also eine höhere kinetische Energie. Damit liegen auch mehr Teilchen vor, die die erforderliche Mindestenergie $E_{min}$ (Abb. 4) aufweisen, und als Folge ist eine Erhöhung der Reaktionsgeschwindigkeit zu beobachten.

Teilchen haben bei höherer Temperatur eine größere Geschwindigkeit und folglich eine höhere kinetische Energie. Die Anzahl der reaktionsbereiten Teilchen mit einer Mindestenergie $E_{min}$ nimmt daher zu.

**Aufgaben**

1 Eine Reaktion dauert 23,5 Minuten bei einer Temperatur von 20 °C. Berechnen Sie die Dauer dieser Reaktion bei 100 °C unter der Annahme, dass eine Erhöhung der Temperatur um 10 °C
a) eine Verdopplung bzw.
b) eine Verdreifachung
der Reaktionsgeschwindigkeit bewirkt.

2 Formulieren Sie die Redoxgleichung (mit Teilgleichungen) für die Zersetzung der Thioschwefelsäure.

## 7.6 Aktivierungsenergie und Katalyse

**1** Eigenständige Verbrennung eines Magnesiumbandes nach Aktivierung

**Info**
Der Begriff „Katalysator" entstammt dem Griechischen: katalyein (gr.) bedeutet soviel wie „losbinden" oder „aufheben", „katalysis" bedeutet so viel wie „ein Hindernis wegräumen".

**Die Aktivierungsenergie.** Viele exotherme Reaktionen laufen schon bei Raumtemperatur selbstständig ab, d. h. sie werden bereits durch den bei Raumtemperatur vorliegenden Energieinhalt der Teilchen aktiviert. Häufig ist jedoch eine zusätzliche Aktivierung erforderlich, damit die Reaktion überhaupt ausgelöst wird. Bekanntermaßen verbrennt ein Magnesiumband an der Luft nur, wenn es mit dem Bunsenbrenner vorher entzündet wurde (Abb. 1). Nach diesem „Startschuss" läuft die exotherme Reaktion von alleine weiter. Ein weiteres Erhitzen ist somit nicht erforderlich, da die reagierenden Teilchen nun einen genügend großen Energieinhalt aufweisen und zusätzlich bei der Reaktion sehr viel Licht- und Wärmeenergie freigesetzt wird, wodurch weitere Teilchen aktiviert werden können. Der Energiebetrag zur Ingangsetzung einer Reaktion wird allgemein als die *Aktivierungsenergie* $E_A$ bezeichnet.

Die Aktivierungsenergie $E_A$ ist der Energiebetrag, der zur Auslösung einer Reaktion zugeführt werden muss.

**Aktivierungsenergie und Katalyse.** Trotz hoher Temperatur sowie hoher Konzentration der beteiligten Edukte und auch großer Kontaktfläche laufen viele chemische Reaktionen dennoch extrem langsam ab. Durch den Einsatz von *Katalysatoren* kann in solchen Fällen die benötigte Aktivierungsenergie vermindert (Abb. 2) und damit die Reaktionsgeschwindigkeit erhöht werden. Der Katalysator nimmt nicht an der Reaktion teil und steht am Ende der Katalyse sofort für weitere Einsätze zur Verfügung.

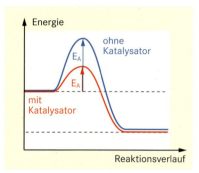

**2** Herabsetzung der Aktivierungsenergie einer exothermen Reaktion unter dem Einfluss eines Katalysators

Ein Katalysator ist ein Stoff, der die Aktivierungsenergie $E_A$ einer chemischen Reaktion herabsetzt und damit die Reaktion beschleunigt, aber am Ende der Reaktion unverändert vorliegt.

**Katalyse und Stoßtheorie.** Durch den Einsatz eines Katalysators wird ein anderer Reaktionsweg mit niedrigerer Aktivierungsenergie $E_A$ und daher niedrigerer Mindestenergie $E_{min}$ eröffnet. Daher können bei gleichen äußeren Bedingungen, also bei gleicher Temperatur, mehr Teilchen reagieren, weil sich die Anzahl der Teilchen mit der Mindestenergie $E_{min}$ vergrößert (Abb. 3).

**3** Ein Katalysator erhöht die Teilchenzahl mit der nötigen Mindestenergie $E_{min}$.

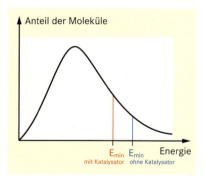

Ein Katalysator erhöht bei gleichbleibender Temperatur die Anzahl der Teilchen mit der erforderlichen Mindestenergie.

**Beispiel: Homogene Katalyse.** Befinden sich sowohl die Ausgangsstoffe als auch der Katalysator in der gleichen Phase, d. h. liegen alle Stoffe z. B. gelöst vor, handelt es sich um eine *homogene Katalyse*. Ein Beispiel ist die Zersetzung von Wasserstoffperoxid mit Iodidionen als Katalysator. Im ersten Schritt bildet der Katalysator $I^-$ mit einem Molekül Wasserstoffperoxid das Zwischenprodukt $IO^-$ (Hypoiodition):

$$I^- + H_2O_2 \longrightarrow IO^- + H_2O$$

Anschließend reagiert das Hypoiodition mit einem weiteren Wasserstoffperoxidmolekül zu den beiden Produkten, einem Sauerstoff- und einem Wassermolekül. Am Ende liegt auch der Katalysator wieder unverändert vor.

$$IO^- + H_2O_2 \longrightarrow O_2 + I^- + H_2O$$

Durch die Bildung der Zwischenverbindung wird der neue Reaktionsweg eröffnet (Abb. 4), wobei die Aktivierungsenergie der unkatalysierten Reaktion insgesamt deutlich größer ist als die Summe der Aktivierungsenergien der beiden Teilschritte. Daher sind auch mehr Teilchen vorhanden, die die erforderliche Mindestenergie überschreiten.

Bei einer homogenen Katalyse wird eine Reaktion unter Bildung von Zwischenprodukten in mehrere Teilschritte aufgespalten. Die Summe der Aktivierungsenergien der Teilschritte ist dabei niedriger, als die Aktivierungsenergie der unkatalysierten Reaktion.

**Beispiel: Heterogene Katalyse.** Liegen die Edukte, wie z. B. im Falle der Ammoniaksynthese, gasförmig vor, der Katalysator jedoch fest, so spricht man von einer *heterogenen Katalyse*. Im ersten Schritt wandern die gasförmigen Moleküle Wasserstoff und Stickstoff an die Platinoberfläche, wo die Adsorption, d.h. die Bindung der Gasmoleküle auf der Oberfläche des Metalls erfolgt. Dort werden nun die Bindungen der beiden Edukte durch die Aktivierung am Platinkatalysator aufgetrennt und so entstehen reaktionsfähige Teilchen, die ihrerseits untereinander reagieren und somit Ammoniakmoleküle mit neuen Bindungen bilden können. Schließlich erfolgt die Ablösung der Ammoniakmoleküle von der Metalloberfläche (Abb. 5).
Auch hier sorgt der Katalysator dafür, dass auf der Metalloberfläche ein anderer Reaktionsweg ermöglicht wird, der durch eine deutlich niedrigere Aktivierungsenergie gekennzeichnet ist. Damit kann eine Reaktion im Vergleich zur unkatalysierten Reaktion bei gleicher Temperatur mit erhöhter Geschwindigkeit oder mit gleicher Geschwindigkeit bei niedriger Temperatur ablaufen.

Eine heterogene Katalyse liegt vor, wenn beispielsweise gasförmige Stoffe auf einer Festkörperoberfläche miteinander reagieren. Der Reaktionsweg auf der Festkörperoberfläche zeichnet sich durch eine niedrigere Aktivierungsenergie aus als die unkatalysierte Reaktion.

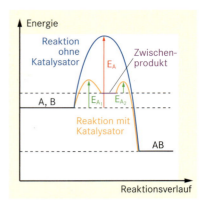

**4** Durch die Bildung eines Zwischenprodukts wird der neue Reaktionsweg im Energieverlaufsdiagramm einer katalysierten Reaktion verdeutlicht.

### Aufgaben

1 Die Zersetzung von Wasserstoffperoxid, z. B. auch mit Platindraht, führt immer zu denselben Produkten. Formulieren Sie die Teilgleichungen für diese Redoxreaktion in einem schwach sauren Milieu. Geben Sie an, welche Rolle Wasserstoffperoxid in beiden Teilgleichungen spielt.

2 Begründen Sie, warum die Reaktionsenergie durch einen Katalysator nicht verändert werden kann.

3 Informieren Sie sich über den Aufbau und die Funktionsweise eines Autoabgaskatalysators.

4 Zerlegen Sie den in Abbildung 5 dargestellten Gesamtvorgang in einzelne Schritte.

**5** Auf der Oberfläche des Katalysators findet die Synthese von Ammoniak aus den Elementen Stickstoff und Wasserstoff statt.

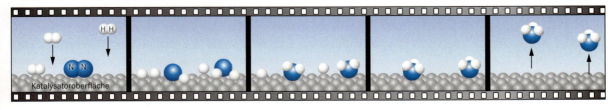

## 7.7 Enzyme

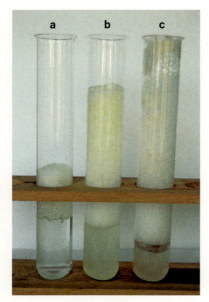

1 Wirkung von Katalase auf Wasserstoffperoxid: a) aus rohen Kartoffeln, b) aus Hefe, c) aus Leber

**Was sind Enzyme?** In den Zellen der Lebewesen laufen gleichzeitig Hunderte von chemischen Reaktionen ab. Damit diese schon bei Körpertemperatur mit der nötigen Geschwindigkeit ablaufen können, sind Katalysatoren nötig (→ S. 150). Im Körper haben diese Funktion Proteine (→ S. 133) übernommen.

Diese katalytischen Proteine, die als *Enzyme* oder *Biokatalysatoren* bezeichnet werden, beschleunigen chemische Reaktionen, indem sie die Aktivierungsenergie herabsetzen. Ohne sie würde der Stoffwechsel einer Zelle rasch stagnieren.

*Enzyme (Biokatalysatoren) sind katalytische Proteine. Sie beschleunigen chemische Reaktionen, indem sie die Aktivierungsenergie senken, werden dabei aber nicht verbraucht.*

**Bedeutung der Enzyme.** Enzyme besitzen eine tragende Rolle im Stoffwechsel der Lebewesen. Für das störungsfreie Funktionieren aller Lebewesen sind mehr als 10 000 verschiedene Enzyme notwendig, von denen derzeit etwa 1500 näher bekannt sind. Ihre Aufgaben sind vielfältig: Sie zerlegen bei der Verdauung Fette, Kohlenhydrate und Eiweiße in ihre Bestandteile, welche sie anschließend zum Körperaufbau oder Energiegewinn weiterverarbeiten. Bei der Fotosynthese bauen sie energetisch hochwertige Verbindungen auf und im Zellkern kopieren sie die Erbinformation. Die Steuerung all dieser Prozesse erfolgt wiederum durch Enzyme.

**Enzyme – besonders wirksame Katalysatoren.** In Kapitel 7.6 (→ S. 150) wurde gezeigt, dass sich Wasserstoffperoxid in Anwesenheit von anorganischen Katalysatoren, wie Kaliumiodid, Braunstein oder Platin, bereits bei Raumtemperatur zersetzt. Auch im Körper findet eine Zersetzung von Wasserstoffperoxid statt: Dieses entsteht im Zellstoffwechsel als giftiges Nebenprodukt – sein rascher Abbau ist für den Körper daher lebenswichtig.

Als Biokatalysator wirkt in pflanzlichen und tierischen Zellen das Enzym Katalase, welches Wasserstoffperoxid schnell zu Wasser und Sauerstoff reagieren lässt (Abb. 1). Die Reaktion ist um ein Vielfaches schneller als die durch Braunstein oder Platin katalysierte Reaktion (Tab. 1).

**Werkzeuge der Biotechnologie.** Ihre hohe Wirksamkeit als Katalysatoren macht Enzyme für die unterschiedlichsten Anwendungen interessant. Enzyme werden inzwischen in großem Maßstab biotechnologisch hergestellt und anschließend in der Lebensmittelindustrie, der Medizin oder auch der Analytik eingesetzt. Die Disziplin, die sich mit den Enzymen in der Biotechnologie beschäftigt, wird als „weiße Biotechnologie" bezeichnet. Früher wurden die Enzyme mithilfe von natürlich vorkommenden Bakterien oder Pilzen gewonnen, heute verwendet man genmanipulierte Mikroorganismen, die Enzyme in großer Menge und Reinheit herstellen.

Tab. 1 Geschwindigkeit der Zersetzung von Wasserstoffperoxid in Abhängigkeit von verschiedenen Katalysatoren bei 25 °C

| Katalysator | Aktivierungsenergie | Relative Reaktionsgeschwindigkeit |
|---|---|---|
| ohne | 75 kJ/mol | 1 |
| Platin | 50 kJ/mol | $4 \cdot 10^4$ |
| Katalase | <8 kJ/mol | $>3 \cdot 10^{11}$ |

★ **Enzyme in der Lebensmittelindustrie.** Die *Umwandlung von Stärke* in verschiedene Zucker ist ein bedeutsames Anwendungsfeld für Enzyme (Abb. 2). Viele Lebensmittel enthalten Zutaten, die aus der Stärkeverzuckerung hervorgegangen sind. Durch Enzymeinsatz lässt sich der Verzuckerungsprozess gezielt steuern, sodass man verschiedene *Stärkesirupe* erhält, die sich in ihrer Süßkraft und in ihren Eigenschaften, wie Zähigkeit oder Konsistenz, unterscheiden. Der aus der Stärke erhaltene Glucosesirup kann enzymatisch teilweise in Fructose umgewandelt werden, man erhält einen Fructosesirup. Aus Maisstärke gewonnener High Fructose Corn Sirup hat in den USA den Zucker aus Zuckerrohr oder Zuckerrüben bereits weitgehend verdrängt. Er wird unter anderem in Limonaden und Colagetränken verwendet.

*Käse* (Abb. 3) wird aus Milch gemacht; dazu ist das Enzym Chymosin unerlässlich. Es kommt im Kälbermagen vor und sorgt dafür, dass die Milch gerinnt und eine feste Käsemasse entsteht. Traditionell wird dieses Enzym von jungen, säugenden Kälbern gewonnen. Für die Käsemenge, die heute weltweit verbraucht wird, würde man jährlich 70 Millionen Kälbermägen benötigen. Mit gentechnischen Methoden kann Chymosin heute von Mikroorganismen in reinster Form gewonnen werden.

Eine andere Gruppe von Enzymen – die *Proteasen* – kann Fleisch zarter machen; außerdem sorgen Proteasen in Bäckereien für die bessere Dehnbarkeit und Stabilität des Teiges, sodass Brötchen trotz gleichen Gewichts ein größeres Volumen bekommen.

Proteasen bauen auch Asparagin ab, aus dem wahrscheinlich das krebserregende Acrylamid entsteht. Auf diese Weise reduzieren sie den Gehalt an Acrylamid in Knäckebrot, Kartoffelchips oder Pommes frites.

★ **Enzyme in der Analytik.** Enzyme werden auch in der *Kriminalistik* verwendet. Winzige DNS-Mengen aus einer einzigen Zelle einer Speichel- oder Blutprobe reichen für die Analyse aus. Die DNS wird mithilfe von Enzymen in kleinere Fragmente zerschnitten und durch weitere Enzyme vervielfältigt. Anschließend werden die einzelnen Fragmente mittels Gelelektrophorese (→ S. 124) aufgetrennt. Man erhält ein charakteristisches Bandenmuster, den sogenannten genetischen Fingerabdruck. Mit dessen Hilfe kann die DNS eindeutig einer bestimmten Person zugeordnet werden.

Auch bei der *Diagnose von Krankheiten* werden Enzyme eingesetzt, beispielsweise bei der Zuckerkrankheit: Mithilfe des Glucoseoxidasetests (Abb. 4) kann bestimmt werden, ob der Glucosegehalt im Harn erhöht ist. Die Teststäbchen enthalten zwei Enzyme. Das erste Enzym wandelt β-D-Glucose mit Sauerstoff in einen Ester um. Das dabei gebildete Wasserstoffperoxid lässt unter Einwirkung des zweiten Enzyms aus einer farblosen Vorstufe einen blauen Farbstoff entstehen. An der Farbe kann der Zuckergehalt des untersuchten Harns grob abgeschätzt werden.

#### Aufgabe
1 Informieren Sie sich im Internet über weitere Verwendungsmöglichkeiten von Enzymen.

2 Übersicht über die Möglichkeiten der Stärkeverzuckerung

3 Verschiedene Käsesorten

4 Glucoseoxidasetest: Das Teststäbchen zeigt einen normalen Glucosegehalt.

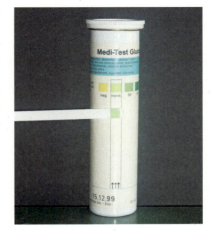

154 Reaktionsgeschwindigkeit und Enzymkatalyse

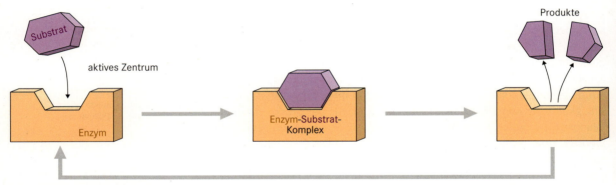

**1** Modell zur Wirkungsweise eines Enzyms

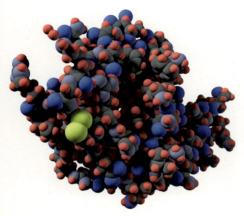

**2** Kalottenmodell des Lysozyms: Die Einbuchtung ist das aktive Zentrum, in das das Substrat bindet.

### Info
Der gesamte Zyklus der Enzymwirkung verläuft so schnell, dass ein einzelnes Enzymmolekül Tausende Substratmoleküle pro Sekunde umwandeln kann, einige Enzyme sind sogar noch viel schneller. Das Enzym Carboanhydrase, das für den Kohlenstoffdioxidtransport im Blut von großer Bedeutung ist, setzt pro Sekunde ca. 600 000 Kohlenstoffdioxidmoleküle mit Wasser zu Hydrogencarbonat- und Oxoniumionen um.

## 7.8 Wirkungsweise der Enzyme

**Der Enzym-Substrat-Komplex.** Die Arbeitsweise von Enzymen kann man sich modellhaft folgendermaßen vorstellen (Abb. 1): Enzyme lagern sich mit den Stoffen, die sie umsetzen, zusammen. Der umzusetzende Stoff (= *Substrat*) wird dabei an einer bestimmten Region des Enzyms, dem *aktiven Zentrum,* durch zwischenmolekulare Kräfte gebunden, z. B. durch Ionenbindungen, Wasserstoffbrücken oder Van-der-Waals-Kräfte. Es bildet sich der Enzym-Substrat-Komplex.

Das Substrat ist nun im aktivierten Zustand und kann in das Reaktionsprodukt bzw. in die Reaktionsprodukte umgewandelt werden, die anschließend freigesetzt werden. Nun steht das Enzym für weitere Umsetzungen zur Verfügung, da es wie alle Katalysatoren bei der Reaktion nicht verbraucht wird. Auffallend ist, dass Enzyme nur ganz bestimmte Substrate oder Substratgruppen verwerten. Eine Erklärung hierfür liefert das Schlüssel-Schloss-Modell.

**Schlüssel-Schloss-Modell.** Für ihre Wirkungsweise spielt die Tertiärstruktur der Enzymproteine (→ S. 129) eine entscheidende Rolle: Das aktive Zentrum ist eine Höhle oder Spalte auf der Proteinoberfläche, die genau zum Substrat passt, wie ein Schlüssel zum Schloss (Abb. 2). Emil Fischer (1852–1919) erkannte dieses Schlüssel-Schloss-Prinzip bereits 1890.

Schlüssel-Schloss-Modell: Substrat und Enzym passen zueinander wie ein Schlüssel (Substrat) zu einem bestimmten Schloss (Enzym).

★ **Induced-fit-Modell.** Das Schlüssel-Schloss-Modell wurde in den 1960er Jahren erweitert: Die Anlagerung des Substrats an das aktive Zentrum bewirkt eine Konformationsänderung des Enzyms, sodass aktives Zentrum und Substrat noch besser zusammenpassen. Man bezeichnet dies als „induced fit" (induzierte Passform) und stellt es sich wie einen festen Händedruck vor. Die Verzerrung der Raumstruktur von Enzym und Substrat senkt die Aktivierungsenergie für die Umsetzung und bewirkt so, dass diese leichter eintreten kann.

## Reaktionsgeschwindigkeit und Enzymkatalyse — 155

**3** Wirkungsspezifität: Die Enzyme Glucokinase und Glucoseoxidase setzen Glucose in einer ganz bestimmten Reaktion um.

**4** Das Enzym Urease besitzt absolute Spezifität: Es spaltet nur Harnstoff, und zwar ausschließlich in Ammoniak und Kohlenstoffdioxid; Thioharnstoff und Methylharnstoff werden nicht angegriffen.

**Die Substratspezifität.** Die Eigenschaft, dass ein Enzym nur ein ganz bestimmtes Substrat binden und umsetzen kann, nennt man *Substratspezifität.* Bei einer Reihe von Enzymen ist die Substratspezifität weniger deutlich ausgeprägt, sie zeigen sogenannte *Gruppenspezifität.* Gruppenspezifische Enzyme setzen Verbindungen mit gleichen funktionellen Gruppen um. Alkoholdehydrogenasen beispielsweise bauen im menschlichen Körper Ethanol zu Ethanal ab, aber auch andere Alkohole, wie Methanol, zum wesentlich giftigeren Methanal (vgl. S. 163, Aufgabe 7).

**Die Wirkungsspezifität.** Hat ein Substrat an das aktive Zentrum gebunden, katalysiert das Enzym nur *eine* von vielen möglichen Reaktionen, es wirkt somit auf eine ganz bestimmte Weise. Diese Eigenschaft wird als *Wirk-* oder *Wirkungsspezifität* bezeichnet. Die Enzyme Glucokinase bzw. Glucoseoxidase setzen die Glucose jeweils ausschließlich in einer ganz bestimmten Reaktion um (Abb. 3). Das Enzym senkt nur für die jeweilige Reaktion die Aktivierungsenergie soweit, dass sie auch ablaufen kann.

Enzyme sind hochspezifisch, sie setzen nur ein bestimmtes Substrat (Substratspezifität) auf eine ganz bestimmte Weise um (Wirkungsspezifität).
Bei gruppenspezifischen Enzymen ist die Substratspezifität weniger deutlich ausgeprägt, sie setzen Verbindungen mit gleichen funktionellen Gruppen um.

Manche Enzyme besitzen *absolute Spezifität:* Sie setzen nur ein Substrat in *einer* ganz bestimmten Reaktion um. Das Enzym Urease beispielsweise spaltet ausschließlich Harnstoff hydrolytisch in Ammoniak und Kohlenstoffdioxid, nicht aber Methyl- oder Thioharnstoff (Abb. 4).

### Info

Die Benennung der Enzyme erfolgt nach folgender Regel: Der erste Teil des Namens leitet sich vom umgesetzten Substrat ab, der zweite Teil charakterisiert die Wirkung. Glucoseoxidase ist somit ein Enzym, welches das Substrat Glucose oxidiert. Gruppenspezifische Enzyme, die ihre Substrate hydrolytisch spalten, werden häufig nach ihrem Substrat benannt, Lipasen z. B. spalten Fette hydrolytisch. Charakteristisch ist für alle genannten Enzyme die Endung -ase. Viele Enzyme tragen aber Trivialnamen, wie z. B. Pepsin oder Trypsin, welche im Verdauungstrakt beim Abbau der Eiweiße eine entscheidende Rolle spielen.

### Aufgabe

**1** Recherchieren Sie, in welche sechs Klassen die Enzyme nach ihrer Wirkungsweise eingeteilt werden können. Charakterisieren Sie die jeweilig katalysierte Reaktion.

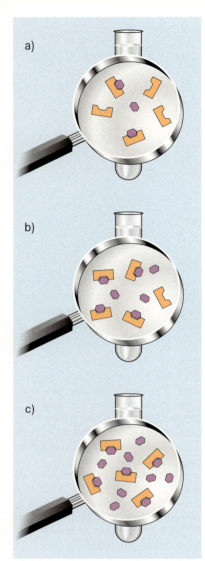

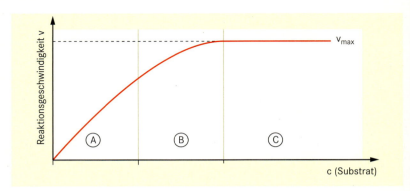

**1** Abhängigkeit der Reaktionsgeschwindigkeit von der Substratkonzentration

## 7.9 Enzymaktivität

**Ein Versuch ...** Die Mediziner und Biochemiker Leonor Michaelis und Maud Menten entwickelten 1913 eine Theorie zur Enzymwirkung. Sie untersuchten bei konstanter Enzymkonzentration die Reaktionsgeschwindigkeit in Abhängigkeit von der Substratkonzentration.
Trägt man die Reaktionsgeschwindigkeit gegen die Substratkonzentration auf, erhält man für die meisten Enzyme folgenden Kurvenverlauf: Die Reaktionsgeschwindigkeit steigt zunächst mit zunehmender Substratkonzentration an; bei höheren Konzentrationen nimmt sie immer weniger zu, bis sie schließlich konstant bleibt (Abb. 1).

**... und seine Erklärung.** Das Versuchsergebnis lässt sich mithilfe der Abbildung 2 verstehen. Bei niedriger Substratkonzentration sind genügend freie Enzymmoleküle vorhanden, um sofort Enzym-Substrat-Komplexe zu bilden (Abb. 2 a). Da jedes Substratmolekül sofort umgesetzt wird, ist die Reaktionsgeschwindigkeit proportional zur Substratkonzentration (Abb. 1, Kurvenabschnitt A).
Wird die Substratkonzentration weiter erhöht, werden immer mehr Enzymmoleküle durch Substratmoleküle besetzt (Abb. 2 b). Da Enzymmoleküle mit unbesetztem aktiven Zentrum immer seltener werden, dauert es länger, bis Substratmolekül und freies Enzymmolekül „zueinander finden". Daher steigt die Reaktionsgeschwindigkeit nun langsamer an (Abb. 1, Kurvenabschnitt B).
Schließlich sind alle aktiven Zentren besetzt (Abb. 2 c), sodass eine weitere Erhöhung der Substratkonzentration zu keinem weiteren Anstieg der Reaktionsgeschwindigkeit führt. Alle Enzymmoleküle sind an der Umsetzung beteiligt, die maximale Reaktionsgeschwindigkeit ($v_{max}$) ist erreicht (Abb. 1, Kurvenabschnitt C).

Die Enzymaktivität hängt von der Substratkonzentration ab. Sie nimmt mit steigender Substratkonzentration zu, bis eine maximale Reaktionsgeschwindigkeit $v_{max}$ erreicht wird.

**2** Enzymreaktion im Modell: a) niedrige, b) mittlere und c) hohe Substratkonzentration; die Enzymkonzentration ist in allen Fällen gleich.

**Info**
Die Enzymaktivität gibt darüber Auskunft, wie viele Moleküle Substrat in einer bestimmten Zeit von einer definierten Enzymmenge umgesetzt werden.

Reaktionsgeschwindigkeit und Enzymkatalyse 157

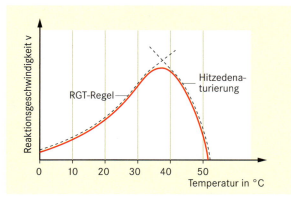

3 Temperaturabhängigkeit der Enzymaktivität

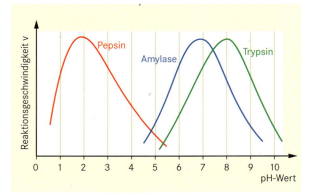

4 pH-Abhängigkeit der Enzymaktivität

**Enzymaktivität und Temperatur.** Reaktionen, die durch Enzyme katalysiert werden, zeigen eine typische *Temperaturabhängigkeit* der Reaktionsgeschwindigkeit (Abb. 3). Der Verlauf der Kurve in Abbildung 3 kommt durch zwei entgegengesetzt wirkende Einflüsse zustande:
- Unterhalb 38 °C bestimmt die *RGT-Regel* (→ S. 148) die Reaktionsgeschwindigkeit. Diese nimmt mit steigender Temperatur zu, da Zusammenstöße zwischen Substratmolekülen und aktiven Zentren bei schnellerer Molekülbewegung wahrscheinlicher sind.
- Über 38 °C kommt es zur *Hitzedenaturierung:* Die Reaktionsgeschwindigkeit fällt rapide ab, da die Enzymproteine in zunehmenden Maße denaturiert werden. Durch die Hitze lösen sich in den Proteinmolekülen die zwischenmolekularen Wechselwirkungen (Van-der-Waals-Kräfte, Ionenbindungen und Wasserstoffbrücken), wodurch es zur Veränderung der Tertiärstruktur und somit des aktiven Zentrums kommt. Die Enzyme können dann ihre Aufgabe nicht mehr erfüllen.

Eine Ausnahme stellen die Enzyme von thermophilen Bakterien dar, die in heißen Quellen leben. Sie sind noch bei Temperaturen über 85 °C aktiv. Hier stabilisieren Ionenbindungen und Disulfidbrücken die Tertiärstruktur der Proteinmoleküle.

**Enzymaktivität und pH-Wert.** Jedes Enzym besitzt einen pH-Wert, bei dem es am aktivsten ist. Dieses *pH-Optimum* liegt bei den meisten Enzymen zwischen 6 und 8. Das Pepsin des Magens stellt mit einem pH-Optimum von 2 eine Ausnahme dar (Abb. 4).

Erklären lässt sich diese Eigenschaft, wenn man die Struktur der Enzyme betrachtet. Auf der Oberfläche der Enzymmoleküle befinden sich Gruppen, die je nach pH-Wert ihren Ladungszustand ändern, z. B. Amino-, Carboxy- oder Hydroxygruppen: Im Sauren werden sie protoniert, im Basischen deprotoniert. Die dabei entstehenden oder wegfallenden zwischenmolekularen Kräfte können zu Veränderungen der Tertiärstruktur der Enzymmoleküle führen. Substratmoleküle können folglich nicht mehr so gut bzw. überhaupt nicht mehr am aktiven Zentrum binden.

Die Enzymaktivität hängt von der Temperatur und vom pH-Wert ab.

### Info
Enzyme sind auch in Waschmitteln enthalten. Hier bauen sie stärke- oder eiweißhaltige Verschmutzungen ab; die dabei entstehenden Spaltprodukte lösen sich problemlos in der Waschlauge.
Solche Waschmittel sind meist nur bis 60 °C verwendbar, da beim Kochen der Wäsche die meisten Enzyme durch Hitzedenaturierung unwirksam werden. Waschmittel bis 90 °C enthalten hitzeresistente Enzyme aus thermophilen Bakterien.

### Aufgaben
1 Lebensmittel, wie z. B. Milch, halten gekühlt länger als bei Raumtemperatur. Finden Sie eine Erklärung.
2 Erläutern Sie, wie sich die maximale Reaktionsgeschwindigkeit $v_{max}$ verändert, wenn die Enzymkonzentration
   a) halbiert
   b) verdoppelt
   wird.

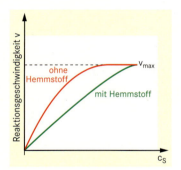

**1** Kompetitive Hemmung: Abhängigkeit der Reaktionsgeschwindigkeit von der Substratkonzentration

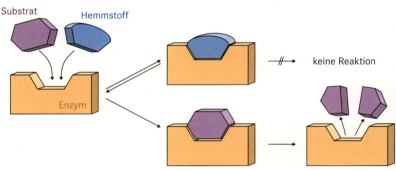

**2** Modell zur kompetitiven Enzymhemmung

## 7.10 Hemmstoffe

**Info**
Hemmstoffe können bei enzymatischen Reaktionen die Reaktionsgeschwindigkeit verringern. Die Enzymaktivität wird somit gehemmt.

**Kompetitive Hemmung.** Der *Hemmstoff* ist in seiner Struktur dem Substrat sehr ähnlich. Daher kann auch er am aktiven Zentrum binden, er wird allerdings vom Enzym nicht umgesetzt (Abb. 2). Da Substrat und Hemmstoff um das aktive Zentrum konkurrieren, spricht man von einer kompetitiven Hemmung. Das aktive Zentrum wird blockiert, solange der Hemmstoff daran gebunden ist, da sich ein *Enzym-Hemmstoff-Komplex* gebildet hat.
Diese Hemmung kann durch Erhöhung der Substratkonzentration wieder aufgehoben werden (Abb. 1): Erhöht man bei einer konstanten Enzym- und Hemmstoffkonzentration die Substratkonzentration, so steigt die Geschwindigkeit langsam an. Die maximale Reaktionsgeschwindigkeit $v_{max}$ wird dann schließlich bei höherer Substratkonzentration erreicht. Da mit steigender Substratkonzentration die Bindung der Substratmoleküle an das aktive Zentrum im Gegensatz zum Hemmstoff immer wahrscheinlicher wird, wird der Hemmstoff immer mehr vom aktiven Zentrum verdrängt.

Kompetitive Hemmstoffe sind dem Substrat strukturell ähnlich; sie können am aktiven Zentrum reversibel binden und dadurch die enzymatische Reaktion verlangsamen. Durch Erhöhung der Substratkonzentration kann die maximale Reaktionsgeschwindigkeit des Enzyms erreicht werden.

**3** Sulfonamide sind kompetitive Hemmstoffe bei der enzymatischen Bildung von Folsäure aus 4-Aminobenzoesäure. Für die Entdeckung dieser ersten Breitbandantibiotika erhielt Gerhard Domagk 1939 den Nobelpreis für Medizin.

4-Aminobenzoesäure

Sulfonamid

★ **Eine nützliche Hemmung.** Bakterien benötigen für ihr Wachstum Folsäure, ein Vitamin, das sie selbst enzymatisch herstellen. Der deutsche Bakteriologe Gerhard Domagk entdeckte, dass bestimmte Stoffe – Sulfonamide (Abb. 3) – die Herstellung von Folsäure kompetitiv hemmen, da sie das aktive Zentrum des Enzyms besetzen. So verhindern sie die Bildung von Folsäure aus dem Substrat 4-Aminobenzoesäure und hemmen dadurch das bakterielle Wachstum. Menschliche Zellen sind davon nicht betroffen, da sie die Folsäure nicht selbst herstellen können. Dadurch können mit Sulfonamiden Infektionskrankheiten wirkungsvoll bekämpft werden.

Reaktionsgeschwindigkeit und Enzymkatalyse  159

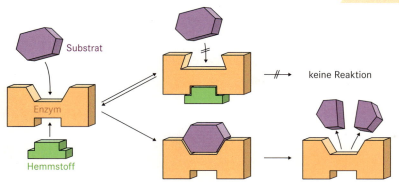

**4** Modell zur nichtkompetitiven Enzymhemmung

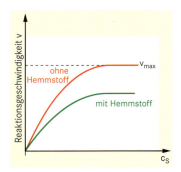

**5** Nichtkompetitive Hemmung: Abhängigkeit der Reaktionsgeschwindigkeit von der Substratkonzentration

**Nichtkompetitive Hemmung.** Manche Stoffe hemmen Enzyme, ohne eine strukturelle Ähnlichkeit mit dem Substrat zu besitzen (Abb. 4). Sie binden reversibel an einen Teil des Enzyms, der nicht im Bereich des aktiven Zentrums liegt. Diese Bindungsstelle wird als *allosterisches Zentrum* bezeichnet. Es findet somit in diesem Fall keine Konkurrenz um die Bindung an das aktive Zentrum statt, man spricht von nichtkompetitiver oder allosterischer Hemmung.
Durch die Anlagerung des Hemmstoffs wird die Gesamtstruktur des Enzyms und damit auch des aktiven Zentrums verändert, sodass das Substrat nicht mehr am aktiven Zentrum gebunden werden kann. Ist eine Bindung des Substrats dennoch möglich, so kann es weniger effektiv oder gar nicht mehr in das Produkt umgesetzt werden.
Auch durch Erhöhung der Substratkonzentration kann die maximale Reaktionsgeschwindigkeit $v_{max}$ nicht mehr erreicht werden (Abb. 5); ein Teil der Enzyme ist durch die Bindung des Hemmstoffes praktisch „abgeschaltet".

Allosterische Hemmstoffe binden am allosterischen Zentrum des Enzyms und senken dadurch die Reaktionsgeschwindigkeit. Sie haben keine strukturelle Ähnlichkeit mit dem Substrat. Durch Erhöhung der Substratkonzentration kann die maximale Reaktionsgeschwindigkeit des Enzyms nicht erreicht werden.

**Hemmung durch Schwermetallionen.** Schwermetallionen, wie Quecksilber-, Cadmium-, Blei- oder Kupferionen, können an den Seitengruppen der Enzymproteine (Amino-, Sulfid-, Carboxygruppen) binden. Dadurch verändern sich die intramolekularen Bindungen und somit die Tertiärstruktur. Da die Bindung meist irreversibel ist, kommt es zur dauerhaften Änderung des räumlichen Baus des Enzymmoleküls und damit zu einer dauerhaften Hemmung.

Schwermetallionen hemmen die Enzyme meist irreversibel.

### Info
Der Begriff Allosterie kommt aus dem Griechischen: griech. allos = anderer, griech. stereos = starr, fest.

### Aufgabe
**1** Informieren Sie sich im Internet über weitere Ursachen der Schwermetallbelastung.

### Info
Viele Batterien enthalten die Schwermetalle Quecksilber und Cadmium. In Deutschland wurden im Jahr 2004 Batterien mit einem Quecksilbergehalt von 3 Tonnen und einem Cadmiumgehalt von 700 Tonnen verkauft. Nur ein Teil dieser Batterien wurde zurückgegeben. Der Rest gelangte in Müllverbrennungsanlagen oder Mülldeponien, wo die Schwermetalle sofort bzw. im Laufe der Zeit freigesetzt werden.
Cadmium stammt auch aus Galvanisierbetrieben und cadmiumhaltigen Farbmitteln. Die Bleibelastung im Boden ist vor allem auf die früher verwendeten bleihaltigen Benzinzusätze zurückzuführen.

# Auf einen Blick

## Definition

- Reaktionsgeschwindigkeit:

$$v_R = \frac{\Delta n \,(\text{Produkt})}{\Delta t} = -\frac{\Delta n \,(\text{Edukt})}{\Delta t}$$

- mittlere Reaktionsgeschwindigkeit: für einen bestimmten Zeitabschnitt
- momentane Reaktionsgeschwindigkeit: für einen bestimmten Zeitpunkt

## Stoßtheorie

Bedingungen für eine Reaktion:
- Teilchen müssen zusammenstoßen
- Teilchen müssen Mindestenergie $E_{min}$ besitzen
- Teilchen müssen in geeigneter räumlicher Anordnung vorliegen

## Einflüsse

Reaktionsgeschwindigkeit nimmt zu bei
- Erhöhung der Eduktkonzentration
- Erhöhung der Oberfläche (Zerteilungsgrad)
- Temperaturerhöhung

RGT-Regel

- = Reaktionsgeschwindigkeits-Temperatur-Regel
- Temperaturerhöhung um 10 °C: $\Rightarrow$ in etwa Verdoppelung der Reaktionsgeschwindigkeit

## Reaktions-geschwindigkeit

## Katalyse — Katalysator

Katalyse:
- die katalysierte Reaktion nimmt einen anderen Reaktionsweg als die unkatalysierte
- für diesen Reaktionsweg ist die zur Reaktion notwendige Mindestenergie $E_{min}$ geringer als für die unkatalysierte Reaktion

Katalysator:
- erniedrigt die Aktivierungsenergie und beschleunigt so die Reaktion
- liegt am Ende unverändert vor

### homogen

- alle Stoffe liegen in derselben Phase vor
- sie reagieren in mehreren Teilschritten unter Bildung von Zwischenverbindungen

### heterogen

- gasförmige, flüssige oder gelöste Stoffe reagieren auf einer Festkörperoberfläche miteinander
- durch Adsorption auf der Oberfläche wird der Reaktionsweg verändert

## Auf einen Blick  161

### Definition

- = katalytische Proteine, die chemische Reaktionen beschleunigen
- setzen Aktivierungsenergie herab
- werden bei der Reaktion nicht verbraucht

### Enzymaktivität

ist abhängig von
- Substratkonzentration: ab bestimmter Konzentration ist Reaktionsgeschwindigkeit maximal
- Temperatur: es gibt Temperaturoptimum
- pH-Wert: es gibt pH-Optimum

## Enzyme

### Hemmstoffe

setzen Reaktionsgeschwindigkeit herab

#### kompetitiv

- Hemmstoff ist Substrat ähnlich
- binden reversibel am aktiven Zentrum
- können durch Substrat verdrängt werden

#### nichtkompetitiv (allosterisch)

- Hemmstoff ist Substrat nicht ähnlich
- binden reversibel am allosterischen Zentrum und verändern so das aktive Zentrum
- können durch Substrat nicht verdrängt werden

#### Schwermetallionen

- räumlicher Bau des Enzyms ändert sich
- binden meist irreversibel an die Enzymproteine

### Wirkungsweise

#### Schlüssel-Schloss-Modell

- Substrat und Enzym passen zueinander wie Schlüssel zu Schloss

#### Wirkungsspezifität

- Enzym setzt Substrat nur auf eine bestimmte Weise um

#### Substratspezifität

- Enzym setzt nur bestimmtes Substrat um

##### Gruppenspezifität

- Enzym setzt Verbindungen mit gleicher funktioneller Gruppe um
- z. B. Alkoholdehydrogenasen: bauen Alkohole zu Aldehyden ab

##### absolute Spezifität

- Enzym setzt ein Substrat in einer ganz bestimmten Weise um
- z. B. Urease: spaltet Harnstoff hydrolytisch zu Ammoniak und Kohlenstoffdioxid

# Knobelecke

1 Iodidionen werden in saurer Lösung mit Wasserstoffperoxid zu elementarem Iod oxidiert. In Gegenwart einer Stärkelösung ist bei einer Temperatur von 20 °C nach 34 Sekunden eine Blaufärbung zu beobachten. Formulieren Sie die Redoxgleichung mit Teilgleichungen und geben Sie an, wie lange die Reaktionszeit jeweils bei einer Temperatur von 10 °C bzw. 50 °C sein wird.

2 Bei Raumtemperatur reagiert ein Stück Calcium in einem Reagenzglas mit verdünnter Salpetersäure. Die Reaktion verläuft exotherm.
a) Welchen Einfluss besitzen die folgenden Änderungen der Versuchsbedingungen jeweils auf die Reaktionsgeschwindigkeit? Begründen Sie Ihre Antworten.
① Das Calcium-Metall wird in fünf Stücke geteilt.
② Die Konzentration der Salpetersäure wird verdoppelt.
③ Die Reaktionstemperatur wird auf 40 °C erhöht.
④ Das Volumen der Salpetersäure wird verdreifacht.
⑤ Das Reagenzglas wird kräftig geschüttelt.
b) Erläutern Sie, warum die Reaktion im Laufe der Zeit immer langsamer ablaufen muss.
c) Begründen Sie kurz, woran es liegen könnte, dass sich die Geschwindigkeit dieser Reaktion ohne äußere Einflüsse dennoch kurzzeitig sogar erhöhen kann.

3 Bei der Reaktion von 100 ml Salzsäure ($c(HCl) = 0,1$ mol/l), mit Magnesium (im Überschuss) wurden folgende Volumina an Wasserstoff gemessen:

| t in sec | 10 | 20 | 30 | 40 | 50 | 60 | 70 | 80 |
|---|---|---|---|---|---|---|---|---|
| $v(H_2)$ in ml | 23 | 36 | 44 | 50 | 54 | 57 | 59 | 60 |

a) Berechnen Sie die mittlere Reaktionsgeschwindigkeit in Bezug auf die $H_3O^+$- und die $Mg^{2+}$-Ionenkonzentration für die Zeit zwischen 30 und 60 Sekunden.
b) Stellen Sie den gesamten Reaktionsverlauf für die Zunahme der Konzentration an $Mg^{2+}$-Ionen und die Konzentrationsabnahme der $H_3O^+$-Ionen grafisch dar.

4 Folgende Reaktionsfolge ist gegeben: A → B → C. Verfolgt man die Konzentrationen der einzelnen Stoffe im Reaktionsgemisch, so erhält man die drei in Abb. 1 gezeigten Kurvenverläufe. Ordnen Sie den Stoffen A, B und C jeweils eine dieser Kurven zu und begründen Sie Ihre Entscheidung.

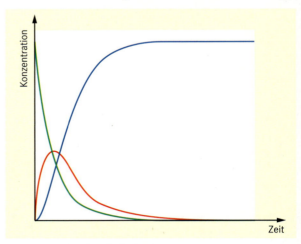

1 Kurvenverlauf zu Aufgabe 4

5 Ein Hemmstoff verlangsamt eine enzymatische Reaktion. Bestimmen Sie mithilfe der gemessenen Werte die Art der Hemmung durch grafische Analyse.

| Subtratkonzentration in $10^{-3}$ mol/l | µg Produkt/Stunde (ohne Hemmstoff) | µg Produkt/Stunde (mit Hemmstoff) |
|---|---|---|
| 2,0 | 140 | 90 |
| 3,0 | 180 | 120 |
| 4,0 | 210 | 150 |
| 10,0 | 310 | 260 |
| 15,0 | 360 | 310 |
| 17,0 | 370 | 360 |
| 18,0 | 370 | 370 |

6 In zwei Versuchen wird der enzymkatalysierte Abbau eines Substrats untersucht. Im ersten Versuch wird zu einer bestimmten Menge Substrat etwas Enzym gegeben und die Veränderung der Substratkonzentration in Abhängigkeit von der Zeit gemessen. Im zweiten Versuch wurde bei sonst gleichen Versuchsbedingungen zusätzlich

eine geringe Menge eines kompetitiven Hemmstoffes zugesetzt. Zeichnen Sie ein Diagramm, das die Substratkonzentration der ungehemmten und der gehemmten Reaktion in Abhängigkeit von der Zeit zeigt.

**7** Methanolvergiftungen beim Menschen haben oftmals ihre Ursache darin, dass Methanol mit Ethanol verwechselt oder zu Genusszwecken in alkoholischen Getränken verwendet wird. Im Körper wird aus Methanol durch das Enzym Alkoholdehydrogenase Methanal gebildet. Dieses ist – neben anderen Stoffwechselprodukten – für die Giftwirkung, z. B. Erblinden, verantwortlich. Methanolvergiftungen können mit Ethanol behandelt werden. Dabei gibt man dem Patienten per Infusion Ethanol und hält einige Tage eine bestimmte Ethanolkonzentration im Blut aufrecht. Beurteilen Sie kurz die Substratspezifität der Alkoholdehydrogenase und erklären Sie, weshalb durch Anwendung von Ethanol die Vergiftungserscheinungen vermindert werden können.

**8** In Lehrbüchern der Biochemie findet man häufig folgende Abbildung:

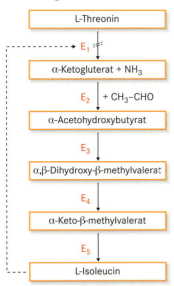

L-Isoleucin ist eine der 20 natürlich vorkommenden Aminosäuren (→ S. 120). Sie hemmt das Enzym (E1) des ersten Reaktionsschrittes in dieser Reaktionskette allosterisch. Erörtern Sie den Ablauf und die Bedeutung dieser Endprodukthemmung für den Stoffwechsel eines Lebewesens.

**9** Folgende Konzentrationen wurden bei einer enzymatischen Reaktion in Abhängigkeit von der Zeit gemessen (Anmerkung: Aus einem Substratmolekül soll ein Produktmolekül entstehen):

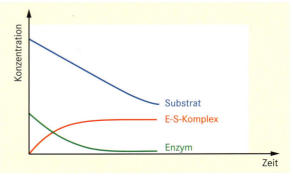

a) Erklären Sie den Verlauf der Kurven.
b) Wie wird sich die Konzentration des Produkts ändern? Zeichnen Sie das Diagramm ab und ergänzen Sie die entsprechende Kurve.
c) Ergänzen Sie in Ihrem Diagramm die Kurven, bis alles Substrat verbraucht ist.

**10** Das Enzym Amylase kommt im Mundspeichel des Menschen vor, es spaltet Stärke in Maltose (→ S. 106, 110). In der folgenden Tabelle sind Versuche zum Stärkeabbau mit Amylase dargestellt. In allen Reagenzgläsern befinden sich gleiche Volumina gleichkonzentrierter Stärkelösungen.

| Versuch Nr. | Salzsäure | Temperatur | Quecksilbersalz | Natronlauge |
|---|---|---|---|---|
| 1 | – | 25 °C | – | + |
| 2 | – | 25 °C | + | – |
| 3 | + | 25 °C | – | – |
| 4 | – | 25 °C | – | – |
| 5 | – | 5 °C | – | – |
| 6 | – | Amylase kurz aufgekocht | – | – |

a) Geben Sie die Strukturformelgleichung des Stärkeabbaus an.
b) Bei welchem Versuch verläuft der Stärkeabbau am schnellsten, bei welchem findet kein oder nur ein geringfügiger Abbau statt? Begründen Sie Ihre Antwort.

# Fit fürs Seminar

> "Step inside, ladies and gentlemen," said the museum attendant, "and see the dinosaurier, which is 200.000.001 years old."
> "How are you so certain of its age?" asked a visitor.
> "Well," he replied, "last year when I started this job, it was 200.000.000 years old."

**1** Messgenauigkeit?

## Fehlerbetrachtung

Bei naturwissenschaftlichen Experimenten kann es trotz sorgfältigem Vorgehen bei der Versuchsdurchführung, bei der Beobachtung oder bei der Auswertung zu Fehlern kommen. Man unterscheidet zwischen systematischen, zufälligen und groben Fehlern:

**Systematische Fehler.** Sie werden durch die Unvollkommenheit der Messgeräte bzw. des Messverfahrens verursacht und bewirken systematische Abweichungen des Messwertes vom wahren Wert. Gründe können Umwelteinflüsse oder persönliche Einflüsse des Beobachters sein.

*Beispiele:*
- Konsequentes falsches Ablesen des Füllstandes einer Bürette.
- Der Flüssigkeitsrest in einer Messpipette wird mithilfe des Peleusballs ausgeblasen.
- Die pH-Elektrode ist nicht mehr geeicht.

**Zufällige Fehler.** Zufällige Fehler haben ihre Ursache in während des Experiments nicht erfassbaren und nicht beeinflussbaren Änderungen der Messgeräte, des Messgegenstandes, der Umwelt und der Beobachter. Selbst wenn eine Messung unter konstanten Bedingungen (gleiches Messgerät, gleicher Beobachter usw.) wiederholt wird, ergibt sich nicht immer der gleiche Messwert. Man sagt, „die Messwerte streuen".

*Beispiele:*
- Ein Experimentator zittert beim Abmessen einer bestimmten Flüssigkeitsmenge mit einer Messpipette.
- Netzspannungsschwankungen können Messwerte zufällig beeinflussen.

**Grobe Fehler.** Grobe Messfehler beruhen immer auf Ursachen, die vermeidbar wären, wie die Unachtsamkeit des Experimentators. Sie können durch Sorgfalt vermieden werden.

*Beispiele:*
- Ein Laborant verwendet eine Chemikalienflasche mit einer falsch konzentrierten Lösung.
- Es werden verschmutzte Gefäße für die Reaktionen benutzt.
- Es wird das entstehende Gasvolumen in einer undichten Apparatur gemessen.

**Messgenauigkeit.** Beim Ablesen eines Messwertes ist die Messgenauigkeit zu berücksichtigen, d. h. die Messwerte sind so genau anzugeben, wie sie abzulesen waren (vgl. Abb. 1). Hat man eine Reihe von streuenden Messwerten einer Messgröße gewonnen, so gilt als Ergebnis üblicherweise das arithmetische Mittel (Abb. 2).
Je mehr ähnliche Messwerte man hat, desto sicherer ist der Mittelwert der Messgröße. Der Mittelwert ist sinnvoll gerundet anzugeben, also nicht auf mehr Stellen hinter dem Komma als die einzelnen Werte selbst.

**2** Berechnung des Mittelwertes

$$\overline{x} = \frac{\sum\limits_{i=1}^{n} x_i}{n}$$

# Wichtige Regeln für das Experimentieren

### Vor dem Experimentieren
- *Schutzbrille* aufsetzen.
- Versuchsanleitung sorgfältig lesen.
- Sicherheitsvorschriften für Versuch und Reagenzien beachten.
- Längere Haare zurückbinden.
- Es herrscht Ess- und Trinkverbot.
- Jacken bzw. Mäntel sowie Schultaschen aus dem Experimentierbereich entfernen.
- Alle Geräte müssen sicher stehen (Stativmaterial benutzen).
- Jedes Experiment überlegt vorbereiten und sachgerecht durchführen, nie Chemikalien zusammenschütten, um zu schauen, „was dabei herauskommt".

### Während des Experimentierens
- Versuche nur nach Anleitung durchführen, keine experimentellen Alleingänge unternehmen.
- Gesicht nie direkt über ein Reaktionsgefäß halten.
- Reagenzglasöffnung niemals auf andere Personen richten (Abb. 1).
- Versuche nur mit den angegebenen Chemikalienmengen durchführen.
- Säure- und Laugenspritzer auf Haut und Kleidung sofort mit viel Wasser abwaschen.
- Keine offenen Flammen bei leicht entzündbaren Stoffen.
- Bunsenbrenner immer im Auge behalten (Flamme, Gas).
- Gaszufuhr nach einem Versuch sofort unterbrechen. Bei Bedarf später erneut zünden.
- Versuchsspannen sofort melden.

**1** Reagenzglasöffnung niemals auf Personen richten

**2** Geruchsprobe durch Zufächeln mit der Hand

### Umgang mit Chemikalien
- Reagenzgläser nur zu einem Drittel befüllen.
- Keine Geschmacksproben durchführen.
- Bei Geruchsproben die Gase oder Dämpfe vorsichtig zufächeln (Abb. 2).
- Sparsamer Chemikaliengebrauch.
- Bei Chemikalienentnahme sorgfältig arbeiten, Gefäße sofort wieder verschließen.
- Chemikalien nicht in Lebensmittelflaschen oder -boxen aufbewahren.

### Nach dem Experimentieren
- Experimentiertisch aufräumen und säubern.
- Geräte reinigen, abschließend mit destilliertem Wasser abspülen und auf das Trockengestell stellen.
- Chemikalienreste nie in die Vorratsflasche zurückgeben.
- Gas- und Wasserhähne überprüfen.
- Chemieabfall sachgerecht entsorgen (Lehrerhinweise).
- Hände waschen.
- Keine Chemikalien mit nach Hause nehmen.
- Gefährliche Versuche zu Hause auf keinen Fall nachmachen.

### Sicherheitsvorkehrungen
- Informationen über Not-Ausschalter (Strom, Gas), Feuerlöscher, Löschdecken, Augenduschen einholen.
- Fluchtwege und Notausgang kennen.

# Versuche zu Kapitel 1: Aromatische Kohlenwasserstoffe

Aufgrund des hohen Gefahrenpotenzials vieler Aromaten sind Experimente – vor allem mit Benzol – problematisch. Daher sind hier nur wenige Experimente aufgeführt und zumeist als Lehrerversuche gekennzeichnet. In Versuch 2 wurde Toluol als Ersatzstoff gewählt.

## 1
**Verhalten von Cyclohexen und Benzol gegenüber Bromwasser**
*Vorsicht! Schutzbrille! Schutzhandschuhe! Abzug!*
Ein Reagenzglas wird mit 3 ml analysenreinem Benzol (T, F) und ein weiteres mit 3 ml Cyclohexen (F, Xn) befüllt. Es werden ca. 2 ml Bromwasser (T, Xi) hinzugegeben und geschüttelt.
*Schülerauftrag:* Was beobachten Sie? Deuten Sie das Ergebnis.
*Entsorgung:* Lösungen in den Sammelbehälter IV geben.

## 2
**Bromierung von Toluol**
*Vorsicht! Schutzbrille! Schutzhandschuhe! Abzug!*
In einem trockenen Reagenzglas werden zu 2 ml Toluol (F, Xn) etwa 0,5 g Eisenspäne gegeben und mit etwa 5 Tropfen Brom (T+, C, N) versetzt. Die entweichenden Dämpfe werden mit feuchtem Universalindikatorpapier überprüft.
*Hinweis:* Wenn die Stoffe völlig trocken sind, setzt die Reaktion sofort ein, ansonsten muss etwas erwärmt werden.
*Schülerauftrag:* Was beobachten Sie? Deuten Sie das Ergebnis.
*Entsorgung:* Lösungen in den Sammelbehälter IV geben.

## 3
**Reaktion von Phenol als Säure**
*Vorsicht! Schutzbrille! Schutzhandschuhe!*
In ein Reagenzglas gibt man 5 ml destilliertes Wasser und einige Tropfen verdünnte Natronlauge (C). Nach Zugabe von einigen Tropfen Phenolphthaleinlösung (Xn) gibt man eine Emulsion von Phenol (T, C) in Wasser dazu und schüttelt.
In einem zweiten Reagenzglas wird zum Farbvergleich dieselbe Lösung ohne Phenol angesetzt.
*Schülerauftrag:* Was beobachten Sie? Deuten Sie das Ergebnis.
*Entsorgung:* Lösungen in den Sammelbehälter III geben.

## 4
**Extraktion von Nelkenöl**
*Vorsicht! Schutzbrille!*
Für eine möglichst effektive Extraktion eignet sich die Wasserdampfdestillation. Hierzu ist folgende Apparatur möglich:

In den Erlenmeyerkolben werden 15 g zermörserte Gewürznelken eingefüllt. Es werden 10 ml Wasser zugegeben und durch diese Mischung lässt man ca. 30 min lang Wasserdampf strömen. In der Vorlage kann das Nelkenöl aufgefangen werden.
Hinweis: Anstelle der Luftkühlung kann für eine effektivere Extraktion ein Liebigkühler verwendet werden.
*Achtung!* Beachten Sie, dass sich im Dampfbereiter immer genügend Wasser befindet.
Das Gewürznelkenöl enthält als Aromastoff den Aromaten Eugenol (Xn). Recherchieren Sie dessen Strukturformel.
*Entsorgung:* Lösungen in den Sammelbehälter III geben.

Experimente 167

# Versuche zu Kapitel 2: Farbstoffe

## 1
**Zerlegung von Licht in Spektralfarben**
Weißes Licht einer Laborleuchte wird durch eine Spaltblende auf ein Dreiecksprisma geleitet. Das Spektrum wird auf einer weißen Projektionsfläche abgebildet. Nun bringt man mithilfe einer Küvette verschiedenfarbige Lösungen in den Strahlengang.

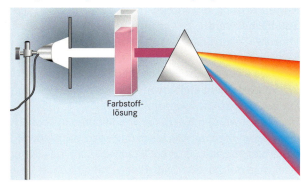

Was beobachten Sie? Stellen Sie in einer Tabelle die Farbe der Lösung und die im Spektrum fehlende Farbe gegenüber.

## 2
**Synthese des Azofarbstoffs Orange II (2-Naptholorange)**
*Vorsicht! Schutzbrille!*
Es werden 10 ml verdünnte Essigsäure (Xi) mit 10 ml Ethanol (F) gemischt. Hierzu gibt man jeweils eine Spatelspitze Sulfanilsäure (4-Aminobenzolsulfonsäure, Xi) und 2-Naphthol (Xn, N) und rührt um. Die entstandene Suspension wird in eine Petrischale aus Glas gegeben, die auf einem weißen Untergrund oder dem Overheadprojektor steht. Nun wird mit einem Spatel etwas Natriumnitrit (O, T, N) eingestreut.

Durch Zugabe verdünnter Natronlauge (C) kann die Wirkung des entstandenen Azofarbstoffs als Säure-Base-Indikator gezeigt werden.
Welche Farbänderungen beobachten Sie? Formulieren Sie die Reaktionsgleichung für die Synthese dieses Azofarbstoffs.
*Entsorgung:* Lösungen in den Sammelbehälter III geben.

## 3
**Chromatografie von Blattfarbstoffen**
*Vorsicht! Schutzbrille!*
In einem Mörser zerreibt man Pflanzenblätter (gut geeignet ist z. B. Gras) mit etwas Quarzsand und 10 ml Aceton (F, Xi). Die tiefgrüne Lösung wird mit einer Glaskapillare aufgenommen und auf die Startlinie einer DC-Platte punktweise aufgetragen. Diese bringt man in eine Chromatografiekammer, die als Laufmittel eine Mischung aus Heptan (F, T, N), Propan-2-ol (F, Xi) und Wasser im Verhältnis 100 : 10 : 1 enthält. Da die Blattfarbstoffe lichtempfindlich sind, sollte die Chromatografiekammer abgedunkelt werden (z. B. durch Umwickeln mit Alufolie).

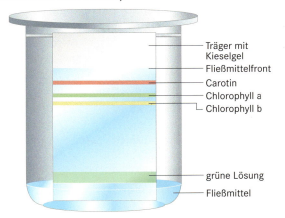

Erstellen Sie eine Skizze des entwickelten Chromatogramms und ordnen Sie die Banden den jeweiligen Farbstoffen zu.
*Entsorgung:* Lösungen in den Sammelbehälter III geben.

### 4
**Synthese von Indigo**
*Vorsicht! Schutzbrille!*
In einem 100 ml Erlenmeyerkolben werden 2 g 2-Nitrobenzaldehyd in 20 ml Aceton (F) gelöst. Nach Zugabe von 10 ml destilliertem Wasser werden 8 ml Natronlauge (c = 1 mol/l, C) hinzugefügt; es wird umgerührt. Nach etwa 5 Minuten wird die Lösung tiefblau, es scheidet sich ein blauer Feststoff (Xi) ab: Es handelt sich um Indigo. Dieses wird mit einer Wasserstrahlpumpe und Nutsche von der Lösung abfiltriert und kann dann vom Filterpapier abgekratzt werden. Das so gewonnene Indigopulver kann für Färbeversuche verwendet werden.
*Entsorgung:* Lösungen in den Sammelbehälter III geben.

### 5
**Küpenfärbung mit Indigopulver**
*Vorsicht! Schutzbrille! Schutzhandschuhe!*
In ein 600 ml-Becherglas werden 300 ml Wasser und 50 ml 3%ige Natronlauge (C) gegeben und in der nichtleuchtenden Brennerflamme auf 70 °C erhitzt. Hierzu gibt man eine Mischung aus 1 g Indigopulver (Xi), 10 ml Ethanol (F) und 50 ml 3%ige Natronlauge (C) und entfernt die Heizquelle. Zu dieser Mischung gibt man 10 g Natriumdithionit (Xn) und rührt gut um.
In der so entstandenen Küpe tränkt man 2 Minuten lang ein Stück weißen Baumwollstoff. Anschließend wird dieses mit einem Glasstab aus der Küpe entnommen und abgetropft.

*Vorsicht!* Die Flüssigkeit darf nicht mit den Händen in Berührung kommen! Sie färbt sehr stark!
Das Textilstück wird mindestens eine Minute lang unter fließendem Wasser ausgespült und anschließend an der Luft getrocknet. Beobachten Sie die Farbänderungen während der Versuchsdurchführungen.
*Entsorgung:* Lösungen in den Sammelbehälter III geben.

### 6
**Küpenfärbung mit Indigo aus Färberwaid**
*Vorsicht! Schutzbrille! Schutzhandschuhe!*
Färberwaid (Abb. 1) wächst häufig an Straßenböschungen. Aus einer handvoll frischer und gewaschener Blätter einer nicht blühenden Färberwaidpflanze kann Indigo (Xi) extrahiert werden.
Die Blätter werden hierzu für drei Minuten in kochendes Wasser gegeben. Die Mischung wird anschließend filtriert (am besten durch ein Baumwolltuch). Das Filtrat lässt man auf 20–30 °C abkühlen und gibt dann Ammoniakwasser (C, N) hinzu, bis eine grünlich-gelbe Küpe entsteht.
In dieser tränkt man 5 Minuten lang ein Stück weißen Baumwollstoff. Anschließend wird dieses vorsichtig mit einem Glasstab aus der Küpe entnommen und abgetropft. *Vorsicht!* Die Flüssigkeit darf nicht mit den Händen in Berührung kommen! Sie färbt sehr stark!
Das Textilstück wird mindestens eine Minute lang unter fließendem Wasser abgespült und anschließend an der Luft getrocknet.
Vergleichen Sie das Versuchsergebnis mit dem Ergebnis aus Versuch 5.
*Entsorgung:* Lösungen in den Sammelbehälter I geben.

**1** Die zunächst farblose Leukoform färbt sich an Luft grünlich.

**2** Färberwaid wächst an vielen Straßenrändern.

# Versuche zu Kapitel 3: Kunststoffe

## 1
**Herstellung von Polystyrol und Plexiglas durch radikalische Polymerisation**
*Vorsicht! Schutzbrille! Abzug!*
a) Polystyrol:
In einem großen Reagenzglas wird 1 g Dibenzoylperoxid (E, Xi) in 20 ml Styrol (Xn) gelöst. Die Lösung wird im schwach siedenden Wasserbad erwärmt. Nach ca. 30 Minuten wird das Reagenzglas herausgenommen und abgekühlt.
b) Plexiglas:
In einem großen Reagenzglas werden 0,2 g Dibenzoylperoxid (E, Xi) in 10 ml Methacrylsäuremethylester (F, Xi) vermischt. Die Lösung wird im ca. 80 °C heißen Wasserbad erwärmt. Nach ca. 30 Minuten wird das Reagenzglas herausgenommen und abgekühlt.
*Schülerauftrag:* Was beobachten Sie?
*Entsorgung:* Erkaltete Reagenzgläser in den Sammelbehältern für Feststoffabfälle geben.

## 2
**Herstellung eines Polyesters**
*Vorsicht! Schutzbrille!*
In einem Reagenzglas werden 3 g Bernsteinsäure (Butandisäure, Xn) mit 1,5 ml Glykol (Ethandiol, Xi) vermischt und vorsichtig unter Schütteln erhitzt. Sobald der Reagenzglasinhalt gelb und zähflüssig wird, lässt man das Reagenzglas erkalten und untersucht das Reaktionsprodukt.
*Entsorgung:* Erkaltetes Reagenzglas in den Sammelbehälter für Hausmüll geben.

## 3
**Herstellung von Nylon durch Polykondensation**
*Vorsicht! Schutzbrille! Abzug!*
Zunächst werden Lösungen von 1,6-Diaminohexan (C) und Sebacinsäuredichlorid (C) hergestellt. Hierzu werden 4,4 g 1,6-Diaminohexan und 0,8 g Natriumhydroxid (C) in 50 ml Wasser gelöst bzw. 3 ml Sebacinsäuredichlorid in 50 ml Hexan (F, Xn, N) gelöst. Zum Anfärben gibt man in die basische 1,6-Diaminohexanlösung einige Tropfen Phenolphthalein (Xn) und überschichtet diese vorsichtig mit der Sebacinsäuredichloridlösung.

Mithilfe eines Glastabes wird aus der Grenzfläche ein Nylonfaden herausgezogen und aufgewickelt.

*Schülerauftrag:* Was beobachten Sie?
*Entsorgung:* Lösungen in den Sammelbehälter III geben.

## 4
**Herstellung von Polyurethanschaum durch Polyaddition**
*Vorsicht! Schutzbrille!*
Man mischt Desmophen mit Desmodur 44 V (T+) ungefähr im Massenverhältnis 2:3. Hierzu gibt man zuerst Desmophen in einen Pappbecher und fügt dann Desmodur hinzu. Mit einem Glastab rührt man um, bis die Gasentwicklung einsetzt.
Desmophen enthält die Dihydroxyverbindung sowie Wasser. Desmodur enthält das Diisocyanat.

*Schülerauftrag:* Beobachten Sie die Schaumbildung und prüfen Sie den Schaum mithilfe eines Glastabs auf seine Festigkeit.
*Entsorgung:* In den Sammelbehälter für Feststoffabfälle geben.

## 5
**Herstellung von Bakelit**
*Vorsicht! Schutzbrille! Abzug!*
In ein Reagenzglas werden ca. 3 Fingerbreit Resorcin (Xn, N) und soviel 35 %ige Formaldehydlösung (T) gegeben, dass das Resorcin gerade bedeckt ist.
Das Gemisch wird so lange in ein heißes Wasserbad gestellt, bis sich eine Lösung gebildet hat. Dann verteilt man den Reagenzglasinhalt auf zwei Reagenzgläser und stellt beide ins Wasserbad.
Start der Reaktion: Man gibt in ein Reagenzglas ein paar Tropfen konz. Salzsäure (C), in das andere ein paar Tropfen konz. Natronlauge (C).
*Achtung!* Die Reaktionen können sehr heftig ablaufen! Es entstehen verschieden gefärbte Harze.

*Entsorgung:* Reagenzgläser samt Inhalt in den Sammelbehälter für Hausmüll geben.

## 6
**Herstellung von Polymilchsäure**
*Vorsicht! Schutzbrille!*
In ein Reagenzglas werden 3 ml Milchsäure (Xi), wenige Kristalle von Zinn(II)-chlorid (C) und zwei Siedesteinchen gegeben. Das Reagenzglas wird unter Umschütteln für ca. 10 Minuten erhitzt, bis der Inhalt orange gefärbt ist. Nun wird der Inhalt in eine Petrischale aus Polystyrol geschüttet; aus der warmen Polymilchsäure kann man mit einer Pinzette Fäden ziehen.

*Entsorgung:* Erkaltete Petrischale in den Sammelbehälter für Hausmüll geben.

## 7
**Verhalten von Thermo- und Duroplasten beim Erhitzen**
*Vorsicht! Schutzbrille!*
In ein großes Glasgefäß werden kochendes Wasser und Kunststoffproben von Thermo- und Duroplasten gegeben. Mithilfe einer Tiegelzange werden die Proben herausgenommen und auf ihre Verformbarkeit getestet.
Untersuchen Sie anschließend verschiedene Kunststoffe aus dem Haushalt und ordnen Sie diese den beiden Kunststoffgruppen zu.
*Entsorgung:* Die Kunststoffproben werden eingesammelt und wiederverwertet.

## 8
**Verbrennung von Polyethen und Polystyrol**
*Vorsicht! Schutzbrille! Abzug!*
Es werden jeweils ein Stück PE und PS (z. B. von einem mit PE bzw. PS gekennzeichneten Joghurtbecher) mit einer Tiegelzange festgehalten und entzündet.
*Vorsicht!* Es könnte tropfen.
Vergleichen Sie die Art der Verbrennung. Notieren und deuten Sie Ihre Beobachtungen.
*Entsorgung:* Plastikreste in den Hausmüll geben.

## 9
**Verbrennung von PVC**
*Vorsicht! Schutzbrille! Abzug!*
Ein Streifen PVC wird mit der Tiegelzange in die Brennerflamme und gleichzeitig in die Verbrennungsgase ein feuchtes Indikatorpapier gehalten.

*Schülerauftrag:* Notieren und deuten Sie Ihre Beobachtungen.
*Entsorgung:* Plastikreste in den Hausmüll geben.

# Versuche zu Kapitel 4: Fette und Tenside

## 1

**Untersuchung der Löslichkeit von Fetten und Ölen**
*Vorsicht! Schutzbrille!*
Man gibt jeweils 5 ml der folgenden Substanzen in ein Reagenzglas: destilliertes Wasser, Ethanol (F), Heptan (F, Xn, N) und Aceton (F, Xi).
In jedes Reagenzglas fügt man ein erbsengroßes Stück Fett (z. B. Schweinefett, Kokosfett) oder 8 Tropfen eines Öles hinzu und schüttelt. Anschließend kann der Versuch mit weiteren Fetten und Ölen wiederholt werden.
Prüfen Sie, in welchen Lösungsmitteln die Fette gelöst werden können. Deuten Sie das Ergebnis.
*Anmerkung:* Butter oder Margarine können wegen ihres Wassergehaltes nicht verwendet werden, es würde eine Emulsion entstehen.
*Entsorgung:* Lösungen in den Sammelbehälter III geben.

## 2

**Nachweis von Fetten: Die Fettfleckprobe**
Auf ein Stück Filterpapier werden ein Tropfen eines Speiseöls und ein Tropfen eines ätherischen Öls gegeben.
Beobachten Sie das Eintrocknen der beiden Tropfen. Erklären Sie die Beobachtungen.
Prüfen Sie anschließend Vollmilch, entrahmte Milch und Sahne mit dieser Methode auf ihren Fettgehalt.
*Entsorgung:* Filterpapiere in den Sammelbehälter für Hausmüll geben.

## 3

**Nachweis von Doppelbindungen in Pflanzenölen**
*Vorsicht! Schutzbrille! Abzug!*
Sonnenblumenöl wird in Heptan (F, Xn, N) gelöst. Anschließend gibt man tropfenweise Bromwasser (T, Xi) zu und schüttelt.
*Schülerauftrag:* Was beobachten Sie? Erklären Sie die Beobachtungen.
*Entsorgung:* Lösungen in den Sammelbehälter IV geben.

## 4

**Bestimmung des Fettgehaltes von Lebensmitteln**
*Vorsicht! Schutzbrille!*
Eine Portion eines Lebensmittels (z. B. Kartoffelchips, Käse, Wurst, Quark, Brot oder entsprechende Light-Produkte), das auf den Fettgehalt untersucht werden soll, wird zunächst möglichst stark zerkleinert. Anschließend muss die fetthaltige Substanz getrocknet werden, da das Wasser bei der Extraktion stören würde. Dies kann durch einfaches Liegenlassen im Exsikkator (Trocknungsmittel z. B. konzentrierte Schwefelsäure(C)) oder durch vorsichtiges Erwärmen geschehen, wobei die Temperatur 105 °C nicht übersteigen darf.
Zunächst wird der Rundkolben eines Soxhlet-Extraktors gewogen. Anschließend werden 5 g der getrockneten Lebensmittelportion abgewogen und die Extraktionshülse der Soxhlet-Apparatur gegeben.
In den Rundkolben wird nun etwa die doppelte Menge des Volumens der Extraktionshülse an n-Heptan (F, Xn, N) gegeben. Nun wird das Lösungsmittel n-Heptan zwei bis drei Stunden zum Sieden erhitzt. Anschließend wird der Rundkolben von der Apparatur entfernt und das Lösungsmittel wird im Abzug abdestilliert. Der Kolben, der jetzt nur noch das extrahierte Fett enthält, wird gewogen. Berechnen Sie aus den gemessenen Werten die Fettmenge, die sich im Rundkolben befindet. Beziehen Sie diesen Wert auf die Gesamteinwaage und geben Sie den Fettgehalt pro Gramm Trockenmasse an.
*Entsorgung:* Die zur Trocknung des Lebensmittels verwendete konzentrierte Schwefelsäure in den Sammelbehälter I geben, das abdestillierte Lösungsmittel in den Sammelbehälter III geben.

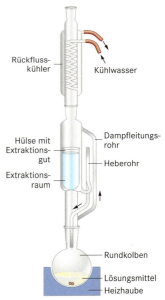

## 5

**Nachweis von freien Fettsäuren in gealterten Fetten**

*Vorsicht! Schutzbrille!*

In je einen Erlenmeyerkolben werden etwa 5 g Sonnenblumenöl, Kokosfett und gebrauchtes Frittierfett in jeweils 15 ml Heptan (F, Xn, N) gelöst. In jeden Kolben gibt man fünf Tropfen Phenolphthaleinlösung (F). Anschließend werden alle bereiteten Proben mit Natronlauge der Konzentration 0,1 mol/l titriert.
Notieren Sie sich den jeweiligen Verbrauch an Natronlauge. Deuten Sie die Beobachtungen.
*Entsorgung:* Lösungen in den Sammelbehälter III geben.

## 6

**Modellexperiment zum Seifensieden**

*Vorsicht! Schutzbrille!*

Etwa 10 g festes Pflanzenfett werden zu 5 ml Ethanol (F) in einer Abdampfschale gegeben. Auf einem Elektrokocher wird das Gemisch auf etwa 70 °C erwärmt. Dann werden 2 g festes Natriumhydroxid (C) in 10 ml Wasser gelöst und erwärmt. Diese Lösung wird unter ständigem Rühren portionsweise innerhalb von 10 Minuten zum erwärmten Fett-Ethanol-Gemisch gegeben. Nach Abschluss der Verseifung lässt man das Gemisch in der Abdampfschale erkalten.
Was beobachten Sie? Erklären Sie die Beobachtungen.
*Entsorgung:* Lösungen in den Sammelbehälter III geben.

## 7

**Emulgierende Wirkung einer Seifenlösung**

*Vorsicht! Schutzbrille!*

Zwei Reagenzgläser werden jeweils zu einem Drittel mit destilliertem Wasser gefüllt, in einem löst man zudem etwas Kernseife. In beide Reagenzgläser wird anschließend etwa 1 ml Speiseöl gegeben.
Nach Aufsetzen der Stopfen werden beide Reagenzgläser kräftig geschüttelt. Dann lässt man sie im Reagenzglasständer ruhig stehen.
Was beobachten Sie? Erklären Sie die Beobachtungen.
*Entsorgung:* Flüssigkeiten in Sammelbehälter für Abwasser geben.

## 8

**pH-Wert einer Seifenlösung**

*Vorsicht! Schutzbrille!*

Man löst jeweils etwas Kernseife und Schmierseife in einem Reagenzglas in destilliertem Wasser und tropft etwas Universalindikator zu.
Was beobachten Sie? Erklären Sie die Beobachtungen.
*Entsorgung:* Indikatorpapiere in den Sammelbehälter für Hausmüll, Flüssigkeiten in den Sammelbehälter für Abwasser geben.

## 9

**Reaktionsverhalten von Seifen gegenüber Säuren**

*Vorsicht! Schutzbrille!*

Man löst in einem Reagenzglas etwas Kernseife in destilliertem Wasser. Anschließend gibt man ein paar Tropfen verdünnte Schwefelsäure (Xi) hinzu und schüttelt.
Was beobachten Sie? Erklären Sie die Beobachtungen.
*Entsorgung:* Flüssigkeiten in den Sammelbehälter für Abwasser geben.

## 10

**Reaktionsverhalten von Seifen gegenüber hartem Wasser**

*Vorsicht! Schutzbrille!*

Man löst in einem Reagenzglas etwas Kernseife in destilliertem Wasser. Einen Teil dieser Lösung gibt man in ein Reagenzglas mit hartem Wasser (oder ersatzweise Calciumchloridlösung), den anderen Teil in ein Reagenzglas mit destilliertem Wasser. Anschließend werden beide Reagenzgläser geschüttelt.
Was beobachten Sie? Erklären Sie die Beobachtungen.
*Entsorgung:* Flüssigkeiten in den Sammelbehälter für Abwasser geben.

Experimente **173**

## 11
**Verhalten eines Tensids gegenüber verdünnter Säure und hartem Wasser**
Man löst in drei Reagenzgläsern jeweils etwas Tensid (z. B. Alkylbenzolsulfonat, Xi) in destilliertem Wasser. Dann prüft man im ersten Reagenzglas den pH-Wert mit Universalindikatorpapier. In das zweite Reagenzglas gibt man einige Tropfen verdünnte Schwefelsäure (Xi), in das dritte Reagenzglas einige Milliliter hartes Wasser (oder ersatzweise Calciumchloridlösung). Die Reagenzgläser zwei und drei werden nun geschüttelt.
Was beobachten Sie? Erklären Sie die Beobachtungen.
*Entsorgung:* Flüssigkeiten in den Sammelbehälter für Abwasser geben.

## 12
**Herstellung von Seifen**
*Vorsicht! Schutzbrille!*
Etwa 20 g Kokosfett werden mit 50 ml 10%iger Natronlauge (C) in einem Reaktionskolben mit Rückflusskühler ungefähr 20 Minuten lang erhitzt.
Der dabei entstehende Seifenleim wird in ein Becherglas geschüttet. Anschließend wird die entstandene Seife durch „Aussalzen" vom Glycerin getrennt. Dabei gibt man zum heißen Seifenleim eine gesättigte Natriumchloridlösung und lässt das Gemisch abkühlen.

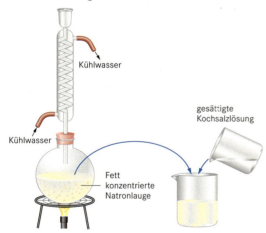

*Schülerauftrag:* Was beobachten Sie? Erklären Sie das Ergebnis.
Der sich auf der Flüssigkeit gebildete feste Seifenkern wird mit einem Löffel abgeschöpft und in einer Streichholzschachtel getrocknet. Nach einigen Stunden erhält man ein festes Seifenstück.

Zudem kann eine Probe des Seifenkerns in ein Reagenzglas mit destilliertem Wasser gegeben werden, das anschließend stark geschüttelt wird.
*Schülerauftrag:* Was beobachten Sie? Erklären Sie die Beobachtungen.
*Entsorgung:* Flüssigkeiten in den Sammelbehälter III geben.

## 13
**Experimentelles Projekt:
Untersuchungen verschiedener Waschmittel**
Moderne Waschmittel enthalten die verschiedensten Inhaltsstoffe, welche für einen effektiven Waschvorgang sorgen. So sind u. a. Komplexbildner, Bleichmittel, optische Aufheller und verschiedene Enzyme enthalten. Alle diese Stoffe können mit chemischen Analysemethoden nachgewiesen werden.
*Schülerauftrag:* Informieren Sie sich über die Inhaltsstoffe eines modernen Waschmittels und deren Bedeutung.
Suchen Sie nach einfachen Nachweismethoden, mit denen die genannten Stoffe bzw. deren Wirkung in den Waschmitteln nachgewiesen werden können. Besprechen Sie die Versuchsanleitungen mit ihrer Lehrkraft und führen Sie anschließend die Experimente durch. Nun können kleine Proben verschiedener Waschmittel experimentell genauer untersucht werden.
Es empfiehlt sich, die Ergebnisse in einer Tabelle festzuhalten und somit die einzelnen Waschmittel (z. B. Feinwaschmittel, Vollwaschmittel) einfach miteinander vergleichen zu können:

| Waschmittel | A | B | C |
|---|---|---|---|
| pH-Wert | … | … | … |
| Komplexbildner | … | … | … |
| Bleichmittel | … | … | … |
| optische Aufheller | … | … | … |
| Enzyme | … | … | … |
| … | … | … | … |

## Versuche zu Kapitel 5: Kohlenhydrate und Stereoisomerie

### 1
**Zersetzung von Glucose durch Hitze**
*Vorsicht! Schutzbrille!*
In einem Reagenzglas wird etwa 1 cm hoch Glucose vorgelegt und in der Bunsenbrennerflamme erhitzt. Welche Rückschlüsse über die elementare Zusammensetzung von Glucose können Sie aus den Beobachtungen ziehen?
*Entsorgung:* Feststoffe in den Sammelbehälter für Hausmüll geben.

### 2
**Zersetzung von Glucose durch Schwefelsäure**
*Vorsicht! Schutzbrille! Abzug!*
In ein Becherglas wird etwa 1 cm hoch Glucose gefüllt. Anschließend befeuchtet man die Oberfläche mit ein paar Tropfen Wasser und gibt konzentrierte Schwefelsäure (C) zu, bis der Zucker vollständig bedeckt ist. Zur Beschleunigung des Vorgangs kann der Ansatz leicht erhitzt werden.

Welche Gemeinsamkeiten und Unterschiede ergeben sich zu Versuch 1? Welche Eigenschaft der Schwefelsäure kann durch diesen Versuch nachgewiesen werden?
*Entsorgung:* Feststoffe in den Sammelbehälter für Sondermüll geben.

### 3
**Überprüfen der optischen Aktivität mithilfe eines einfachen Polarimeters**
Zwei Polarisationsfilter werden zwischen eine Lichtquelle und einem Kontrollschirm befestigt. Zwischen den beiden Polarisationsfiltern befindet sich ein leeres Glasgefäß, die Messzelle. Der zweite Polarisationsfilter (Analysator) wird so gedreht, dass kein Licht auf den Kontrollschirm fällt.

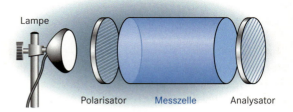

Anschließend wird das Gefäß mit einer Glucoselösung befüllt und der Analysator solange gedreht, bis der Kontrollschirm wieder vollständig verdunkelt ist. Erklären Sie die Beobachtung.
*Entsorgung:* Flüssigkeiten in den Sammelbehälter für Abwasser geben.

### 4
**Die Fehling-Probe**
*Vorsicht! Schutzbrille!*
Es werden wässrige Lösungen verschiedener Kohlenhydrate hergestellt: Glucose, Fructose, Maltose und Cellobiose. Dazu werden etwa 5 g der jeweiligen Kohlenhydrate in 100 ml Wasser aufgelöst. Jeweils 5 ml dieser Lösungen werden mit 2 ml der beiden Nachweisreagenzien Fehling-1-Lösung (Xn, N) und Fehling-2-Lösung (C) versetzt. Das Gemisch wird anschließend vorsichtig in einem Wasserbad erwärmt.
Erklären Sie die Beobachtungen.
*Entsorgung:* Lösungen in den Sammelbehälter III geben.

## 5
**Die Hydrolyse von Saccharose**
*Vorsicht! Schutzbrille!*
Die Fehling-Probe wird wie in Versuch 4 beschrieben mit einer Saccharose-Lösung durchgeführt. Anschließend werden etwa 15 ml der Saccharose mit 1 ml konzentrierter Salzsäure (C) versetzt und einige Minuten gekocht. Dann wird die Lösung mit Natronlauge (C) neutralisiert und die Fehling-Probe erneut durchgeführt.
Deuten Sie die Beobachtungen der beiden Versuchsansätze.
*Entsorgung:* Lösungen in den Sammelbehälter III geben.

## 6
**Die Silberspiegel-Probe (Tollens-Probe)**
*Vorsicht! Schutzbrille!*
Zunächst wird das Tollens-Reagenz, die ammoniakalische Silbernitratlösung (C) hergestellt. Dazu wird in wenige Milliliter einer ca. 2 %igen Silbernitratlösung so lange verdünnte Ammoniaklösung (C) getropft, bis sich der entstehende Niederschlag gerade wieder aufgelöst hat. *Achtung!* Tollens-Reagenz nicht aufbewahren (Bildung explosiver Verbindungen).
In fünf saubere, fettfreie Reagenzgläser gibt man nun 5 ml vom Tollens-Reagenz und jeweils 1 Natriumhydroxidplätzchen (C). Dann versetzt man die Reagenzgläser jeweils mit ein wenig fester Glucose, Fructose, Maltose, Cellobiose und Saccharose.
Erklären Sie die Beobachtungen.
*Entsorgung:* Tollensreagenz mit Salpetersäure (C) ansäuern und in den Sammelbehälter III geben.

## 7
**Der Iod-Stärke-Nachweis**
*Vorsicht! Schutzbrille!*
Eine Spatelspitze Mehl oder Speisestärke wird in 100 ml Wasser aufgeschlämmt. Etwa 5 ml dieser Lösung werden mit einigen Tropfen wässriger Iodkaliumiodidlösung versetzt. Deuten Sie die gemachten Beobachtungen.
*Entsorgung:* Lösungen in den Sammelbehälter IV geben.

## 8
**The Blue-Bottle-Wonder**
*Vorsicht! Schutzbrille!*
In einem Erlenmeyerkolben werden etwa 40 g Glucose und 5 g Natriumhydroxidplätzchen (C) in 400 ml Wasser aufgelöst. Anschließend werden 5 ml Methylenblaulösung (Xn) zugegeben und der Erlenmeyerkolben wird mit einem Stopfen verschlossen.
Bleibt die blaue Lösung unberührt, entfärbt sie sich nach einigen Minuten. Durch kräftiges Schütteln wird die Lösung aber wieder blau. Dieser Vorgang lässt sich vielfach wiederholen.
*Entsorgung:* Lösungen in den Sammelbehälter I geben.
*Hinweis:* Dem Blue-Bottle-Wonder liegt eine Redoxreaktion zugrunde, bei der Methylenblau seine Farbe verändert. Während des Schüttelns wird das Leukomethylenblau durch den Sauerstoff der im Erlenmeyerkolben enthaltenen Luft oxidiert und dadurch wieder blau.

Leukomethylenblau (farblos)

↓

Methylenblau (blau)

Erläutern Sie, welche Funktion die Glucose bei dieser Reaktion erfüllt und erstellen Sie die zugehörige Reaktionsgleichung.
*Tipp:* Überlegen Sie zunächst, welche funktionelle Gruppe der Glucose reagiert.

## Versuche zu Kapitel 6: Aminosäuren und Proteine

### 1
**Löslichkeit von Aminosäuren**
*Vorsicht! Schutzbrille!*
Zwei Reagenzgläser werden mit etwas Wasser bzw. Heptan (F, Xn, N) befüllt. Anschließend wird darin Glycin gelöst.
Beschreiben und erklären Sie die Beobachtungen.
*Entsorgung:* Lösungen aus dem Ansatz mit Wasser in den Sammelbehälter für Abwasser, aus dem Ansatz mit Heptan in den Sammelbehälter III geben.

### 2
**Leitfähigkeit von Aminosäuren**
*Vorsicht! Schutzbrille!*
In einem Becherglas mit wässriger Glycinlösung wird mithilfe eines Messgeräts die Leitfähigkeit überprüft.

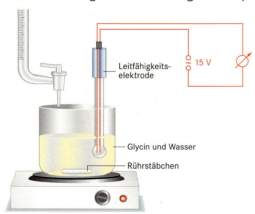

Anschließend werden über eine Bürette 10 ml verdünnte Salzsäure (Xi) tropfenweise zugegeben. Jeweils nach Zugabe eines Milliliters wird die Leitfähigkeit bestimmt und festgehalten. In einem zweiten Ansatz wird die verdünnte Salzsäure in reines Wasser getropft und die Veränderung der Leitfähigkeit ebenfalls bestimmt.
Erklären Sie die Beobachtungen.
*Entsorgung:* Lösungen in den Sammelbehälter I geben.

### 3
**Die Biuret-Probe**
*Vorsicht! Schutzbrille!*
Das Eiklar eines rohen Hühnereis wird vom Eigelb getrennt und in ein Becherglas gefüllt. Eine Kupfer(II)-sulfatlösung (Xn, N) wird mit Wasser so stark verdünnt, dass die Blaufärbung der Lösung praktisch nicht mehr zu erkennen ist. Nun gibt man etwa 5 ml dieser Lösung, 5 ml des Eiklars und 2 ml 5%ige Natronlauge (C) in ein Reagenzglas und erwärmt vorsichtig.
Erklären Sie die Beobachtungen.
*Entsorgung:* Lösungen in Sammelbehälter I geben.

### 4
**Die Ninhydrin-Probe**
*Vorsicht! Schutzbrille!*
Eine Spatelspitze einer Aminosäure (z. B. Glycin) wird in Wasser aufgelöst. Anschließend werden 3 Tropfen Ninhydrinlösung (F, Xi) zugegeben. Die Lösung wird auf einer Heizplatte vorsichtig aufgekocht.
Erklären Sie die Beobachtungen.
*Entsorgung:* Lösungen in Sammelbehälter für Abwasser geben.

### 5
**Die Xanthoprotein-Probe**
*Vorsicht! Schutzbrille!*
Zu einer beliebigen Eiweißprobe werden ein paar Tropfen konzentrierter Salpetersäure (C) gegeben. Anschließend wird das Gemisch über der Bunsenbrennerflamme erwärmt.
Erklären Sie die Beobachtung.
*Entsorgung:* Lösungen in Sammelbehälter I geben, Feststoffe in den Sammelbehälter für Hausmüll geben.

Experimente **177**

## 6
**Chromatografie eines Aminosäuregemisches**
*Vorsicht! Schutzbrille!*
Es werden wässrige Lösungen verschiedener Aminosäuren hergestellt (z. B. Glycin, Alanin, Valin und Leucin). Diese werden mit einigen Tropfen verdünnter Salzsäure (Xi) leicht angesäuert. Anschließend wird ein Stück Chromatografiepapier zurechtgeschnitten und eine Startlinie darauf markiert. Mithilfe einer feinen Pipette wird jeweils ein Tropfen der Aminosäurelösungen auf die Startlinie gegeben und daneben markiert. Neben den Einzelproben wird noch ein Tropfen eines Gemisches aller gelösten Aminosäuren aufgetragen.
In einer Glaswanne wird ein Gemisch aus Butan-1-ol (Xn), konz. Essigsäure (C) und Wasser im Verhältnis 4 : 1 : 1 angesetzt. Anschließend wird das Chromatografiepapier so über der Wanne befestigt, dass es in das Lösungsmittelgemisch taucht, dieses aber die aufgetragenen Tropfen nicht berührt.

Wenn das Fließmittel den oberen Rand des Chromatografiepapiers erreicht hat, wird es getrocknet und anschließend mit Ninhydrinlösung (F, Xi) besprüht. Nach leichtem Erwärmen, beispielsweise in einem Trockenschrank, können die Laufstrecken der verschiedenen Aminosäuren miteinander verglichen werden.

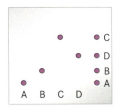

*Entsorgung:* Lösungen in den Sammelbehälter I geben, Feststoffe in den Sammelbehälter für Hausmüll geben.

## 7
**Elektrophorese eines Aminosäuregemisches**
*Vorsicht! Schutzbrille!*
In die Kammern einer Elektrophoreseapparatur wird eine Pufferlösung des pH-Werts 6 gefüllt. Einige Streifen Filterpapier werden in der Mitte markiert und mit der gleichen Pufferlösung getränkt. Außerdem wird eine wässrige Lösung bereitet, die verschiedene Aminosäuren enthält (z. B. Glycin, Glutaminsäure und Valin). Nun legt man die Streifen in die Elektrophoreseapparatur ein und gibt einige Tropfen der Aminosäurelösung auf die markierte Mitte des Filterpapiers.
*Vorsicht!* Nun legt man eine Gleichspannung von ca. 300 V an die Elektrophoreseapparatur an.

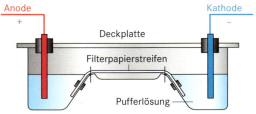

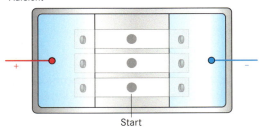

Nach etwa 30 Minuten entnimmt man die Filterpapierstreifen, besprüht sie mit Ninhydrinlösung (F, Xi) und trocknet sie anschließend in einem Trockenschrank. Erklären Sie die Beobachtungen.
*Entsorgung:* Lösungen in den Sammelbehälter I geben, Feststoffe in den Sammelbehälter für Hausmüll geben.

# Versuche zu Kapitel 7: Reaktionsgeschwindigkeit und Enzymkatalyse

## 1
**Vergleich der Reaktion verschiedener Metalle mit verdünnter Salzsäure**
*Vorsicht! Schutzbrille!*
In eine mit verdünnter Salzsäure (Xi) gefüllte Petrischale werden verschiedene Metalle (z. B. Aluminiumfolie, Magnesiumband, Zinkspäne, Eisenwolle) gegeben. Vergleichen Sie die Beobachtungen bei den einzelnen Metallen.
*Entsorgung:* Lösungen in den Sammelbehälter I geben.

## 2
**Quantitativer Vergleich der Reaktion eines Magnesiumbandes bzw. von Magnesiumpulver mit verdünnter Salzsäure**
*Vorsicht! Schutzbrille!*
Man wiegt gleiche Massen (z. B. 0,5 g) eines Magnesiumbandes bzw. von Magnesiumpulver (F) ab und gibt sie jeweils in ein Reagenzglas. Anschließend wird jeweils ein konstantes Volumen (z. B. 3 ml) verdünnte Salzsäure (Xi) zugesetzt.
Interpretieren Sie die Beobachtung.
*Entsorgung:* Lösungen in den Sammelbehälter I geben.

## 3
**Abhängigkeit der Reaktion von Magnesium mit verdünnter Salzsäure von der Säurekonzentration**
*Vorsicht! Schutzbrille!*
In drei Reagenzgläser, die jeweils zu einem Drittel mit Salzsäure unterschiedlicher Konzentration (Xi, z. B. 2 mol/l, 1 mol/l und 0,1 mol/l) gefüllt sind, wird jeweils ein gleich großes Stück Magnesiumband (ca. 3 cm lang) gegeben.
Welche Folgerungen können Sie aus Ihren Beobachtungen ziehen?
*Entsorgung:* Lösungen in den Sammelbehälter I geben.

## 4
**Reaktion von Natriumthiosulfat verschiedener Konzentration mit Salzsäure**
*Vorsicht! Schutzbrille!*
In vier Reagenzgläser legt man eine Natriumthiosulfatlösung einer Konzentration von ca. 0,1 mol/l nach dem folgenden Schema vor und füllt mit destilliertem Wasser auf 12 ml Lösung auf:

| Natriumthiosulfatlösung (in ml) | 2 | 4 | 6 | 8 |
| Wasser (in ml) | 10 | 8 | 6 | 4 |

Anschließend werden jeweils 2 ml einer 6%igen Salzsäurelösung (Xi) hinzugefügt.
Messen Sie die Zeit, bis die Lösung durch Trübung undurchsichtig wird und interpretieren Sie die Ergebnisse.
*Entsorgung:* Lösungen in den Sammelbehälter I geben.

## 5
**Reaktion von Natriumthiosulfat mit Salzsäure bei verschiedener Temperatur**
*Vorsicht! Schutzbrille!*
Um die Reaktion bei verschiedenen Temperaturen beobachten zu können, werden vier Bechergläser mit Wasser verschiedener Temperaturen (z. B. 10 °C, 20 °C, 30 °C, 40 °C) zur Temperierung der Lösungen in den Reaktionsgefäßen herangezogen.
Nachdem sowohl die Natriumthiosulfatlösung (ca. 20 ml der Konzentration 0,1 mol/l) als auch die Salzsäure (ca. 5 ml der Konzentration 0,1 mol/l) auf die jeweilige Temperatur gebracht wurden, werden jeweils konstante Volumina beider Lösungen vereinigt.
Mithilfe der Overhead-Projektion kann die Reaktion sehr einfach verfolgt werden: Auf das schwarze Kreuz einer Folie wird ein Becherglas gestellt, das die beiden soeben vereinigten Lösungen enthält. Nun kann man die Reaktionszeit messen, bis das schwarze Kreuz durch die Trübung nicht mehr zu erkennen ist.
Messen Sie die Zeit, bis die Lösung durch Trübung undurchsichtig wird und interpretieren Sie die Ergebnisse.
*Entsorgung:* Lösungen in den Sammelbehälter I geben.

## 6
**Landolt-Reaktion**
*Vorsicht! Schutzbrille!*
Zu diesem Versuch setzt man drei Lösungen frisch an:
Lösung 1: 1,16 g Na$_2$SO$_3$ · 7 H$_2$O (Xi), 10 ml Ethanol (F) und 1,5 ml konzentrierte Schwefelsäure (C) in einem Liter destilliertem Wasser lösen
Lösung 2: 4,3 g Kaliumiodat (O) in einem Liter destilliertem Wasser lösen
Lösung 3: 10 g wasserlösliche Stärke in 100 ml destilliertem Wasser lösen

Nach der folgenden Tabelle werden zuerst die Lösungen 1 und 3 jeweils in ein Becherglas pipettiert; weitere drei Bechergläser werden anschließend analog mit dem Gemisch aus der Kaliumiodatlösung (Lösung 2) und destilliertem Wasser bestückt.

| Becherglas | Lösung 1 | Lösung 3 |
|---|---|---|
| 1 | 10 ml | 5 ml |
| 2 | 10 ml | 5 ml |
| 3 | 10 ml | 5 ml |

| Becherglas | Wasser | Lösung 2 |
|---|---|---|
| A | 55 ml | 5 ml |
| B | 50 ml | 10 ml |
| C | 40 ml | 20 ml |

Ins Becherglas 1 wird nun die Lösung aus Becherglas A geschüttet, die entstandene Lösung wird mit einem Glasstab kräftig gerührt. Nach dem Zusammengeben der beiden Lösungen wird die Zeit mit einer Stoppuhr bis zum Eintreten der Blaufärbung gemessen.
Das wird nun mit Becherglas 2 (+ Lösung aus Becherglas B) und Becherglas 3 (+ Lösung aus Becherglas C) wiederholt.
Notieren Sie die Ergebnisse und erläutern Sie die Reaktion mithilfe der ablaufenden Redoxvorgänge.
*Entsorgung:* Lösungen in den Sammelbehälter I geben.

## 7
**Erhitzen einer Lösung aus Essigsäure und Ethanol mit und ohne Schwefelsäure**
*Vorsicht! Schutzbrille!*
Es wird eine Lösung aus 6–8 ml konzentrierter Essigsäure (C) und 10 ml Ethanol (F) hergestellt und auf zwei Reagenzgläser verteilt. Zu einem Reagenzglas gibt man noch zusätzlich 2 ml konz. Schwefelsäure (C). Anschließend erhitzt man die beiden Gemische vorsichtig.
Führen Sie bei beiden Reaktionsansätzen vorsichtig Geruchsproben durch und notieren Sie die Beobachtung. Erläutern Sie die Funktion der Schwefelsäure und formulieren Sie den Reaktionsmechanismus.
*Entsorgung:* Lösungen in den Sammelbehälter III geben.

## 8
**Reaktion von Wasserstoffperoxid mit verschiedenen Katalysatoren**
*Vorsicht! Schutzbrille!*
Zwei Reagenzgläser werden mit jeweils ca. 4 ml einer 10 %igen Wasserstoffperoxidlösung (C) gefüllt. In das eine Reagenzglas wird eine Spatelspitze Braunstein (Xn), in das andere wenig festes Kaliumiodid hinzugefügt.
Welche Beobachtungen können Sie machen? Diskutieren und erläutern Sie Gemeinsamkeiten und Unterschiede bei beiden Reaktionen.
*Entsorgung:* Lösungen in den Sammelbehälter für Abwasser geben.

## 9
**Vergleich des Reaktionsverhaltens von anorganischen Katalysatoren und Biokatalysatoren gegenüber Wasserstoffperoxid**
*Vorsicht! Schutzbrille!*
Zwei Reagenzgläser werden mit jeweils ca. 4 ml einer 10 %igen Wasserstoffperoxidlösung (C) gefüllt. In das eine Reagenzglas gibt man einen Stück Platindraht, in das andere einen Spatel einer frisch geriebenen Kartoffel.
Notieren und deuten Sie die Beobachtungen.
*Entsorgung:* Lösungen in den Sammelbehälter für Abwasser geben, Platindraht einsammeln und wiederverwenden, Kartoffelstücke in den Sammelbehälter für Hausmüll geben.

## 10

**Nachweis der Eiweißnatur der Enzyme**

*Vorsicht! Schutzbrille!*

Zur Untersuchung der Eiweißnatur werden folgende Versuche durchgeführt:

a) Eine Spatelspitze eines Enzyms, z. B. Urease (Xi) oder Pankreatin (Xn), wird in 2 ml Wasser gegeben und gut geschüttelt. Anschließend fügt man 2 ml einer verdünnten Natronlauge (C) und wenige Tropfen einer 1%igen Kupfersulfat-Lösung (Xn, N) hinzu.

b) Zu einer Spatelspitze eines Enzyms (z. B. Urease, Xi) gibt man 1 ml konz. Salpetersäure (C).

Beschreiben Sie die Beobachtungen und erklären Sie die Ergebnisse unter Zuhilfenahme der Informationen aus Kapitel 6.

*Entsorgung:* Lösungen in den Sammelbehälter I geben.

## 11

**Abbau von Harnstoff durch das Enzym Urease**

*Vorsicht! Schutzbrille!*

50 ml einer Lösung aus 10 g Harnstoff in 190 ml Wasser (5%ige Harnstofflösung) werden mit 5 ml einer Lösung aus 0,5 g Urease in 500 ml Wasser (0,1%ige Ureaselösung, Xi) und wenigen Tropfen Phenolphthalein (F) versetzt. Nun sollte man einige Minuten warten, bis eine sichtbare Veränderung des Reaktionsansatzes zu beobachten ist.

*Anmerkung:* Sollte es nach wenigen Minuten zu keiner sichtbaren Farbänderung gekommen sein, kann die Lösung vorsichtig (nicht über 40 °C!) erwärmt werden. Erklären Sie das Zustandekommen der Farbreaktion mithilfe der Reaktionsgleichung.

*Entsorgung:* Lösungen in den Sammelbehälter für Abwasser geben.

## 12

**Enzymhemmung durch Einwirkung von Hitze oder Schwermetallionen**

*Vorsicht! Schutzbrille!*

In zwei Bechergläsern werden jeweils 50 ml einer 5%igen Harnstofflösung (vgl. Versuch 11) vorgelegt und mit wenigen Tropfen Phenolphthalein (F) versetzt.

a) Zu der ersten Harnstofflösung gibt man 5 ml einer 0,1%igen Ureaselösung (Xi, vgl. Versuch 11), die vorher bis zum Sieden erhitzt wird.

b) Zur zweiten Probe gibt man 5 ml der 0,1%igen Ureaselösung (Xi), die vorher mit einer Kupfersulfatlösung (Xn, N) (oder einer anderen Schwermetallsalzlösung) versetzt wurde.

Vergleichen Sie die Beobachtungen mit Versuch 11 und erläutern Sie den unterschiedlichen Verlauf.

*Entsorgung:* Lösungen in den Sammelbehälter II geben.

## 13

**Der Glucoseoxidase-Test (GOD-Test)**

Verschiedene Zucker (z. B. Glucose, Fructose, Maltose, Saccharose) werden jeweils in einem Reagenzglas in destilliertem Wasser gelöst. In diese Lösungen taucht man dann jeweils ein Glucose-Teststäbchen (in der Apotheke erhältlich).

Formulieren Sie die Beobachtungen und informieren Sie sich über den Ablauf bei einem positiven Testergebnis.

*Entsorgung:* Lösungen in den Sammelbehälter für Abwasser geben, die gebrauchten Teststäbchen in den Sammelbehälter für Hausmüll geben.

**1** Teststäbchen für Glucose

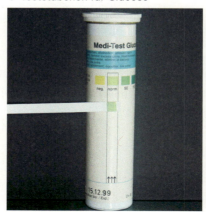

# Entsorgung von Chemikalien in der Schule

Chemikalienreste können die Umwelt unterschiedlich stark belasten. Deshalb dürfen z. B. keine wassergefährdenden Stoffe, wie Öl- oder Benzinreste, ins Abwasser gelangen.
Feste und flüssige Chemikalienreste werden in entsprechend beschriftete Sammelbehälter bzw. Entsorgungsgefäße gegeben. In der Regel sind die Sammelbehälter aus Kunststoff oder Glas.
Die so gesammelten Chemikalien werden wieder aufbereitet oder an Entsorgungsunternehmen abgegeben.

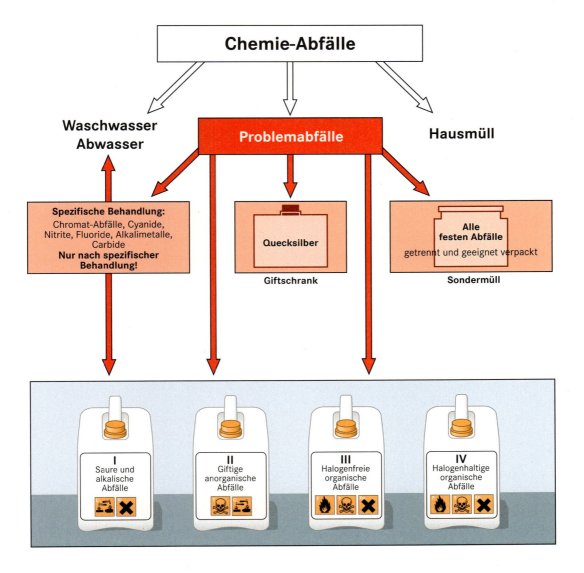

## Gefahrensymbole und Gefahrenbezeichnungen

| E | F+ | F | O | |
|---|---|---|---|---|
|  |  |  |  |  |
| Explosions-gefährlich | Hoch entzündlich | Leicht entzündlich | Brand-fördernd | Radioaktiv |

| T(+) | N | Xn | Xi | C |
|---|---|---|---|---|
|  |  |  |  |  |
| (Sehr) giftig | Umwelt-gefährlich | Gesundheits-schädlich | Reizend | Ätzend |

|  | Entsorgungsratschläge (E-Sätze) | Anzuwenden auf |
|---|---|---|
| E 1 | Verdünnen, in den Ausguss geben (nicht wassergefährdende Stoffe bzw. WGK I) | kleinste Portionen reizender, gesundheitsschädlicher oder brandfördernder Stoffe, soweit wasserlöslich |
| E 2 | Neutralisieren, in den Ausguss geben | saure und basische Stoffe |
| E 3 | In den Hausmüll geben, gegebenenfalls im PE-Beutel (Stäube) | Feststoffe, soweit nicht andere Ratschläge geben sind |
| E 4 | Als Sulfid fällen | Schwermetallsalze |
| E 5 | Mit Calciumionen fällen, dann E 1 oder E 3 | lösliche Fluoride, Oxalate |
| E 6 | Nicht in den Hausmüll geben | brandfördernde Stoffe, explosionsgefährliche Stoffe |
| E 7 | Im Abzug entsorgen; wenn möglich verbrennen | absorbierbare oder brennbare gasförmige Stoffe |
| E 8 | Der Sondermüllbeseitigung zuführen (Adresse zu erfragen bei der Kreis- oder Stadtverwaltung), Abfallschlüssel beachten | Laborabfälle |
| E 9 | Unter größter Vorsicht in kleinsten Portionen reagieren lassen (z. B. offen im Freien verbrennen) | explosionsgefährliche Stoffe und Zubereitungen |
| E 10 | In gekennzeichneten Behältern sammeln:<br>1. „Organische Abfälle – halogenhaltig"<br>2. „Organische Abfälle – halogenfrei"<br>dann E 8 | organische Verbindungen<br>– halogenhaltig<br>– halogenfrei |
| E 11 | Als Hydroxid fällen (pH = 8), den Niederschlag zu E 8 | gelöste Schwermetallsalze |
| E 12 | Nicht in die Kanalisation gelangen lassen (S-Satz S 29) | brennbare, nicht wasserlösliche Stoffe, sehr giftige Stoffe |
| E 13 | Aus der Lösung mit unedlem Metall (z. B. Eisen) als Metall abscheiden (E 14, E 3) | z. B. chrom- oder kupferhaltige Lösungen |
| E 14 | Recycling-geeignet (Redestillation oder einem Recycling-unternehmen zuführen) | z. B. Aceton, Quecksilber, Blei |
| E 15 | Mit Wasser vorsichtig umsetzen, frei werdende Gase absorbieren oder ins Freie ableiten | Carbide, Phosphide, Hydride in kleinsten Mengen |
| E 16 | Entsprechend den speziellen Ratschlägen für die Beseitigungsgruppen beseitigen | |

## Gefahrenhinweise (R-Sätze)

R 1 In trockenem Zustand explosionsgefährlich

R 2 Durch Schlag, Reibung, Feuer oder andere Zündquellen explosionsgefährlich

R 3 Durch Schlag, Reibung, Feuer oder andere Zündquellen besonders explosionsgefährlich

R 4 Bildet hochempfindliche explosionsgefährliche Metallverbindungen

R 5 Beim Erwärmen explosionsfähig

R 6 Mit und ohne Luft explosionsfähig

R 7 Kann Brand verursachen

R 8 Feuergefahr bei Berührung mit brennbaren Stoffen

R 9 Explosionsgefahr bei Mischung mit brennbaren Stoffen

R 10 Entzündlich

R 11 Leicht entzündlich

R 12 Hochentzündlich

R 14 Reagiert heftig mit Wasser

R 15 Reagiert mit Wasser unter Bildung hochentzündlicher Gase

R 16 Explosionsgefährlich in Mischung mit brandfördernden Stoffen

R 17 Selbstentzündlich an der Luft

R 18 Bei Gebrauch Bildung explosionsfähiger/leichtentzündlicher Dampf-Luft-Gemische möglich

R 19 Kann explosionsfähige Peroxide bilden

R 20 Gesundheitsschädlich beim Einatmen

R 21 Gesundheitsschädlich bei Berührung mit der Haut

R 22 Gesundheitsschädlich beim Verschlucken

R 23 Giftig beim Einatmen

R 24 Giftig bei Berührung mit der Haut

R 25 Giftig beim Verschlucken

R 26 Sehr giftig beim Einatmen

R 27 Sehr giftig bei Berührung mit der Haut

R 28 Sehr giftig beim Verschlucken

R 29 Entwickelt bei Berührung mit Wasser giftige Gase

R 30 Kann bei Gebrauch leicht entzündlich werden

R 31 Entwickelt bei Berührung mit Säure giftige Gase

R 32 Entwickelt bei Berührung mit Säure sehr giftige Gase

R 33 Gefahr kumulativer Wirkungen

R 34 Verursacht Verätzungen

R 35 Verursacht schwere Verätzungen

R 36 Reizt die Augen

R 37 Reizt die Atmungsorgane

R 38 Reizt die Haut

R 39 Ernste Gefahr irreversiblen Schadens

R 40 Verdacht auf krebserzeugende Wirkung

R 41 Gefahr ernster Augenschäden

R 42 Sensibilisierung durch Einatmen möglich

R 43 Sensibilisierung durch Hautkontakt möglich

R 44 Explosionsgefahr bei Erhitzen unter Einschluss

R 45 Kann Krebs erzeugen

R 46 Kann vererbbare Schäden verursachen

R 48 Gefahr ernster Gesundheitsschäden bei längerer Exposition

R 49 Kann Krebs erzeugen beim Einatmen

R 50 Sehr giftig für Wasserorganismen

R 51 Giftig für Wasserorganismen

R 52 Schädlich für Wasserorganismen

R 53 Kann in Gewässern längerfristig schädliche Wirkungen haben

R 54 Giftig für Pflanzen

R 55 Giftig für Tiere

R 56 Giftig für Bodenorganismen

R 57 Giftig für Bienen

R 58 Kann längerfristig schädliche Wirkungen auf die Umwelt haben

R 59 Gefährlich für die Ozonschicht

R 60 Kann die Fortpflanzungsfähigkeit beeinträchtigen

R 61 Kann das Kind im Mutterleib schädigen

R 62 Kann möglicherweise die Fortpflanzungsfähigkeit beeinträchtigen

R 63 Kann das Kind im Mutterleib möglicherweise schädigen

R 64 Kann Säuglinge über die Muttermilch schädigen

R 65 Gesundheitsschädlich: kann beim Verschlucken Lungenschäden verursachen

R 66 Wiederholter Kontakt kann zu spröder und rissiger Haut führen

R 67 Dämpfe können Schläfrigkeit und Benommenheit verursachen

R 68 Irreversibler Schaden möglich

## Kombination der R-Sätze (Auswahl)

| | |
|---|---|
| R 14 / 15 | Reagiert heftig mit Wasser unter Bildung hochentzündlicher Gase |
| R 20 / 22 | Gesundheitsschädlich beim Einatmen und Verschlucken |
| R 20 / 21 / 22 | Gesundheitsschädlich beim Einatmen, Verschlucken und bei Berührung mit der Haut |
| R 21 / 22 | Gesundheitsschädlich bei Berührung mit der Haut und beim Verschlucken |
| R 23 / 25 | Giftig beim Einatmen und beim Verschlucken |
| R 23 / 24 / 25 | Giftig beim Einatmen, Verschlucken und bei Berührung mit der Haut |
| R 24 / 25 | Giftig bei Berührung mit der Haut und beim Verschlucken |
| R 36 / 37 | Reizt die Augen und die Atmungsorgane |
| R 36 / 38 | Reizt die Augen und die Haut |
| R 36 / 37 / 38 | Reizt die Augen, Atmungsorgane und die Haut |
| R 50 / 53 | Sehr giftig für Wasserorganismen, kann in Gewässern längerfristig schädliche Wirkungen haben |
| R 51 / 53 | Giftig für Wasserorganismen, kann in Gewässern längerfristig schädliche Wirkungen haben |
| R 52 / 53 | Schädlich für Wasserorganismen, kann in Gewässern längerfristig schädliche Wirkungen haben |

## Sicherheitsratschläge (S-Sätze)

| | |
|---|---|
| S 1 | Unter Verschluss aufbewahren |
| S 2 | Darf nicht in die Hände von Kindern gelangen |
| S 3 | Kühl aufbewahren |
| S 4 | Von Wohnplätzen fern halten |
| S 5 | Unter ... aufbewahren (geeignete Flüssigkeit vom Hersteller anzugeben) |
| S 6 | Unter ... aufbewahren (inertes Gas vom Hersteller anzugeben) |
| S 7 | Behälter dicht geschlossen halten |
| S 8 | Behälter trocken halten |
| S 9 | Behälter an einem gut gelüfteten Ort aufbewahren |
| S 12 | Behälter nicht gasdicht verschließen |
| S 13 | Von Nahrungsmitteln, Getränken und Futtermitteln fern halten |
| S 14 | Von ... fern halten (inkompatible Substanzen sind vom Hersteller anzugeben) |
| S 15 | Vor Hitze schützen |
| S 16 | Von Zündquellen fern halten – Nicht rauchen |
| S 17 | Von brennbaren Stoffen fern halten |
| S 18 | Behälter mit Vorsicht öffnen und handhaben |
| S 20 | Bei der Arbeit nicht essen und trinken |
| S 21 | Bei der Arbeit nicht rauchen |
| S 22 | Staub nicht einatmen |
| S 23 | Gas/Rauch/Dampf/Aerosol nicht einatmen (geeignete Bezeichnung(en) vom Hersteller anzugeben) |
| S 24 | Berührung mit der Haut vermeiden |
| S 25 | Berührung mit den Augen vermeiden |
| S 26 | Bei Berührung mit den Augen sofort gründlich mit Wasser abspülen und Arzt konsultieren |
| S 27 | Beschmutzte, getränkte Kleidung sofort ausziehen |
| S 28 | Bei Berührung mit der Haut sofort abwaschen mit viel ... (vom Hersteller anzugeben) |
| S 29 | Nicht in die Kanalisation gelangen lassen |
| S 30 | Niemals Wasser hinzugießen |
| S 33 | Maßnahmen gegen elektrostatische Aufladung treffen |
| S 35 | Abfälle und Behälter müssen in gesicherter Weise beseitigt werden |
| S 36 | Bei der Arbeit geeignete Schutzkleidung tragen |
| S 37 | Geeignete Schutzhandschuhe tragen |
| S 38 | Bei unzureichender Belüftung Atemschutzgerät anlegen |
| S 39 | Schutzbrille/Gesichtsschutz tragen |
| S 40 | Fußboden und verunreinigte Gegenstände mit ... reinigen (Material vom Hersteller anzugeben) |
| S 41 | Explosions- und Brandgase nicht einatmen |
| S 42 | Bei Räuchern/Versprühen geeignetes Atemschutzgerät anlegen (geeignete Bezeichnung(en) vom Hersteller anzugeben) |
| S 43 | Zum Löschen ... (vom Hersteller anzugeben) verwenden (wenn Wasser die Gefahr erhöht, anfügen: „Kein Wasser verwenden") |
| S 45 | Bei Unfall oder Unwohlsein sofort Arzt hinzuziehen (wenn möglich, dieses Etikett vorzeigen) |

| | |
|---|---|
| S 46 | Bei Verschlucken sofort ärztlichen Rat einholen und Verpackung oder Etikett vorzeigen |
| S 47 | Nicht bei Temperaturen über ... °C aufbewahren (vom Hersteller anzugeben) |
| S 48 | Feucht halten mit ... (geeignetes Mittel vom Hersteller anzugeben) |
| S 49 | Nur im Originalbehälter aufbewahren |
| S 50 | Nicht mischen mit ... (vom Hersteller anzugeben) |
| S 51 | Nur in gut gelüfteten Bereichen verwenden |
| S 52 | Nicht großflächig für Wohn- und Aufenthaltsräume verwenden |
| S 53 | Exposition vermeiden – vor Gebrauch besondere Anweisungen einholen |
| S 56 | Dieses Produkt und seinen Behälter der Problemabfallentsorgung zuführen |
| S 57 | Zur Vermeidung einer Kontamination der Umwelt geeigneten Behälter verwenden |
| S 59 | Information zur Wiederverwendung/Wiederverwertung beim Hersteller/Lieferanten erfragen |
| S 60 | Dieses Produkt und sein Behälter sind als gefährlicher Abfall zu entsorgen |
| S 61 | Freisetzung in die Umwelt vermeiden, besondere Anweisungen einholen/Sicherheitsdatenblatt zurate ziehen |
| S 62 | Bei Verschlucken kein Erbrechen herbeiführen. Sofort ärztlichen Rat einholen und Verpackung oder dieses Etikett vorzeigen |
| S 63 | Bei Unfall durch Einatmen: Verunfallten an die frische Luft bringen und ruhig stellen |
| S 64 | Bei Verschlucken Mund mit Wasser ausspülen (nur wenn Verunfallter bei Bewusstsein ist) |

## Kombination der S-Sätze (Auswahl)

| | |
|---|---|
| S 1/2 | Unter Verschluss und für Kinder unzugänglich aufbewahren |
| S 3/7 | Behalter dicht geschlossen halten und an einem kühlen Ort aufbewahren |
| S 3/9 | Behälter an einem kühlen, gut gelüfteten Ort aufbewahren |
| S 3/9/14 | An einem kühlen, gut gelüfteten Ort, entfernt von ... aufbewahren (die Stoffe, mit denen Kontakt vermieden werden muss, sind vom Hersteller anzugeben) |
| S 3/9/14/49 | Nur im Originalbehälter an einem kühlen gut gelüfteten Ort, entfernt von ... aufbewahren (die Stoffe mit denen Kontakt vermieden werden muss, sind vom Hersteller anzugeben) |
| S 3/9/49 | Nur im Originalbehälter an einem kühlen gut gelüfteten Ort aufbewahren |
| S 3/14 | An einem kühlen, von ... entfernten Ort aufbewahren (die Stoffe, mit denen Kontakt vermieden werden muss, sind vom Hersteller anzugeben) |
| S 7/8 | Behälter trocken und dicht geschlossen halten |
| S 7/9 | Behälter dicht geschlossen an einem gut gelüfteten Ort aufbewahren |
| S 7/47 | Behälter dicht geschlossen und nicht bei Temperatur über ... °C aufbewahren (vom Hersteller anzugeben) |
| S 20/21 | Bei der Arbeit nicht essen, trinken oder rauchen |
| S 24/25 | Berührung mit den Augen und der Haut vermeiden |
| S 29/56 | Nicht in die Kanalisation gelangen lassen; dieses Produkt und seinen Behälter der Problemabfallentsorgung zuführen |
| S 36/77 | Bei der Arbeit geeignete Schutzhandschuhe und Schutzkleidung tragen |
| S 36/37/39 | Bei der Arbeit geeignete Schutzhandschuhe, Schutzkleidung und Schutzbrille/Gesichtsschutz tragen |
| S 36/39 | Bei der Arbeit geeignete Schutzkleidung und Schutzbrille/Gesichtsschutz tragen |
| S 37/39 | Bei der Arbeit geeignete Schutzhandschuhe und Schutzbrille/Gesichtsschutz tragen |

## Größen und Einheiten

| Symbol | Name | Einheit | Berechnung/Wert |
|---|---|---|---|
| $n$ | Stoffmenge | mol | $n(X) = \dfrac{N(X)}{N_A} = \dfrac{m(X)}{M(X)} = \dfrac{V(X)}{V_m(X)}$ |
| $N$ | Teilchenzahl | – | $N(X) = n(X) \cdot N_A$ |
| $m$ | Masse | g | $m(X) = M(X) \cdot n(X) = m_a(X) \cdot N(X)$ |
| $V$ | Volumen | l oder cm³ | $V(X) = \dfrac{m(X)}{\varrho(X)}$ (1 l = 1 dm³ und 1 ml = 1 cm³) |
| $m_a$ | atomare Masse | u | $m_a(X) = \dfrac{m(X)}{N(X)} = 1{,}661 \cdot 10^{-24}\,g$ |
| $M$ | molare Masse | $\dfrac{g}{mol}$ | $M(X) = \dfrac{m(X)}{n(X)}$ (aus PSE abzulesen) |
| $V_m$ | molares Volumen | $\dfrac{l}{mol}$ | $V_m(X) = \dfrac{V(X)}{n(X)} = \dfrac{M(X)}{\varrho(X)} = \dfrac{V_{mn} \cdot p_n \cdot T}{T_n \cdot p} = \dfrac{R \cdot T}{p}$ |
| $\varrho$ | Dichte | $\dfrac{g}{l}$ | $\varrho(X) = \dfrac{m(X)}{V(X)} = \dfrac{M(X)}{V_m(X)}$ (in Tabellen verzeichnet) |
| $T$ | Temperatur | K | $T = \vartheta + 273{,}15$ ($\vartheta$ = Temperatur in °C) |
| $p$ | Druck | Pa oder bar | $1\,Pa = 1\,\dfrac{N}{m^2}$ (N = Newton) und $1\,bar = 10^5\,Pa$ |
| $V_{mn}$ | molares Normvolumen | $\dfrac{l}{mol}$ | $V_{mn} = \dfrac{V(X)}{n(X)} = \dfrac{R \cdot T_n}{p_n} = \dfrac{8{,}315 \cdot 273{,}15\,l \cdot kPa \cdot K}{101{,}325\,kPa \cdot mol \cdot K} = 22{,}4\,\dfrac{l}{mol}$ |
| $T_n$ | Temperatur (Normzustand) | K | $T_n = 273{,}15\,K = 0\,°C$ |
| $p_n$ | Druck (Normzustand) | kPa | $p_n = 101{,}325\,kPa = 1013{,}25\,hPa = 1013{,}25\,mbar$ |
| $N_A$ | Avogadro-Konstante | $\dfrac{1}{mol}$ | $N_A = \dfrac{N(X)}{n(X)} = 6{,}022 \cdot 10^{23}\,mol^{-1}$ |
| $R$ | allgemeine Gaskonstante | $\dfrac{l \cdot kPa}{mol \cdot K}$ | $R = \dfrac{V_{mn} \cdot p_n}{T_n} = 8{,}315\,\dfrac{l \cdot kPa}{mol \cdot K}$ |

| Vorsatz | | Faktor |
|---|---|---|
| a | Atto | $10^{-18}$ |
| f | Femto | $10^{-15}$ |
| p | Piko | $10^{-12}$ |
| n | Nano | $10^{-9}$ |
| µ | Mikro | $10^{-6}$ |
| m | Milli | $10^{-3}$ |
| c | Zenti | $10^{-2}$ |
| d | Dezi | $10^{-1}$ |
| h | Hekto | $10^{2}$ |
| k | Kilo | $10^{3}$ |
| M | Mega | $10^{6}$ |
| g | Giga | $10^{9}$ |

| Griechisches Alphabet | | | | | |
|---|---|---|---|---|---|
| $A$ | $\alpha$ | alpha | $N$ | $\nu$ | ny |
| $B$ | $\beta$ | beta | $\Xi$ | $\xi$ | xi |
| $\Gamma$ | $\gamma$ | gamma | $O$ | $o$ | omikron |
| $\Delta$ | $\delta$ | delta | $\Pi$ | $\pi$ | pi |
| $E$ | $\varepsilon$ | epsilon | $P$ | $\varrho$ | rho |
| $Z$ | $\zeta$ | zeta | $\Sigma$ | $\sigma$ | sigma |
| $H$ | $\eta$ | eta | $T$ | $\tau$ | tau |
| $\Theta$ | $\vartheta$ | theta | $Y$ | $\upsilon$ | ypsilon |
| $I$ | $\iota$ | jota | $\Phi$ | $\varphi$ | phi |
| $K$ | $\varkappa$ | kappa | $X$ | $\chi$ | chi |
| $\Lambda$ | $\lambda$ | lambda | $\Psi$ | $\psi$ | psi |
| $M$ | $\mu$ | my | $\Omega$ | $\omega$ | omega |

| Griechische Zahlwörter | | | |
|---|---|---|---|
| 1 | mono | 11 | undeca |
| 2 | di | 12 | dodeca |
| 3 | tri | 13 | trideca |
| 4 | tetra | 14 | tetradeca |
| 5 | penta | 15 | pentadeca |
| 6 | hexa | 16 | hexadeca |
| 7 | hepta | 17 | heptadeca |
| 8 | octa | 18 | octadeca |
| 9 | nona | 19 | ennadeca |
| 10 | deca | 20 | eicosa |

# Stichwortverzeichnis

**A**bsorption 33, 34, 40
Absorptionskurve 41, 43
Acetylsalicylsäure 28
Acrolein 77
Actin 132
Addition
– nukleophile 100, 104
Aktivierungsenergie 150
Aktivität
– optische 94
Alkanole 23
Alkylbenzolsulfonate 86
Amidbindungen 57
Amin 24
Aminosäuren 120, 121, 122, 123,
  124, 125, 126
– essenzielle 120
Aminosäuresequenz 128
amphiphil 84
Ampholyt 122
Amylopektin 111
Amylose 110
Anilin 24, 25, 28, 36, 38, 39
Aniliniumion 24, 25
Anomere 102
Antiauxochrome 35
Antikörper 132
Aromaten 16
Aromastoff 19
Auxochrome 35
Azobenzol 36
Azofarbstoffe 36, 37, 38, 39, 40
Azogruppe 36
Azokupplung 38, 39

**B**enzol 14, 15, 16, 17, 20,
  21, 28
Benzpyren 28
Bierbrauen 107
Bindung
– glykosidische 106
Biodiesel 79
Biokatalysatoren 152
Biuret-Reaktion 127
Bromierung 20
Bromkresolgrün 41
Bromwasserprobe 16

**C**arbokation 21
Carbonfasern 63
Carbonsäuren 23
Cellobiose 108
Cellulose 113
Chiralitätszentrum 96, 97, 98
Chlorierung 20
Chlorophyll 42, 43
Cyanine 35
Cyclohexen 17

**D**DT 20, 29
Dewar, James 28
Diastereomer 98
Diazoniumion 38, 39
Diazotierung 38, 39
Diisocyanate 58
Dioxin 64
Disaccharide 106, 108
Doppelbindungen
– konjugierte 34, 35, 40, 42
Drehwert 95
Drehwinkel 95
– spezifischer 95
Droge 19
Duroplaste 60

**E**cstasy 19
Elastomere 61
Elektronen
– delokalisierte 34, 35
Elektronenakzeptoren 35
Elektronendonatoren 35
Elektronensystem
– delokalisiertes 16, 17, 18, 34,
  36, 42
Elektrophil 21
Elektrophorese 124, 125
Emulgatoren 87
Enantiomere 96, 98
Enzym-Substrat-Komplex
  154
Enzymaktivität 156, 157
Enzyme 133, 152, 153
– Bedeutung 152
– Wirkungsweise 154
Erdöl 15, 53

Esterbindung 56
Esterhydrolyse
– basische 83
– saure 83

**F**altblattstruktur 128
Faraday, Michael 14
Farbstoff 41
Fehlingprobe 105, 106
Fette 72
– Hydrolyse 82
– versteckte 77
Fetthärtung 78
Fettsäuren 72, 73
– essenzielle 76, 77
– gesättigte 72
– ungesättigte 72
Fischer-Projektion 97
FLOH-Regel 100
Fotosynthese 42, 43
Fruchtzucker 104
Fructose 104, 105
Furanosestruktur 104

**G**lucose 99, 100, 102
Glucoseoxidasetest 153
Glycin 120
Grenzflächenaktivität 84
Grenzflächenspannung 84
Grenzstrukturformeln 17, 18, 34,
  35, 36, 40
Gruppenspezifität 155
Gummi 61

**H**alogenbenzole 20
Halogenierung 20, 21
Hämoglobin 24, 130
Haushaltszucker 109
Haworth-Projektion 100, 101
Helixstruktur 128, 129
Hemmstoff 158
Hemmung
– allosterische 159
– kompetitive 158
– nichtkompetitive 159
Hitzedenaturierung 157
Hydrierung 17

Hydrolyse 65
Hydroxybenzol 22

**I**ndigo 44
Induced-fit-Modell 154

**J**eans 45

**K**alkseifen 86
Kalottenmodell 138
Katalase 152
Katalyse 150
– heterogene 151
– homogene 150
Kautschuk 61
Kekulé, August 14
Keratin 131
Keto-Enol-Tautomerie 105
Kettenreaktion 54
Klopffestigkeit 15
Kohlenstoffatom
– anomeres 102
– asymmetrisches 96, 97
Komplementärfarbe 33
Kugel-Stab-Modell 138
Kunststoffabfall 64
Kunststoffe 52, 54, 55, 56, 58
– carbonfaserverstärkte 63
– Eigenschaften 60
– Struktur 60
– Verbrennung 64
– Vermeidung 65
– Verwertung 64
Küpenfärbung 45

**L**eukoform 45
Licht
– linear polarisiertes 94
Lipide 72

**M**akromoleküle 52, 53
Maltose 106, 107, 108
Malzzucker 106
Margarine 78
meso-Weinsäure 98
Mesomerie 16, 17, 18, 126
Mesomerieenergie 17
Mesomeriepfeil 17
Mesomeriestabilisierung 23, 25

Methylorange 40, 41
Micellen 84
Milchsäure 94, 95, 97
Mindestenergie 144
Molekülchiralität 96
Moleküldarstellungen 138
Monomere 52, 59
Müllverbrennung 64
Mutarotation 102, 103
Myosin 132

**N**aphthalin 28
Neutralfette 72
Ninhydrin 125
Ninhydrin-Reaktion 127
4-Nitrophenolat 41
Nitrosylkation 38, 39
Nylon 57

**O**berflächenspannung 84
Öle
– fette 72
Omega-3-Fettsäuren 77
Orientierung
– räumliche 145

**P**eptidbindung 126
Perlon 57
pH-Optimum 157
Phenol 22, 23, 28
Phenolation 22, 23
Phenylamin 24
Phenylrest 22
Polarimeter 94, 95
Polarität 23
Polyaddition 58
Polyamid 57
Polyene 34, 35
Polyester 56
Polyethen 54, 62
Polyethylenterephthalat (PET)
  56
Polyhydroxycarbonyl-
  verbindung 99
Polykondensation 56, 110
Polymer 52, 59
Polymerisation 55
– radikalische 54
Polysaccharid 110

Polyurethane 58, 62
Primärstruktur 128
Proteine 120, 127, 131
Punkt
– isoelektrischer 124
PVC 62
Pyranosestruktur 100, 104
Pyrolyse 65

**Q**uartärstruktur 130

**R**apsölmethylester 79
Reaktionsgeschwindigkeit 140
– Ermittlung 141
– Konzentration 147
– mittlere 142
– momentane 142
– Temperatur 148
– Zerteilungsgrad 146
Rearomatisierung 21
Rechnen 118
RGT-Regel 148, 157
Ringform 100
Rohstoffe
– nachwachsende 79

**S**äure-Base-Indikatoren 40
Schlüssel-Schloss-Modell 154
Schmelzbereich 74
Schwermetallionen 159
Seife 81
– Nachteile 86
Sekundärstruktur 128, 129
Silberspiegelprobe 105
Silikone 63
Spektralfarben 32
Spezifität
– absolute 155
Sprengstoff 19
Stärke 110, 111
Stärkeverzuckerung 153
Stereoisomerie 98
Stoßtheorie 144
Strukturebenen 128
Strukturformel 138
Substitution
– elektrophile 20, 21, 38
Substrat 154
Substratkonzentration 156

## Stichwortverzeichnis 189

Substratspezifität 155
Sulfonamide 158

**T**enside 84, 86, 87
Tertiärstruktur 129
Thermoplaste 60
Transfettsäuren 78
Traubenzucker 99
Triacylglycerine 72
Trinitrotoluol (TNT) 19

**Ü**bergangszustand 145
Umesterung 79
Urease 155

**V**alin 121
Vanillin 19
Verbindungen
– aromatische 16
– chirale 96
Verseifung 81
Vulkanisation 61

**W**aschvorgang 85
Weichmacher 62
Weinsäure 98
Wirkungsspezifität 155

**X**anthoprotein-Reaktion 127

**Z**entrum
– aktives 154, 156
Zwitterion 122

# Bildquellenverzeichnis

Seite 3.1: Blickwinkel/R. Koenig; 3.2: Mediacolors/Zinsli; 3.3: Fotolia – Seite 4.1: Werner Kraus, Amberg; 4.2: Okapia/CNRI; 4.3: Dr. Frank Orlik, Hammelburg – Seite 5: Werner Kraus – Seite 13: Blickwinkel/R. Koenig – Seite 14.1: Ullstein Bild; 14.2: akg-images; 14.3: IBM Deutschland, Stuttgart – Seite 15.4: Birger Pistohl, Deggendorf; 15.5: H. Rampf/R. Reichelt; 15.6: Keystone/Jochen Zick – Seite 16.1a+b: H. Rampf/R. Reichelt – Seite 19.1: Blickwinkel/R. Koenig, 19.2: Plainpicture/W. Friedrich; 19.3: Mauritius Images/Heide Kratz – Seite 20.2: Ullstein Bild/Peter Arnold Inc. – Seite 22.2+3: Birger Pistohl – Seite 23.4: Birger Pistohl – Seite 24.2+3: Birger Pistohl – Seite 28: picture-alliance/medical-picture GmbH – Seite 31: Mediacolors/Zinsli – Seite 34.2a: Bildagentur Geduldig; 34.2b: A1Pix/BIS – Seite 35.3: Voller Ernst/Heinz Krimmer – Seite 36.1: Science Photo Library; 36.2: Birger Pistohl – Seite 37.4: Werner Kraus; 37.5: Photocuisine/F1online – Seite 38.1: H. Rampf/R. Reichelt; 38.3: Birger Pistohl – Seite 40.1: Werner Kraus – Seite 42.1: Bios/Auteurs Girard Philippe; 42.2: Okapia/ISM/J.C.Révy; 42.3: Okapia/Biophoto Ass./Science Scource – Seite 44.1: Wildlife/D. Harms; 44.2: Mediacolors/Zinsli: 44.3: Werner Kraus – Seite 45.4: Ullstein Bild; 45.6+7: Christine Kreß, Fuchsstadt – Seite 49: Wildlife/J. Mallwitz – Seite 51: Fotolia – Seite 52.1a: EB-Stock, Dortmund; 52.1b:Thomas Willemsen, Stadtlohn; 52.2: Daniel Koelsche/photoplexus; 52.3: Ullstein Bild/dpa – Seite 53.6: BASF – The Chemical Company, 2006 – Seite 54.1: Imago/Uwe Steinert – Seite 55.1–4: Werner Kraus; 55.5: W. L. Gore – Seite 56.1: Blickwinkel/McPhoto; 56.2: Photo: Trevira – Seite 57.3: picture-alliance/maxppp; 57.4: picture-alliance/ dpa – Seite 58.1: Fotolia; 58.2: Birger Pistohl – Seite 60.1+2: E. Theophel, Giessen – Seite 61.5: Werner Kraus; 61.7: Visum/Bernd Euler – Seite 62.8: A1Pix/BIS; 62.9: picture-alliance/dpa – Seite 63.1: Werner Kraus; 63.2: Wolfgang Deuter, Willich; 63.3: Wikimedia commons – Seite 64.1: Euroluftbild.de/Andia.fr; 64.2: Argus/Markus Scholz; 64.3: Sinopictures/viewchina – Seite 65.5: H+D Fotostudio, Hamburg – Seite 68.1: H. Rampf/R. Reichelt – Seite 70.1: Fotolia – Seite 71: Werner Kraus – Seite 72.1: Werner Kraus – Seite 74.1: Werner Kraus – Seite 75.3: Deepol/Oliver Ruether; 75.4: Werner Kraus – Seite 76.1: Werner Kraus; 76.2: Dr. Kerstin Amelunxen – Seite 77.4: Okapia/ISM/ Sovereign – Seite 78.6: Okapia/Claude Cortier – Seite 79.1: Alimdi.net/Justus de Cuveland – Seite 81.1: Bayerischer Rundfunk, Red. Bildung; 81.2: akg-images; 81.3a: TV-Yesterday/W. M. Weber; 81.3b: Dr. Kerstin Amelunxen – Seite 82.4: Mettler AG, Hornussen/Schweiz; 82.5: Dr. Kerstin Amelunxen – Seite 86.1: Werner Kraus; Seite 86.2: H. Rampf/R. Reichelt – Seite 93: Okapia/CNRI – Seite 94.1: Dr. Kerstin Amelunxen – Seite 95.4: Okapia/CNRI – Seite 98.2a+b: Fotolia – Seite 99.1: Ullstein Bild – Seite 105.3: Birger Pistohl; 105.4: H. Rampf/R. Reichelt – Seite 106.1: picture-alliance/ZB – Seite 107.3a: Uwe Schmid-Fotografie, Duisburg; 107.3b: Knut Schulz, Hamburg; 107.3c: Mauritius Images/bw media Photoagentur; 107.4: Deutscher Brauer-Bund e.V., Berlin/GfÖ; 107.5: Argum/Christian Lehsten; 107.6: Keystone/Tranquillium – Seite 109.2a: F1online; 109.2b: Blickwinkel/McPhoto; 109.2c: A1Pix/AAA – Seite 110.2: H. Rampf/R. Reichelt – Seite 112.1: Das Fotoarchiv/Markus Matzel; 112.2: Okapia/NAS/Biophoto Ass. – Seite 113.4: Ullstein Bild/Granger Coll.; 113.5: Mauritius Images; H.-P. Merten; 113.6: Michael Rogosch, Dortmund – Seite 116.1: Wildlife/J. Mallwitz – Seite 117.1: Fotolia; 117.2: Stockfood; 117.3: High5 – Seite 119: Dr. Frank Orlik – Seite 120.1: Werner Kraus; 120.2: Vario Images – Seite 121.6: Foto Deutsches Museum – Seite 123.3: Werner Kraus – Seite 124.1: Werner Kraus – Seite 125.3: Birger Pistohl; 125.5: picture-alliance/dpa – Seite 127: Birger Pistohl – Seite 129.5: Dr. Frank Orlik – Seite 130.7: Dr. Frank Orlik – Seite 131.2: Dr. Frank Orlik – Seite 132.5: Dr. Frank Orlik – Seite 136.2: Dr. Frank Orlik – Seite 137.4: Dr. Kerstin Amelunxen – Seite 139: Werner Kraus – Seite 140.1+2: Werner Kraus; 140.3: Johann Jilka, Altenstadt – Seite 146.1: Birger Pistohl – Seite 148.1: Bildagentur Geduldig; 148.2: Werner Kraus – Seite 149.5: Foto Deutsches Museum – Seite 150.1: Werner Kraus – Seite 152.1: Werner Kraus – Seite 153.3+4: Werner Kraus – Seite 154.2: Equinox Graphics/SPL – Seite 167: Christine Kreß – Seite 168.1: Christine Kreß; 168.2: Wildlife/D. Harms – Seite 169: H. Rampf/R. Reichelt – Seite 170.1a+b: H. Rampf/R. Reichelt; 170.2: Birger Pistohl; 170.3: H. Rampf/R. Reichelt – Seite 174: H. Rampf/R. Reichelt – Seite 175: H. Rampf/R. Reichelt – Seite 180: Werner Kraus.

Umschlagabbildung: Fotolia/Stephanie Smith

Trotz entsprechender Bemühungen ist es nicht in allen Fällen gelungen, den Rechtsinhaber ausfindig zu machen. Gegen Nachweis der Rechte zahlt der Verlag für die Abdruckerlaubnis die gesetzlich geschuldete Vergütung.

# PERIODENSYSTEM DER ELEMENTE

**Haupt- gruppen**

**Erklärungen:**

Atommasse in u → 137,33
Ordnungszahl → 56 **Ba** ← Symbol
Name → Barium

| Metalle | Halbmetalle | Nichtmetalle |

schwarz = Feststoff
blau = Flüssigkeit
rot = Gas

* = radioaktives Element
( ) = langlebigstes Isotop

**Nebengruppen**

| Periode | I(1) | II(2) | IIIb(3) | IVb(4) | Vb(5) | VIb(6) | VIIb(7) | VIIIb(8,9,10) | | | Ib(11) | IIb(12) | III(13) | IV(14) | V(15) | VI(16) | VII(17) | VIII(18) |
|---|---|---|---|---|---|---|---|---|---|---|---|---|---|---|---|---|---|---|
| **1** | 1,0079 **H** 1 Wasserstoff | | | | | | | | | | | | | | | | | 4,0026 **He** 2 Helium |
| **2** | 6,9410 **Li** 3 Lithium | 9,0122 **Be** 4 Beryllium | | | | | | | | | | | 10,811 **B** 5 Bor | 12,011 **C** 6 Kohlenstoff | 14,007 **N** 7 Stickstoff | 15,999 **O** 8 Sauerstoff | 18,998 **F** 9 Fluor | 20,180 **Ne** 10 Neon |
| **3** | 22,990 **Na** 11 Natrium | 24,305 **Mg** 12 Magnesium | | | | | | | | | | | 26,982 **Al** 13 Aluminium | 28,086 **Si** 14 Silicium | 30,974 **P** 15 Phosphor | 32,065 **S** 16 Schwefel | 35,453 **Cl** 17 Chlor | 39,948 **Ar** 18 Argon |
| **4** | 39,098 **K** 19 Kalium | 40,078 **Ca** 20 Calcium | 44,956 **Sc** 21 Scandium | 47,867 **Ti** 22 Titan | 50,942 **V** 23 Vanadium | 51,996 **Cr** 24 Chrom | 54,938 **Mn** 25 Mangan | 55,845 **Fe** 26 Eisen | 58,933 **Co** 27 Cobalt | 58,693 **Ni** 28 Nickel | 63,546 **Cu** 29 Kupfer | 65,409 **Zn** 30 Zink | 69,723 **Ga** 31 Gallium | 74,640 **Ge** 32 Germanium | 74,922 **As** 33 Arsen | 78,960 **Se** 34 Selen | 79,904 **Br** 35 Brom | 83,798 **Kr** 36 Krypton |
| **5** | 85,468 **Rb** 37 Rubidium | 87,620 **Sr** 38 Strontium | 88,906 **Y** 39 Yttrium | 91,224 **Zr** 40 Zirconium | 92,906 **Nb** 41 Niob | 95,940 **Mo** 42 Molybdän | (98)* **Tc** 43 Technetium | 101,07 **Ru** 44 Ruthenium | 102,91 **Rh** 45 Rhodium | 106,42 **Pd** 46 Palladium | 107,87 **Ag** 47 Silber | 112,41 **Cd** 48 Cadmium | 114,82 **In** 49 Indium | 118,71 **Sn** 50 Zinn | 121,76 **Sb** 51 Antimon | 127,60 **Te** 52 Tellur | 126,90 **I** 53 Iod | 131,29 **Xe** 54 Xenon |
| **6** | 132,91 **Cs** 55 Caesium | 137,33 **Ba** 56 Barium | * 57-71 | 178,49 **Hf** 72 Hafnium | 180,95 **Ta** 73 Tantal | 183,84 **W** 74 Wolfram | 186,21 **Re** 75 Rhenium | 190,23 **Os** 76 Osmium | 192,22 **Ir** 77 Iridium | 195,08 **Pt** 78 Platin | 196,97 **Au** 79 Gold | 200,59 **Hg** 80 Quecksilber | 204,38 **Tl** 81 Thallium | 207,20 **Pb** 82 Blei | 208,98 **Bi** 83 Bismut | (209)* **Po** 84 Polonium | (210)* **At** 85 Astat | (222)* **Rn** 86 Radon |
| **7** | (223)* **Fr** 87 Francium | (226)* **Ra** 88 Radium | ** 89-103 | (263)* **Rf** 104 Rutherfordium | (268)* **Db** 105 Dubnium | (269)* **Sg** 106 Seaborgium | (270)* **Bh** 107 Bohrium | (277)* **Hs** 108 Hassium | (278)* **Mt** 109 Meitnerium | (281)* **Ds** 110 Darmstadtium | (281)* **Rg** 111 Roentgenium | (285)* **Cn** 112 Copernicium | | (289)* **Fl** 114 Flerovium | | (293)* **Lv** 116 Livermorium | | |

**\* Lanthanoide**

| 138,91 **La** 57 Lanthan | 140,12 **Ce** 58 Cer | 140,91 **Pr** 59 Praseodym | 144,24 **Nd** 60 Neodym | (147)* **Pm** 61 Promethium | 150,36 **Sm** 62 Samarium | 151,96 **Eu** 63 Europium | 157,25 **Gd** 64 Gadolinium | 158,93 **Tb** 65 Terbium | 162,50 **Dy** 66 Dysprosium | 164,93 **Ho** 67 Holmium | 167,26 **Er** 68 Erbium | 168,93 **Tm** 69 Thulium | 173,04 **Yb** 70 Ytterbium | 174,97 **Lu** 71 Lutetium |
|---|---|---|---|---|---|---|---|---|---|---|---|---|---|---|

**\*\* Actinoide**

| (227)* **Ac** 89 Actinium | (232)* **Th** 90 Thorium | (231)* **Pa** 91 Protactinium | (238)* **U** 92 Uran | (237)* **Np** 93 Neptunium | (244)* **Pu** 94 Plutonium | (243)* **Am** 95 Americium | (247)* **Cm** 96 Curium | (247)* **Bk** 97 Berkelium | (252)* **Cf** 98 Californium | (252)* **Es** 99 Einsteinium | (257)* **Fm** 100 Fermium | (258)* **Md** 101 Mendelevium | (259)* **No** 102 Nobelium | (262)* **Lr** 103 Lawrencium |
|---|---|---|---|---|---|---|---|---|---|---|---|---|---|---|

**Erläuterungen zur Auswertung:**

Zahl in der Spalte „Periode" = Nummer der Periode
Römische Zahlen Ib bis VIIb = Nebengruppen (Übergangselemente)
Römische Zahlen I bis VIII = Hauptgruppen
Arabische Zahlen 1 bis 18 = Haupt- und Nebengruppen (IUPAC-Empfehlung 1985)